Cécile
Chemin
de Vie

Cécile Hyvert

Née le 2 avril 1960 à Roubaix, Cécile est la quatrième d'une fratrie de sept enfants. Mariée à Philippe depuis 1987, elle est maman de quatre enfants.

Psychologue en entreprise puis psychothérapeute, Cécile met rapidement en œuvre sa conviction qu'au-delà de tout référentiel théorique, c'est la qualité de la relation qui fait le soin : « Nous avons tous besoin de l'autre, quel qu'il soit, pour s'apaiser et évoluer ». C'est pour elle plus qu'un métier : une passion, une vocation.

Elle enrichit sa formation initiale par l'Analyse transactionnelle, la Gestalt-thérapie et un diplôme universitaire en soins palliatifs.

À partir de 2004, Cécile cesse progressivement son activité libérale pour rejoindre le service de pneumologie du CHR de Lille. Elle y accompagne des patients atteints de mucoviscidose, leur famille et les soignants.

Sa passion de l'autre s'étend à toute sa vie extraprofessionnelle. Chercheuse insatiable, elle ne cesse de travailler à mieux percevoir, ressentir et comprendre autrui, la nature, le Souffle.

En octobre 2011, le diagnostic du cancer est posé. À travers son blog, elle s'attache à continuer sa mission, offrant sa présence et son expérience à ceux qui cherchent, comme elle, leur « chemin de vie ».

Cécile Hyvert

Cécile
Chemin
de Vie

Textes rassemblés et présentés
par Elise Gaveau

Inclus un cahier photo

Témoignage retranscrit à partir du blog :
www.cecilechemindevie.com

Image de couverture : peinture de Cécile

Première édition octobre 2017
par Elise Gaveau

ISBN : 978-2-9562061-0-1

« *Maman, est-ce que tu sais que... ?* »

Préface

Un midi de fin octobre 2011, je reçois le coup de fil attendu de maman. Elle m'annonce, la gorge nouée : « ma boule dans le ventre est effectivement une tumeur... un *cancer* ».

Mais... Ça n'arrive pas qu'aux autres le *cancer* ? Et... comment marchent les quotas d'arrivées là-haut ? Son père et deux de ses frères sont déjà partis. Et ho, ça fait beaucoup !

Et puis, une maman, c'est invincible, c'est le principe d'une maman, non ? Toujours là pour nous aimer, toujours là pour nous protéger...

Mais nous ne comptons pas nous laisser faire.

Alors, je ne suis pas vraiment triste, je partage la nouvelle à mes amis qui eux imaginent le pire et m'entourent chaleureusement.

Mais moi j'imagine le mieux...

Et le mieux se dévoile petit à petit, au travers de longues discussions, de mots doux, de moments précieux, de câlins intenses et de « je t'aime » par dizaines.

Parallèlement, c'est vous lecteurs qu'elle rejoint tous les mois avec sa *newsletter*, dénommée « *pétition pour l'amour* ».

Avec mon frère et mes deux sœurs, nous sommes partagés entre fierté et gêne de la voir témoigner à cœur ouvert mais pour elle c'est important « d'écrire pour que ceux qui traversent la souffrance se sentent moins seuls. » La chaîne de partage et de soutien se démultiplie. Les *pétitions pour l'amour* semblent victorieuses.

Dans sa lettre de juin 2016, elle lance un appel et demande « la vie sur Terre afin de témoigner ».

De sa vie sur Terre elle nous laisse son blog *Cécile Chemin de Vie* qui retrace « son parcours, ses émotions, ses réflexions et son Appel », durant cinq années de maladie.

Aujourd'hui, je prends le relais pour ancrer sur papier son témoignage. Pour que ses enfants, ses petits-enfants naissants, sa grande famille, ses amis les plus chers, ses collègues en psychologie, ses proches et toutes les personnes malades, accompagnants, soignants, ou simplement en quête de leur propre chemin de vie, y puisent une force joyeuse et une inspiration profonde.

Ce livre est donc un recueil de lettres présentées de façon chronologique et entrecoupées par les explications de ses soins, les témoignages qu'elle avait choisi de publier et les courts récits de ses expériences spirituelles.
Nous avons extrait de chaque *newsletter* un message fort présenté en début de lettre.

Vous, qui avez ce livre entre les mains, participez à rendre notre maman Cécile... *vivante*.

Merci.

Elise

Préambule

À toi qui m'aimes,
À toi qui me soutiens,
À toi qui traverses les mêmes contrées,
À toi le merveilleux curieux...
Ce blog t'est destiné.

Le 30 octobre 2011 le diagnostic « cancer du pancréas, nodules nombreux au foie » est clairement posé par les médecins mais leurs mots n'arrivent pas encore dans mon cerveau récalcitrant.

Tout mon être se cabre et se tend vers la lumière même si j'ai très peur, si je suis envahie de tristesse. À ce moment-là, je me sens incapable de supporter la peur de l'autre. Alors, très vite je décide de prévenir moi-même mes proches afin d'orienter leur mental, leur confiance, leur regard bienveillant et non larmoyant. Trop émue, il m'est impossible de les appeler tous et c'est là que l'idée de leur écrire germe en moi... D'où la première lettre : « annonce ».

Ensuite, pendant les mois de novembre et décembre 2011, qui ont été nécessaires pour élaborer un diagnostic précis, les complications médicales et chirurgicales furent nombreuses et graves. J'ai craint que chacun, chacune imagine le pire pour moi.

Sachant que le meilleur moyen d'avoir un soutien lumineux est de le demander, j'ai appelé à l'aide haut et fort, sur Terre comme au ciel, et ma « *pétition pour l'amour* » est née. Depuis, j'écris environ une lettre par mois. Je raconte mon parcours, mes émotions, mes réflexions, mon Appel.

Si tu entres pour la première fois sur ce blog, je te conseille de commencer ta lecture par les premières *pétitions pour l'amour*. En effet, j'ai beaucoup évolué au fil des ans et tu constateras que les premières *news* n'ont pas la même teneur que les dernières. « Malades » nous parcourons tous une route d'évolution.

Prenant conscience de la gravité du cancer qui a élu domicile dans mon corps, je deviens une guerrière pacifique. Instinctivement tout mon être se met en route pour se soigner en utilisant ce qu'il trouve de lumineux à sa portée, comme s'inscrire dans un parcours de santé global. En effet, ne se traiter qu'avec la chimiothérapie est similaire, pour moi, à ne cuisiner qu'avec un seul ingrédient. Le corps est nourri, le repas peut même être bon, mais très vite chacun va se lasser et souffrira de carences nutritionnelles.

Dans ce blog je vous décris mes *soins*, ces thérapeutiques dont j'ai eu la chance de bénéficier.

Merci à vous, mes lecteurs, vous êtes des guérisseurs pour moi, n'en doutez pas… et je sais que vous pouvez l'être aussi pour les visiteurs de ce blog, c'est pourquoi parfois, je publie quelques lignes de vos merveilleux courriers.

Dans les *échos de Philippe* vous aurez aussi la possibilité de vous nourrir des mots guérisseurs de mon merveilleux mari ; son soutien est ma principale thérapeutique, peut-être même la plus efficace.

Pour conclure ce mot d'accueil, j'aimerais exprimer un merci à nos quatre enfants... « Sans vous, je ne serais pas qui je suis. Je vous aime ».

Je confie ce blog au Souffle de vie qui nous anime tous. Que son histoire soit belle et lumineuse.

Avec toute ma tendresse,

Cécile

*Aujourd'hui, je suis tellement désolée, triste,
mais j'ai quelque chose à vous annoncer de « pas cool »...*

Première année

*J'irai pas-à-pas,
tentant de garder la Joie dans mon être profond.*

Le 8 novembre 2011
Annonce

Assise dans mon séjour, au coin du feu de bois, une musique lyrique s'échappe et envahit l'espace... C'est bon, c'est doux, c'est vivant.
Mais pourquoi suis-je là à vous écrire ma petite vie de ce matin ? Tout simplement parce que vous êtes importants pour moi et pour Philippe.

Alors bonnes ou mauvaises nouvelles, c'est important pour nous de partager avec vous... Aujourd'hui, je suis tellement désolée, triste, mais j'ai quelque chose à vous annoncer de « pas cool » comme diraient les jeunes...

Depuis début septembre, inquiète sur une masse que je sentais dans mon petit ventre, je me suis alertée et j'ai demandé à faire une échographie. Chose faite le matin du mariage de Clémentine, la fille de nos merveilleux voisins. Le radiologue m'a alors dit, presque les larmes aux yeux, « Madame votre masse fait huit centimètres et vous avez des nodules au foie ».
Voilà pourquoi vous nous avez peut-être trouvés *absents* ou même bizarres Philippe et moi, ce jour là...

Le diagnostic est brutal, nos amis les médecins m'ont diagnostiqué un cancer du pancréas, avec des nodules au foie.

Puis tout s'est enchaîné : « Oui madame, il faut que l'on aille vite. Quand on vous regarde on n'imagine pas un instant le désordre qu'il y a en vous. La bonne nouvelle c'est que vos cellules cancéreuses peuvent réagir à la chimio et que ce qu'il vous reste de pancréas suffit pour vivre. » ... *Yes* !
Demain jeudi, pet scan pour quand même vérifier l'ensemble de mon véhicule humain et ensuite, avec la cancérologue gastro, j'aurai mon parcours *santé*, heu... chimio...

Vous imaginez bien que j'ai déjà mis en route toutes autres sortes de médecines afin d'être la plus souple et la plus vivante possible pour ce parcours santé.

Nous accusons le coup, profitons encore des moments de répit où je n'ai que la fatigue comme symptôme.

Je chemine, je ressens au fond de moi que j'ai impérativement besoin de vous pour traverser ce chemin (initiatique), je pense que je vous écrirai de temps en temps pour rester en lien avec vous tous. J'ai besoin de me souvenir de vos regards de bienveillance, d'amitié (d'amour) pour rester vivante et me laisser bercer doucement à travers les saisons qui arrivent.
Alors, n'hésitez pas à m'écrire, nous écrire, de temps en temps, au long des mois... Pour l'instant nous restons dans notre bulle, à la maison, avec nos enfants bouleversés nous savourons ces instants encore bénis où rien ne ressemble vraiment à de la maladie...

J'ai de la chance d'avoir une famille très unie, des amis aimants et fidèles, un fond solide...
Pour le reste, j'irai pas-à-pas, tentant de garder la Joie dans mon être profond.
Je vais me centrer sur moi et ne même pas vous demander comment vous allez... je crois que vous ne m'en voudrez pas. Probable que vous êtes contents de savoir que je prends soin de moi.

Je vous embrasse fort.
Merci.

PS : Le TEP scan et toutes ses couleurs ont permis de confirmer que mon cancer vient du pancréas et ne s'est répandu, a priori, que dans le foie... ouf !

*Je tente de récolter dans chaque moment
difficile ou paniquant,
la moindre goutte de bon, de beau,
d'amour, voire de Divin.*

Novembre 2011

Chers vous tous,

Mais pourquoi la maladie ? Nous sommes tous tentés de vouloir répondre à cette question... Pourquoi suis-je malade ? Pourquoi moi... Pour quoi... Pourquoi elle ?
Cécile... Oui, moi, Cécile votre sœur, votre amie, votre cousine, votre connaissance, la femme de..., la maman de...

En fait, nous cherchons à mettre du sens, à maîtriser ce qui s'est mis à vivre en désordre en nous.
Heureusement pour moi, pour l'instant, je tente de récolter dans chaque moment difficile ou paniquant, la moindre goutte de bon, de beau, d'amour, voire de Divin.
C'est un peu comme si, avec cette maladie qui m'assomme, j'avais reçu en cadeau de nouvelles paires de lunettes qui me font voir la vie autrement. « Pas le choix », diront certains... Si, on a toujours le choix de rester au fond du trou (et parfois j'y suis, heureusement

pas longtemps) et ne pas prendre tout ce que vous me donnez. Et j'en reçois beaucoup, je suis chanceuse comme disent mes amis canadiens... Parfois, dans le secret de ma nuit, je le redistribue... une fois m'être bien servie au passage !

Me voilà au sens même de ce courrier : merci pour tout... merci pour vos messages, votre soutien, votre affection, votre amitié voire votre amour.

Pardonnez-moi si je ne vous réponds pas toujours en direct... C'est probablement que votre mail, sms, est arrivé dans un creux de vague, il m'est indispensable mais je me concentre sur mon job du jour, tenir la tête hors de l'eau... et je ne suis qu'au début du chemin.

Parlons-en de ce chemin médical. Il y a eu la phase : Cécile s'inquiète, elle sent un « truc bizarre » en elle (septembre-octobre), puis la phase diagnostic (novembre) et là les médecins ne sont pas tous d'accord sur le protocole. Après la biopsie de la masse sur le pancréas qui confirme le cancer, faut-il ou non, faire aussi une biopsie sur les nodules du foie... ?

Au concours, ce sont les médecins qui pensent qu'ils ont gagné, et moi... que j'ai perdu. Car cette biopsie s'est mal passée et nous avons dû retourner en urgence à l'hosto en pleine nuit (mon petit homme a été top) et quelques heures après, transfert à la Louvière où je suis soignée. J'ai été mise en observation serrée car j'avais fait une hémorragie dans mon petit ventre, et il fallait être certain qu'elle avait stoppé... Ouf, ça va, maintenant il faut « juste » que je remonte la pente car j'en suis tombée bien bas. Après quatre jours de clinique me voilà chez moi, au fond de mon lit, chouchoutée par l'un ou l'autre.

Cela va probablement reculer le début de la chimio d'une semaine. Je veux pouvoir séparer les deux chocs sinon mon petit corps va encore se rebiffer... *grave* !

Et pour ceux que cela amuse : cette nuit de grande souffrance, le chat de la maison a grimpé sur mon lit... ce fut pour moi comme un petit sourire au milieu de la galère. La douleur physique me fait très peur.

Sur ce nouveau chemin je veux développer de la douce folie afin de garder le sourire et les cellules saines en vie.

Par exemple, six copines sont venues chanter autour de mon lit à la clinique de la Louvière, oh que c'était bon... et d'ailleurs elles se sont fait embaucher pour venir chanter à Noël... Il y a les clowns de l'espoir, il y aura le chant de la vie !

J'en profite pour vous dire combien je sens que le chant, le son, les vibrations me font grand bien. La douleur physique ou psychique, nous met dans un tel état de choc que pour se réveiller il y a d'abord et avant tout, l'amour que l'on reçoit, quel que soit son canal : petit mot, prière, pensée, fleurs, sourires... et il y a aussi le bien concret comme le chant, une bonne soupe préparée par ma voisine, des lentilles par ma sœur, une conduite pour Eliot par une copine et tant d'autres gestes encore.

Rassurez-vous, je n'oublie pas toutes les médecines qui aident le corps et l'âme à se transformer. Et au passage je remercie tous les médecins du corps et de l'âme, que je vouvoie ou non, classiques ou non, qui ont à cœur de m'accompagner au mieux.

Chers tous, si cela vous va, je continuerai à vous donner quelques nouvelles au fil de ce chemin. Si vous avez envie que je vous parle d'une chose ou d'une autre, prévenez-moi... cela gardera mes neurones du cerveau en santé ! Et n'hésitez pas, envoyez-moi, envoyez-nous encore et toujours Lumière et Amour.

Recevez tout mon amour, mon amitié, ma tendresse, mon merci... enfin, prenez ce que vous voulez. Vous aussi, vous avez certainement des moments difficiles à vivre.

Je vous souhaite un bel automne et que la vie vous soit clémente.

PS : Certains d'entre vous apprendront ma maladie par ce mail, j'en suis désolée, je crois que c'est un peu rude comme annonce... Sachez que j'ai fortement pensé à vous joindre avant mais la vie va tellement vite que je n'ai pas su.

Écho de Philippe
Message aux proches

Décembre 2011

Trois semaines après l'annonce

Chers amis,

Trois semaines que la petite famille Hyvert est dans la tourmente et que l'équipage apprend vite à naviguer dans cette tempête. Chacun à son poste est solide pour entourer Cécile qui est au cœur ! Vous ne serez pas surpris mais déjà étonnante par mer calme, Cécile l'est tout autant sur mer agitée... C'est elle qui nous donne la force.

Les amis vous êtes là comme des escorteurs, petite flottille dense, fiable et sécurisante qui balise jour et nuit nos routes et déroutes... Amis, famille, témoignez, partagez, priez, diffusez une espérance et une force incroyable.

Vos torrents d'affection, de pensées positives, de petits gestes, de services, de soins, sont des remèdes puissants et reconnus ! *Merci.*

Un mois après l'annonce

Deuxième biopsie : la maladie passe en force, cette invitée indésirable, impose son rythme, vient maltraiter notre intimité. Les derniers prélèvements pancréas et foie prennent de nouveau une tournure compliquée.

Depuis quelques jours ma chambre est désertée pendant que Cécile est couchée de force dans des lits qu'elle n'a pas choisis, dans cet hôtel si peu étoilé, celui qui ne fait jamais rêver, une clinique. Et, comme pour un voyage, il faut à chaque fois faire ses valises ! Quel voyage, quelle dépossession !

Une maison sans maman, des projets sans Cécile, des invitations sans elle, tout cela n'a pas beaucoup de sens. Jusque-là nos éloignements étaient choisis, assumés, à durée déterminée, aujourd'hui l'inconnu domine. On ne maîtrise plus grand chose. Les agendas sont passés à la lessiveuse et chaque jour ressemble un peu à un nouveau match d'impro... Le prévisionnel est devenu incertain, un peu dérisoire, à recomposer chaque jour. Le président préside à peu de choses, rapatrié au nouveau siège de l'essentiel... Débutant dans sa nouvelle expérience, il apprend beaucoup de nouveaux gestes à commencer par recevoir. Recevoir sans complexe toutes ces mains tendues, recevoir simplement de l'aide, quitter l'autosuffisance pour accepter une douce dépendance.

J'apprends à vivre avec cette nouvelle donne comme la trop grande communauté des « accompagnants ». Je deviens plus à l'écoute, sensible et réactif aux moindres signes et appels de nos enfants qui sont devenus la priorité numéro 1.

Des moyens considérables se déploient autour de nous tissant une toile d'amitié. Véritables cordes de rappel, ces gestes d'attention nous accrochent à la vie...

Les proches vous êtes comme un dispositif de secours discret et hyper efficace ! Nous testons votre arsenal avec les talents des amis : kit humour, kit douceur, kit fleuri, kit artistique, le kit chantant, le kit à en pleurer... et pour oublier les plateaux-repas insipides, le kit des cadeaux-repas... autant de saveurs de vies. Tous ces kits c'est l'arsenal du front avec aussi son ballet de petits messages, qui annoncent les douceurs des petits plats, les chants, les dessins, les balades et des soins énergétiques...

Les amis (et famille bien-sûr) vous êtes des grands secouristes d'ailleurs je vous dis merci !

Dans cette guerre nous nous sentons aussi très soutenus par « les arrières », là où se tissent les stratégies alliées, où l'on se mobilise, dans la méditation, en guerriers pacifiques...

Votre regard de confiance est indispensable pour forger le nôtre.

*Il y a juste à prendre la main de l'autre et l'aimer,
le plus souvent en silence.
Les docteurs, l'instinct de vie,
le mystère de la vie feront le reste. Patience.*

Décembre 2011

Qu'il est bon de vous retrouver...
Chers tous, bonjour à chacun, chacune,

Je crois que vais appeler ma petite *newsletter* mensuelle : « *pétition pour l'amour* ». Qu'en pensez-vous ?

Vous avez été si nombreux à réagir à mon premier courrier, en m'envoyant, en nous envoyant tellement d'Amour que j'ai été embarquée, au-delà de moi, dans une vague de vie... « Allez Cécile, garde le cap, traverse la mer, ils sont nombreux à t'attendre au port ».
C'est ma motivation principale pour tenir dans la tempête, l'œil du cyclone.
J'ai envie de vivre longtemps pour tenir mes petits-enfants dans les bras, mais je tiens au quotidien car vous me tenez la main. Alors, merci d'avoir signé cette « *pétition d'amour* en faveur de Cécile ».
Mon bonheur c'est que cet amour qui circule provoque des petits miracles de-ci, de-là, et que d'autres que moi en ont profité.

Un exemple non confidentiel : effectivement mes « copines de chant » sont allées chanter dans des chambres de soins palliatifs à l'occasion de cette route vers Noël. Merveilleux, n'est-ce pas ?

J'ai une question folle à vous poser... Avez-vous reçu tous les messages que je vous ai envoyés en pensée, la nuit, le jour ? Dans des moments d'espoir ou de désespoir... Fatiguée, bloquée au fond de mon lit, ma tête vous écrivait de petites missives sur ce que ce chemin m'apprend. Grâce à ces courriers je ne restais pas seule avec mes pensées et je m'obligeais à positiver malgré tout, une fois les larmes passées.
« C'est la nuit que l'on aperçoit les étoiles » ...

Que s'est-il passé ? Dans cette phase de diagnostic, les médecins ont persévéré dans leur désir d'avoir une « vraie jolie » ponction foie-pancréas. Il restait une troisième solution : la célioscopie... gentille patiente j'acquiesce. Le date est prise, « Prévoyez juste une nuit d'hosto, c'est un geste simple. » Je me suis finalement réveillée en soins intensifs, trois blouses blanches désolées dans ma chambre. « La célio s'est mal passée, vous avez de nouveau fait une hémorragie, on a dû finalement vous ouvrir le ventre » bref, dix points de suture, dix-huit agrafes... hémoglobine au plancher, moral à la cave, Cécile off. Et une fois encore, je remonte la pente millimètre par millimètre... Merci à mes « anges gardiens » de m'avoir soutenue, accompagnée, et surtout comprise.
« Verre à moitié vide, verre à moitié plein » ...
Le *doc* a quand même pu prendre une « belle ponction foie » et le diagnostic est maintenant fait, cellules endocrines au foie comme sur le pancréas, la chimio démarre première semaine de janvier. Je ferai ma rentrée scolaire après la trêve de Noël !

La chimio se fera sur trois demi-journées en suivant, toutes les trois semaines. Pour l'instant, je nous fais grâce des effets secondaires possibles et des moyens pour les éviter.

Bien sûr, je continue tout mon travail « *spi, psy, acu, homéo, magnéto*, compléments alimentaires et j'en oublie »... Ce chemin se fait sans bruit et pourtant... quel impact ! Un jour je prendrai le temps de me raconter sur cette route-là.

J'ai donc vécu pour la première fois la perte des limites corporelles à cause de l'anéantissement physique. Je m'excuse auprès de tous mes patients et mes amis concernés, car je n'avais encore jamais vraiment « compris » ce qu'engendre une telle fatigue. Il y a juste à prendre la main de l'autre et l'aimer, le plus souvent en silence. Les *docs*, l'instinct de vie, le mystère de la vie feront le reste. Patience.

Dès que le corps se remet en route, ses limites reviennent mais un brin de sourire aussi... ouf !

Cette maladie est un grand chemin d'humilité pour moi.

Merci de m'avoir lue, d'être de cette façon nos anges sur Terre à Philippe et moi, Elise, Agathe, Capucine, Eliot.

Dans une semaine, Noël... que chaque boule dans votre sapin, que chaque bougie allumée, que chaque sourire partagé soit un espoir pour un monde, à commencer par celui dans lequel nous vivons au quotidien, de *Joie*.

J'ai moi-même, grâce à certains d'entre vous et vos petites inventions, un sapin vivant où les mots remplacent les maux. Un seul mot, merci (Laurence, etc.).

Je vous embrasse tous de toute ma reconnaissance, mon amitié, mon amour. Puissiez-vous, vous aussi, traverser vos tempêtes accompagnées de tant d'humanité, d'amitié, d'amour, de prière.

À l'année prochaine pour la *pétition* de janvier.

Merci Isabelle de transmettre aux communautés religieuses qui sont des havres d'Amour et de Vie dans notre monde si bousculé.

*Tenter de rassurer trop vite une personne qui souffre,
c'est faire fi de sa souffrance.*

Janvier 2012

Chers tous,

Qu'il est émouvant de vous retrouver. Je sais maintenant que vous êtes nombreux à me lire et cela me donne le trac !

Une question : ne pensez-vous pas que j'ai manqué d'humilité en appelant ma *newsletter* « *pétition pour l'amour* » ... ? Manquais-je tellement d'amour, avant de découvrir cette maladie en moi ? Non, effectivement, je ne crois pas et pourtant j'en ai crié ma demande, ma soif.

À y réfléchir de plus près, je me suis rappelé ce que vous savez tous, c'est qu'en français il n'existe qu'un mot pour dire « amour », alors je me suis détendue. Cécile... pourquoi avoir peur de ce mot, il est souvent notre seul moteur dans la vie.

Cependant, grâce à vous maintenant, je découvre de plus en plus L'Amour qui nous dépasse et vient de tellement plus grand et lumineux que nous. Il souffle sur notre mystère humain et véhicule ce que vous m'envoyez et que je reçois, même si nos chemins physiques ne se croisent pas. Oui, vous êtes géniaux...

Un jour de fatigue qui m'envoya au « trou » de la désespérance, je vous ai tous imaginés avec une petite bougie dans la main... Vous étiez si nombreux que d'un coup la chaleur de toutes ces flammes m'a portée, je me suis sentie légère. Instantanément, mes « turpitudes » ont perdu de leur poids, vous étiez si souriants à côté de moi... j'ai souri, aussi, en chœur et en cœur.

Et revenons maintenant sur mon « parcours santé » et les quatre étapes que j'ai eu à traverser depuis mi-décembre : Noël, nouvel an, première chimio et une quatrième qui me prit de plein fouet car celle-là je ne l'avais pas prévue. Je vous raconte.

Afin de parfaire ma récupération des ponctions qui se sont si mal passées, toute la famille Hyvert part à la montagne. Les enfants heureux, skient. Philippe et moi sortons pour la petite balade quotidienne. Nous passons devant quelques commerces faisant face au démarrage des pistes. Moi qui étais arrivée péniblement jusque-là, je vois toute cette foule joliment bariolée, comme seuls savent le faire des skieurs, s'égayer de toutes parts, en pleine énergie de vie joyeuse et sportive. En une seconde mon être s'effondre... et ressens : je ne fais plus partie de ce monde-là.

Me voilà renvoyée au monde des gens « à part », à la solitude de la différence. Oh comme j'aurais aimé être comme eux, pleine d'une vie de vacances, oublieuse du cancer qui poursuivait sa route en moi. Mais ma réalité était autre. Je me suis sentie appartenir à la communauté des malades, une sensation brûlante de différence et de panique face à l'avenir.

J'avais toujours fait partie du groupe des nantis, me voilà propulsée dans le groupe des fragiles... j'entends certains me dire : « Cécile tu vas guérir, tu pourras refaire du ski ». C'est probablement vrai, mais ma réalité quotidienne du jour est d'être dans le groupe de ceux qui s'allongent sur les fauteuils de chimio…

Philippe a été top, il a juste aimé mes larmes. Instinctivement, il a su que tenter de rassurer trop vite une personne qui souffre, c'est faire fi de sa souffrance.

Noël : nous nous sommes tenus chaud tout heureux d'être si bien en famille. Je me suis laissée porter, quel bonheur !… J'ai aussi, vous me connaissez, réfléchi un peu plus que les années précédentes, cherché le sens que je pouvais mettre à ce Noël-là. La nativité… chaque année nous fêtons l'espoir du sauveur et la force du nouveau-né. En effet, pour la première fois Noël avait un sens, il me parlait concrètement. D'habitude la partie commerciale m'agace, en étouffe le sens profond. J'avais oublié Noël signe de vie, espoir à reporter chaque jour dans un berceau de bienveillance.

Bien que notre Terre soit malaxée de souffrance humaine, une bonne partie de l'humanité fait renaître un petit être en devenir, chaque année depuis deux mille ans, ce n'est peut-être pas pour rien...

Pour moi ce fut le plus beau des Noël.

Nouvel an : j'ai détesté me dire qu'on allait me faire des vœux, que la sollicitude allait être grande, peut-être signe de la peur… Que je n'allais pas pouvoir ni danser (et certains d'entre vous savent combien j'aime cela), ni manger autre chose que ma purée de pomme de terre, faite certes avec amour. Nouvel an appuyait là où ça fait mal, je fais partie de la communauté des malades. Et puis, petit à petit, vos vœux sont arrivés, écrits avec tellement de délicatesse et d'amour que finalement je me suis laissée fondre. Et j'ai osé ressentir combien vous me rejoigniez dans mon intime. Merci d'avoir osé ces mots… ils n'ont peut-être pas été si faciles à écrire !

J'ai une pensée tendre pour toutes les personnes qui ont une maladie chronique à pronostic létale. Effectivement, ce n'est pas simple la nouvelle année. Chers patients vous me l'aviez souvent dit.

Trois janvier, début de cure de chimio... Je vous en donnerai plus de détails dans la lettre de février car j'ai déjà bien abusé de votre patience à me lire.

Je vais juste vous raconter une anecdote qui m'a beaucoup appris : premier jour visite de mon médecin qui vient prendre de mes nouvelles : « Bonjour Mme Hyvert, en forme pour ce démarrage de cure ? Oui madame... », et là je la regarde dans les yeux et lui demande quelque chose comme : « Ça y est, on y est, j'y suis, la chimio démarre... vous y croyez... je peux guérir ? »

Grand silence, l'infirmière et Philippe se taisent aussi... *Silence sacré,* dirais-je. Et d'un coup la *doc* reprend sa respiration et me dit, avec une émotion qu'on peut lire sur son regard et qui n'est pas que de la surprise : « Bien sûr, on ne fait pas tout cela pour rien... »

Et là c'est moi qui détourne mes yeux humides. « Merci Madame, j'ai besoin de vous pour traverser l'épreuve ».

Grâce à cet échange, j'ai pris conscience que je savais mettre des mots sur l'alliance thérapeutique intellectuelle (je sais que mon médecin est intelligent et compétent) mais, sans l'avoir prémédité, je peux maintenant ressentir l'alliance affective. J'avais impérieusement besoin que la médecine, si elle ne peut pas m'assurer la guérison, marche avec moi, sentir que mon médecin a un désir profond et donc émotif, de me soigner... moi.

Mesdames, Messieurs les médecins, les patients ont besoin de sentir que vous croyez en eux.

Cette première cure m'a éteinte environ dix jours et probablement surtout à cause de mes peurs. Aujourd'hui quand je vous écris, je savoure combien je me sens bien. Je pourrais presque en oublier ma maladie si le soir dès vingt heures trente je ne rêve que d'une chose... retrouver ma couette en espérant passer une bonne nuit.

Je voudrais terminer cette longue lettre en vous faisant part de la merveilleuse remarque de notre fils Eliot, quatorze ans...
« Maman, comment font tous les gens qui n'ont pas autant de famille et d'amis que toi ? » Voyez combien il a conscience que vous tous, vous m'êtes précieux sur cette route.

Merci et n'hésitez pas, continuez à m'envoyer de tous les amours qui vous enchantent le cœur ou l'âme. Je vous embrasse et forme le vœu que toute la lumière que vous m'envoyez, nous soyons très nombreux à la recevoir.

La semaine prochaine je démarre la seconde chimio... Je ferai un sourire de votre part à tous mes collègues de « fauteuils de chimio » ... Merci pour eux.
Recevez toute ma tendresse.

Suis-je prête à devenir celle que demain la maladie m'invite à rencontrer ?

Février 2012

Chers tous,

M'installer confortablement, allumer une petite bougie signe de tous ceux qui pensent à moi et m'accompagnent sur mon chemin, écouter une musique qui m'apaise, vous rejoindre.

Je tourne cette lettre dans ma petite tête depuis un moment sans savoir vraiment comment vous traduire tout ce qui vit en moi depuis un mois et qui se résume à deux questions : Guérir… que veut dire ce mot ? Guérir… En ai-je envie et suis-je prête à en assumer le parcours, les conséquences ?

Je vois d'ici vos mines ébahies… « Mais qu'est-ce qu'elle nous fait Cécile ? bien-sûr qu'elle doit avoir envie de guérir » …

Effectivement je le pourrais, mais ce serait faire fi de ma personnalité qui, sensible et curieuse, tente de comprendre comment ce parcours santé vit en moi.

Nous le savons, si le cancer a avant tout un impact physique, il bouscule, pour ne pas dire bouleverse bien d'autres plans dans nos vies, dans ma vie et celle de mes proches. D'où la question logique qui se promène en moi : quelle va être la récolte de ce choc de vie pour nous tous. Sera-t-il positif ?

Cette question peut vous choquer, j'en prends le risque car elle me paraît fondamentale : Suis-je prête à vivre aujourd'hui tous ces soins ? Suis-je prête à devenir celle que demain la maladie m'invite à rencontrer ? Comment mon environnement aura-t-il évolué, au fil des jours, des mois, malaxé par ma maladie ?

Ou, déposant les armes, je n'aurai pas le courage de bousculer mes habitudes et advienne que pourra !

Nous évoluons grâce à notre véhicule physique mais pas seulement. Alors est-ce suffisant si je soigne uniquement mes cellules qui sont parties en désordre ? Mes autres « espaces de vie » n'ont-ils pas aussi besoin d'un bon nettoyage ? D'une remise en cause ?

Voici, en toute simplicité, ce que je peux témoigner aujourd'hui :

« *Guérir le corps physique* » ... oui, cependant je vous confie que les effets secondaires des chimio... nausées, acouphènes, perte des cheveux (il paraît que j'ai un joli crâne de nonne bouddhiste... dixit mes enfants) et surtout l'extrême lassitude, ont de quoi me démotiver. De plus, pendant un temps, même le moral est détruit et cela sans avoir la certitude que la guérison est au bout.

Ensuite, l'idée de reprendre du « poil de la bête » afin de retourner gentiment voir les charmantes infirmières qui vont me remettre dans mon « boitier » un produit qui me donnera l'impression de retourner à la case départ... Nausées, fatigue, déprime, solitude dans mes peurs, j'avoue, c'est difficile. Je ne suis pas une super woman. Alors pour savoir redire à chaque cure : « ok pour les effets secondaires »… il faut vraiment que vous soyez tous là pour soutenir mon moral défaillant !

Et ensuite, soigner mon véhicule terrestre, ce sera aussi dire : je suis d'accord pour aller vers une vie plus calme, plus « bio », plus attentive encore à ma bonne santé… J'avais déjà l'impression de faire pas si mal et je vais devoir faire encore mieux… cela pourrait me fatiguer à l'avance.

« *Guérir l'espace affectif* » … mon petit cœur est-il d'accord d'acquérir une sensibilité plus réactive qu'avant ? Mes cellules, mon être, ont appris une nouvelle peur : l'avenir est plus qu'incertain, aurais-je la force de vivre avec cette conscience ?

« *Guérir l'espace relationnel* » … vais-je avoir la force de choisir ce qui est bon pour moi, suis-je prête à me rejoindre mieux, plus, et de ce fait surprendre, voire éloigner certains… ? Réadapter la vie de couple, la vie de famille, la vie professionnelle et peut-être même amicale, qui sait ?

« *Guérir l'espace spirituel* » … revisiter le sens de ma vie sur Terre. Dans ce parcours, je constate que nous sommes tous en inter relations, le monde n'est ni vertical, ni horizontal, Il est. Je contacte l'Amour de Lumière qui soigne… que vais-je faire de ma foi qui évolue ?

En fait, choisir la vie, c'est comme pour n'importe quel projet, nouveau job, création d'entreprise, se marier, avoir un enfant… C'est aussi se poser la question : suis-je d'accord pour évoluer avec ce virage que je prends ? La différence, dans ce virage provoqué par la maladie, vient d'une conscience plus grande de notre finitude, alors l'urgence prend poids.

Bien sûr je ne sortirai pas de ce parcours si différente, toute verte avec un nez rouge ! Je serai toujours la même avec probablement seulement un petit quelque chose de moins, de plus. Mais aussi bizarre que cela puisse vous paraître, ce petit quelque chose me fait peur. Ne vous arrive-t-il pas, à vous aussi, de pousser un peu vos limites de vie et de vous faire peur ?

Je fais un rêve. Libre, légère je vis et chaque jour je suis capable de dire : j'aime ma vie, j'aime la vie... je suis là où j'ai à être, pour La Joie.

Alors je dis un grand oui à la vie. Sachez que votre bienveillance m'aide à me bousculer, à faire évoluer tous les espaces de mon être. Merci.

Je m'en remets aussi à l'Espoir, à la mère Nature, au Souffle Divin.

Chacun de nous porte son propre mystère, nous le savons, nous ne décidons pas tout.

Si cette période a été centrée sur la question : qu'ai-je à accompagner en moi vers la guérison, elle a aussi été propulsée dans une infinie tristesse. La vie du jeune Gaspard a basculé.

Parfois notre propre souffrance peut nous paraître indécente au regard de celle de l'autre. C'est ce que je vis depuis trois semaines, depuis la mort brutale, par accident, de cet ami très intime de notre fille. Je n'ose imaginer la souffrance des parents, je vois celle de ma fille. Que faire quand un choc de vie vient s'ajouter à un autre choc de vie ? Comment tenir la tête hors de l'eau quand la mort vient bousculer la maladie, quand l'essence même de ma vie, mes enfants, l'aide à autrui, vient ainsi à être balayée car trop choquée, je suis devenue une brindille, perdue dans le vent.

J'ai bu à votre présence, à votre amitié, à votre soutien, vos sourires, vos petits plats, votre espoir, votre regard puissant : Cécile on t'aime !

J'ai aussi admiré notre Capucine, mon mari, mes enfants et laissé mon instinct vital faire le reste… Et j'ai constaté que « amour + instinct vital = la vie qui circule ». Contre toute attente de ma part, mes résultats sanguins du mois furent bon, vive vos prières !

Quittons-nous sur une douce folie, je l'oublie un peu trop dans ma lassitude. Heureusement mes sœurs veillent. Imaginez seulement : trois « dames » allongées dans le même petit lit d'une chambre de clinique un jour de chimio, drap remonté jusqu'au menton, chacune portant un petit bonnet de couleur différente sur la tête afin de ne pas laisser deviner celle qui est en tenue de « combat ». Elles se racontent des bêtises, des histoires drôles comme après une longue et belle journée aux sports d'hiver… nous avons bien ri, dommage que l'infirmière ne soit pas arrivée pendant ce temps-là !

Je vous embrasse et vous souhaite en pleine santé, sur tous vos espaces de vie.

Rendez-vous fin mars, j'aurai eu un premier bilan post chimio…

Aujourd'hui je veux me soigner parce que je vis.
Cela paraît simple, mais cela ne l'est pas.

Mars 2012

Chers compagnes et compagnons de route,

Petite, j'aimais les montagnes russes. Quelle joie de se faire peur, de monter, de descendre, d'aller vite, d'avoir l'impression de voltiger dans les airs. Bien accrochés à la nacelle, à son voisin, jolie excuse de rapprochement... malgré tout avez-vous, comme moi, imaginé parfois que ladite nacelle pouvait se décrocher ?
Puis, l'âge aidant, j'ai de moins en moins aimé ce manège infernal. Franchement maintenant je préfère rester au sol trouvant toujours plus petit que moi à garder... l'honneur est sauf.

Aujourd'hui c'est le printemps, comme tout le monde, je savais qu'il allait revenir. Cet hiver je l'ai souvent espéré de mon lit où j'ai une vue extraordinaire sur notre magnifique jardin. Plus ou moins suivant mon moral, j'accueillais la nature et sa leçon de vie. La vie est « cycles ». La nature est patience, plus que moi !
Alors comment me débrouiller avec les hauts et les bas sans me mentir ?

Un cancer, ce sont les montagnes russes assurées. J'aurais aimé comparer mon « parcours santé » aux cycles de la vie. Ce n'est pas possible.

Ce que je vis me paraît plus surprenant, parfois plus fort, ou plus rapide, parfois plus lent.

Côté bonne surprise, ce mois passé a eu un grand moment de Joie. Premier bilan après trois cures, le scanner montre que le cancer a stoppé sa progression. Génial ! Nous nous sommes réjouis sans pour autant boire le champagne, pas uniquement parce que mon foie en est bien incapable, mais surtout parce que nous avons conscience qu'il ne faut pas perdre notre objectif de vue. Ce cancer doit régresser et disparaître. La « course contre la montre » continue, plus que jamais.

Autre moment de joie (ou comment transformer un creux de montagne russe en une opportunité) j'ai eu un mauvais résultat sanguin globules blancs... finalement, je m'en suis félicitée car mon médecin m'a, nous a, « offert » une semaine de répit avant de démarrer une nouvelle cure. Avec Philippe, nous avons filé dans le Pays basque lieu inconnu pour nous. Que ce fut ressourçant de changer d'air. De plus cette région sans souvenir a rendu toute comparaison impossible. Imaginez : « avant je marchais jusque là-bas... sous-entendu, aujourd'hui je n'y arrive plus ! » de quoi saper le moral !

Je suis rentrée dans un autre état d'esprit pour cette nouvelle phase. C'est ténu, mais je m'y accroche car je sens que c'est fondamental aujourd'hui.

Dans ma *newsletter* de février je posais la question : pourquoi me soigner ? Pour quel avenir ? Certains d'entre vous m'ont envoyé leurs points de vue.

Et grâce à vous tous, j'ai poussé ma réflexion à l'étape suivante : maintenant que j'ai pensé à demain, je reviens à l'aujourd'hui... pour arriver à demain. Alors, j'ai conclu :

Aujourd'hui je veux me soigner parce que je vis. Cela paraît simple, mais cela ne l'est pas.

C'est quoi vivre ?
J'aimerais savoir me soigner pour la Joie d'être qui je suis. M'accueillir, me respecter, oserais-je dire : me laisser Aimer...
Alors je suis passée à un combat un peu particulier, ne plus avoir peur de mes cellules malignes mais les aider à mourir, se dessécher, elles n'ont plus lieu d'être.
Voici l'étape de l'alliance au pas-à-pas. Quand le pas est joyeux, le dilater... c'est facile.
Quand il est lourd, noir intense, alors je me laisse vivre ce que je peux, là où j'en suis mais sans m'engourdir car dès que Le souffle, même le plus ténu, se fait vibrations alors vivre c'est me réjouir tout de suite... là aussi pas si simple, la peur rôde.

Sur le plan médical, j'ai eu une cure de chimio la semaine dernière, en dosage moins fort, avec ma présence aux soins mieux armée et mon corps régénéré par cette semaine au bord de l'eau. Et... tout fut plus doux. La fatigue n'a pas atteint mon moral et cela est immense !
Le plus difficile reste que mes oreilles trinquent dans ce combat. Je perds un peu d'audition et gagne un acouphène usant pour les nerfs.

Côté soins paramédicaux, je voudrais remercier mes anges terrestres : massage, dessin, magnétisme, acupuncture, petits plats, petits mots, chants... sans vous tous, mon « chariot de manège, mon véhicule terrestre » resterait plus longtemps dans le creux de la montagne, sans vous je ne vivrais pas des instants d'éternité, instants bénis tout en restant physiquement sur Terre. Les voyages auxquels vous m'invitez sont signes d'unité des âmes, certains diront signe Divin. Laissez-moi vous remercier simplement et espérer qu'un maximum de personnes ose cette Joie du partage et puisse avoir l'occasion de la, de vous rencontrer.

Merci aussi à la *Divine Douceur* (comme dirait Maurice Bellet), cette symphonie de Joie que je sens parfois autour de moi et que je sens venir d'enceintes invisibles aux yeux.

Puissiez-vous recevoir et sentir ma tendresse.

Je vous souhaite un joyeux printemps. Puissions-nous prendre le temps, comme la nature, de lisser nos plumes afin d'être tous vêtus de renouveau.

PS : Sachez que si je ne réponds pas à chaque fois à vos mails, ils me sont toujours souffle d'air frais, nourriture humaine et spirituelle… j'aime ! Vous me faites avancer sur mon chemin de « nettoyage » pour un simple renouveau.

Homéopathie et acupuncture

Mot de mon homéopathe, acupuncteur Éric F.

L'oncologie, discipline médicale s'occupant du cancer, propose des protocoles thérapeutiques, des décisions prises en collégialité et offre souvent d'expérimenter de nouveaux protocoles. Rebondissons sur ces trois notions.

Les protocoles sont le fruit de la recherche de notre médecine classique. Il apparaitrait imprudent de s'en passer. Même s'ils peuvent paraître excessifs.
Ces protocoles sont décidés par un collège de médecins oncologues. Cette notion de collégialité est géniale quand on sait comment tu l'as intégrée, Cécile, au point de fédérer autour de toi, tout un réseau de soutien. Je suis ébahi de voir toutes les méthodes de soins auxquelles tu as déjà eu recours et je te remercie de m'avoir donné ta confiance en me demandant de m'y inscrire en tant que médecin homéopathe acupuncteur.
Quand notre médecine classique propose à une personne d'expérimenter de nouveaux protocoles, l'une des réactions peut être « Je n'ai pas envie d'être le cobaye des labos », l'autre peut être de considérer que c'est un moyen de tenter de repousser les limites de la médecine. Et oui, avec ce diagnostic, avec le mot « cancer », patients et thérapeutes, à un moment ou à un autre nous nous sentons projetés contre le mur de nos limites humaines et médicales. En même temps c'est de cette confrontation aux limites que naît notre sentiment d'impuissance, ce sentiment même qui nous rend disponibles à l'inspiration pour pouvoir chercher des solutions nouvelles voire inattendues.

Alors merci Cécile, de venir régulièrement faire jaillir chez moi l'inspiration d'un remède homéopathique ou de quelques points d'acupuncture ajustés. Je crois que c'est ta confiance offerte qui crée ce que j'appelle souvent dans mon métier « la magie de la consultation », je t'en remercie !

Homéopathie et cancer, par Raïssa Blankoff
(source : www.naturoparis.com)

On évalue à un patient sur cinq, le nombre de patients atteints de cancer qui utilisent en complément de l'homéopathie. Son usage en cancérologie a doublé ces quatre dernières années. À travers le monde, on évalue à quatre-cents millions le nombre d'utilisateurs. 56% des français ont utilisé au moins une fois l'homéopathie pour se soigner en 2012. Aujourd'hui, de nombreux patients sont des « *long survivors* » : ils veulent participer à leur choix thérapeutique. Cependant, il est clair que l'homéopathie n'est pas un traitement du cancer mais une médecine complémentaire. Elle peut être efficace pour améliorer l'état général, diminuer les effets secondaires des traitements et agir sur des symptômes n'ayant pas de traitements adaptés en allopathie.

L'homéopathie aide à soutenir et améliorer l'état général. Après traitement homéopathique, 97% des patients se sentent mieux et 93% ressentent moins de fatigue. L'homéopathie est recommandée dès le choc de l'annonce, puis à chaque étape, et jusqu'à l'après traitement : prise en charge du choc émotionnel, de la colère, de la dépression, de la sidération, des pleurs, de la révolte, de la tristesse (58% des patients) et de l'anxiété (57% des patients).

En cas de chirurgie, l'homéopathie peut améliorer la cicatrisation, permettre de mieux supporter l'anesthésie générale. Pendant la chimiothérapie, elle intervient dans le soutien de la fonction hépatorénale, il est recommandé de faire également ce traitement en amont de la chimiothérapie.

En accompagnement de la chimiothérapie, l'homéopathie peut intervenir efficacement sur les nausées d'anticipation ou tardives, sur la perte d'appétit, sur la constipation, sur les troubles stomatologiques (aphtes, mucite, hypersalivation, dysgueusie), les troubles cutanés (syndrome main-pied, fissures, sécheresses, prurit, folliculite), les neuropathies périphériques, les thrombopénies et ecchymoses spontanées. Les effets secondaires de la radiothérapie peuvent être aussi apaisés par cette médecine. En soins palliatifs, l'homéopathie peut soutenir la vitalité physique et psychique du patient.

En plus des remèdes de fond, l'homéopathe peut aussi prescrire des hétéro-isothérapies en cancérologie : l'homéopathie, basée sur la loi de similitude, utilise une petite dose de la molécule qui perturbe l'organisme pour l'en désintoxiquer. Dès le lendemain de la chimiothérapie, cela permet d'éliminer du corps les produits chimiques utilisés dans le traitement. Ces spécialités se trouvent dans des pharmacies homéopathiques.

L'homéopathie permet d'améliorer la qualité de vie des patients, de potentialiser les chimiothérapies (réalisées en totalité, à la dose envisagée, avec moins de séquelles tardives, et une meilleure observance des traitements...)

L'acupuncture : Soulager, pas guérir, par Cécile Caillez
(source : le site « la maison du cancer »)

Longtemps considérée avec méfiance, l'acupuncture progresse finalement en France. Plusieurs services antidouleur l'incluent désormais comme celui de l'Institut Gustave Roussy à Villejuif. Le Dr Jeannin a pour sa part intégré l'équipe oncologique de la Clinique Saint Jean de Dieu, dans le septième arrondissement parisien depuis juillet 2009. Il est également en charge d'un cours spécialement dédié « au rôle thérapeutique de l'acupuncture chez les patients cancéreux » à la faculté de médecine de Paris XI.

Cependant, il est important de souligner que l'acupuncture reste un accompagnement dans le traitement du malade. « Nous ne guérissons pas le cancer, ne pouvons réduire la tumeur ni la faire disparaître, souligne le Dr Jeannin. Mais nous sommes en première ligne pour neutraliser les effets secondaires ». Améliorer la vie des malades pour la rendre plus proche de la normale. C'est déjà un grand pas dans la traversée du cancer.

Écrire pour que ceux qui traversent la souffrance se sentent moins seuls.

Avril 2012

« Les pierres. Les arbres. J'aime. Les uns et les autres sont des êtres de silence et de durée. »
« De toutes mes forces, refuser la maladie, repousser l'infirmité. Et d'une façon aussi entière, accepter d'être malade. »
Pierre-Marie Hoog

Ce mois-ci, un certain silence s'est installé en moi... doucement.
Ils sont nombreux les mots que je pourrais utiliser pour vous conter ma vie d'avril. Tant d'évènements se sont passés... ce mois fut un mois de passage. Des anniversaires dont le mien, celui des cinquante ans de mon mari (avec le challenge que cela a représenté d'en faire une journée mémorable de joie malgré les peurs générées par la maladie), les quatre-vingts ans de ma maman. Mais aussi passage exprimé dans la résurrection de Pâques, qui souligne ce temps si court depuis le départ dans La Lumière Divine de mon frère et de mon papa. Passage médical par mon changement de protocole (puisque mon corps ne supportait plus - à juste titre - le précédent) et donc à nouveau devoir s'adapter à

l'inconnu d'un traitement : va-t-il être efficace ? Quels en seront les effets secondaires ?

Rassurons-nous, je suis toujours aussi bavarde dans ma vie quotidienne, mais c'est le silence qui s'offre à moi quand je pense à vous écrire. Ce silence est porteur de messages tels que : Pourquoi écrire… ? Écrire pour vous, écrire pour moi… écrire pour dire merci, pour dire ne m'oubliez pas, pour prier ensemble… ma guérison et celle de ceux que vous aimez. Prendre le clavier pour témoigner. Nous vivons tous des souffrances et la solidarité ainsi exprimée deviendra peut-être souffle de vie et d'espoir. Écrire pour que ceux qui traversent la souffrance se sentent moins seuls.

Finalement qu'attendez-vous de moi quand je vous rejoins ?

Et moi, qui suis-je pour oser vous apporter ma vision, si subjective et spécifique, de mon parcours ?

Je n'oublie pas qu'un certain nombre d'entre vous m'ont dit leur désir de recevoir ma « *pétition pour l'amour* ». Mais ce désir est-il le même dans la durée ? Peut-être que cela serait suffisant de juste vous dire : je vais mieux, bien, moins bien… Une note de 1 à 10 sur mon état de santé…

Finalement, ma manière d'entrer en contact et en relation se transformerait-elle en même temps que mes cellules ou que mon protocole de chimio ?

Ce silence n'est pas l'expression d'une mauvaise santé, je vais plutôt bien si je me repose suffisamment. Le cancer reste stable, restent à trouver la molécule et l'espace, que je ressens de Divin, qui le fera reculer.

Ce silence raconte probablement un passage en moi et, pourquoi pas, peut-être aussi en vous. Virage sur lequel je n'arrive pas encore à mettre des mots.

Alors, recevez tout simplement ma tendresse que je souhaite immense et intime à la fois.

J'ai pris conscience que la déchirure permet un nouvel espace, une faille. On n'ajoute rien à ce qui est bétonné, rien à ce qui reste entier.

Mai 2012

« L'espérance. On en parle (on m'en parle) comme d'une façon pieuse de rêver à l'avenir. Ce serait plutôt une certaine manière, croyante et humble, de gérer le présent. Non pas comme un espace manquant dont on attend que demain le comble. Pourquoi le ferait-il ? La suite des demains est illimitée ! Espérer, c'est recevoir et conduire ce qui est là comme quelque chose de vivant, d'ouvert : un maintenant qui devient. Une grossesse… »

Pierre-Marie Hoog

Ce mois-ci, je ne sais pas précisément quel âge j'ai, j'ai seulement conscience d'en avoir plusieurs.

Physiquement, bonne nouvelle, le plus souvent je me sens mieux. Je suis plus alerte, j'ai plus d'énergie, plus de cheveux, plus de kilos, une bonne digestion, je ne vais pas à la clinique pour mes cures puisqu'elles se prennent par cachets, je me couche plus tard.

J'ai toujours une petite tête de « lapin fripé » mais ceux qui ne me connaissent pas peuvent hésiter sur mon statut… malade ou pas malade… ?

D'ailleurs, là est la question.

Je me vis telle une funambule sur son fil. La perche que je tiens entre les mains porte d'un côté la sensation du : « Je ne suis plus vraiment malade puisque je vis tellement mieux qu'avant », d'ailleurs mon environnement proche semble parfois oublier que je suis en traitement d'un cancer.

Et de l'autre côté, cette perche me dit : « Je suis en cure de chimiothérapie, mes globules blancs et plaquettes, fracassés par la chimio, remontent mal la pente, je fatigue vite, je ne mange pas de tout, mes cheveux ont seulement deux centimètres, j'ai parfois peur de l'avenir, je me sens souvent perdue et différente... bref, je suis malade. »

Alors, ce mois de mai je me sens déchirée. Le mot peut vous paraître fort et pourtant il est ajusté. Imaginez une feuille de papier déchirée en deux... Pendant un long moment j'ai eu mal de cette déchirure, une sorte de panique... Mais où suis-je ? À droite, à gauche ?

Jusqu'au moment où j'ai pris conscience que la déchirure permet un nouvel espace, une faille. On n'ajoute rien à ce qui est bétonné, rien à ce qui reste entier. Il est nécessaire que la coquille se brise pour qu'une nouvelle forme apparaisse. C'est grâce à la faille que le Souffle de vie va pouvoir œuvrer pour créer, avec moi, une nouvelle constitution.

Point besoin d'être malade pour se sentir sur un fil de funambule ou déchiré... Et c'est là que je rajeunis en âge car je m'identifie à tous ces jeunes qui, le mois de mai venant, doivent décider de leur avenir... si difficile à imaginer quand, au présent, on ne sait plus qui on est. Mais je tiens aussi la main des chômeurs ou de jeunes retraités qui se disent : quel va être mon avenir ? Comment le construire ? Qui suis-je ?

Dans tous les cas, si autour de moi, pour moi, la Confiance règne et si je suis entourée de Lumière, alors j'ai une possibilité de me transformer.

Je suis aussi en lien avec tous ceux qui ne veulent pas regarder leurs « bobos », qui disent : ce n'est rien, mon voisin, ma voisine vit tellement plus grave que moi... même si c'est souvent vrai, notre corps nous lance quand même des messages... « prends soin de moi, tu es le monastère de mon âme... », écoutons-le.

Ce joli mois de mai n'est pas « confortable » puisque mon quotidien balance parfois dans la déchirure de droite, parfois dans celle de gauche. Heureusement, ces jours-ci, j'ai appris que la réponse est dans ce que je vais oser laisser transformer en moi grâce au nouvel espace ainsi récupéré.

Je poursuis le chant, l'art-thérapie, le magnétisme, la lecture, la marche pieds nus dans l'herbe, la réflexion avec des copines en quête d'évolution, la gratitude pour cet air qui entre et sort de moi...

Gratitude car je supporte mieux le changement de protocole même si ma ligne sanguine, encore une fois, est flemmarde à remonter. Surprenante, ma cancérologue a semblé se rendre à l'évidence, je ne rentre pas dans la case d'un protocole classique... À mon inquiétude elle m'a répondu : tout cela prouve que vous êtes réactive à la chimio, laissons du temps à votre corps pour récupérer... Le ton de sa voix m'a donné confiance... alors je lui ai répondu très spontanément : « je continue donc à prier... » Elle a ri et je me suis sentie nouvellement libre de me dire.

Ce mois de juin, je crois qu'il serait doux que j'apprenne à vibrer plus souvent de Gratitude. Je connais cette émotion, maintenant, laissons-la vibrer. En effet, au milieu de tout ce que je vis, il y a tellement d'instants vivants !

Je vous propose de continuer, avec moi, ce chemin de conscience de la Gratitude. Il est probable que ceux qui sont dans la nuit, recevront notre douce Joie.

Je vous embrasse et souris de Gratitude de vous connaître.

Ps : Au moment où je vous envoie cette lettre, mes globules blancs sont descendus à *650* et les plaquettes sont au plus bas (*20m*) entraînant avec elles mon moral. Je suis « au tapis » ... au lit ! Qu'il est difficile de décoller le physique du psychique ! Encore un chemin d'apprentissage si je veux vivre plus libre.

Magnétisme

Notre corps est mis à rude épreuve dans toutes les maladies.
J'ai vécu la perte des cheveux, la chute brutale du poids qui détend la peau et enlaidit les membres, des yeux cernés, les articulations rouillées… Et j'ai quand même osé confier ce corps en souffrance à d'autres soignants que mon oncologue… pourquoi ?
Parce que j'ai l'intime conviction que je dois rendre hommage à ce corps malgré sa transformation. Il faut que je ne perde pas confiance en lui… malgré tout.
Bien sûr le regard bienveillant des proches, et surtout celui de son conjoint, aide à traverser ces mois difficiles. Cependant, le massage de la peau, des muscles par un spécialiste nous aide à rester dans un lien de confiance avec ce corps qui nous fait défaut.

Cher lecteur… sache que nos descriptions sur ce blog, du *magnétisme* comme du *massage*, sont vraiment vulgarisées alors si ce thème t'intéresse n'hésite pas à pousser plus loin tes questions, de quelque façon que ce soit. Ces types de soins sont de merveilleux compléments à une chimiothérapie invasive.

Merci Béatrice. Nous sommes amies de longue date et te confier mon être m'a été facile. Tes soins énergétiques m'ont permis de me sentir « en vacances de la maladie », de contacter d'autres zones de vie au-delà du corps physique bousculé.
Toutes les semaines au début, puis tous les quinze jours, et maintenant toutes les trois semaines, tu m'offres ce temps où je me concentre sur une nouvelle façon de

sentir mon être au monde. De fait, nous offrons à mon être un espace de guérison puisqu'il peut alors se visualiser autrement que malade...

Message de Béatrice H.

Cécile, sœur de cœur sur ma route depuis tant d'années... Tu sais que je soigne avec mes mains depuis bien longtemps. Tu as suivi mon parcours ces dernières années : cheminement personnel, expériences, formations puis mon désir d'approfondir cet art du magnétisme.

À l'annonce de ton diagnostic, c'est tout naturellement que tu me demandes si je veux bien te magnétiser et ta confiance me touche d'autant plus que je connais ta prudence... Tu n'es pas de celles qui confient leur corps à n'importe qui ! Alors, c'est le cœur grand ouvert et la conscience en alerte que j'accepte : soigner une amie, ce n'est pas rien et qui plus est, une amie à qui on vient de diagnostiquer un cancer du pancréas avec des nodules au foie. Il y a de quoi trembler ! Je sais qu'il me faudra être très vigilante, je sais que ce sera long mais je ne sais pas encore combien ce chemin deviendra intensément vibrant d'amour et joyeux !

Soins énergétiques, magnétisme, méditation, accompagnement spirituel et symbolique... l'énergie de l'univers est magnétique. C'est elle que nous captons et elle fait du bien. Depuis la nuit des temps les mères posent leur main sur le front de l'enfant malade ! Le magnétisme est un don de la vie que nous possédons tous, une manifestation de l'énergie en nous qui ne demande qu'à être développée.

Ma formation initiale d'infirmière m'aide à visualiser la « géographie » du corps et son fonctionnement.

L'expérience professionnelle auprès de malades atteints de maladies chroniques, puis en soins palliatifs, les enseignements que j'ai reçus ces dix dernières années sur l'accompagnement spirituel et symbolique à travers l'analyse jungienne des rêves, l'étude des circuits énergétiques et symboliques du corps humain selon la kabbale (tradition hébraïque) ou le Reiki (tradition Japonaise) sont des points d'appui précieux venant enrichir mon expérience empirique... en perpétuel renouvellement !

Cette expérience me permet d'aborder un soin en « laissant le savoir au porte-manteau » (C.G. Jung) afin de « laisser advenir » la puissance de Vie : c'est Elle qui permet à chacun de nous de contacter notre potentiel créateur et ouvre les portes de la transformation.

Comment se déroule une séance ? Je n'ai aucun projet pour Cécile, si ce n'est que d'accompagner le mouvement. Mouvement sur les différents plans : physique, émotionnel, mental, spirituel. Nous échangeons nos ressentis au début et à la fin de la séance, parfois très peu de mots sont prononcés. Pendant le « soin » nous sommes dans un état de relaxation menant à la méditation, en musique, ou en silence... Parfois montent en moi des sons dont la vibration agit aussi énergétiquement. Je peux toucher avec mes mains, ou être à distance du corps physique.

Le magnétisme peut agir de façon globale en rééquilibrant la circulation d'énergie dans le corps, ou de façon plus précise en se focalisant sur un organe particulier (cicatriser une brûlure par exemple). Il peut aussi « nettoyer » l'organisme. Le magnétisme agit aussi en éveillant notre conscience faisant émerger des images, des émotions ou informations.

Nous programmons souvent ces séances en fin de journée : quand l'énergie est « en creux », et plutôt avant et après les cures de chimio ou des examens éprouvants.

Depuis octobre 2011, je « rencontre » Cécile dans une dimension nouvelle. Une rencontre dans le désir de « cueillir avec l'autre » ce que nous offre la vie, d'accueillir cette vibration qui éveille en nous des forces endormies, énergies de renouvellement et de guérison.

J'expérimente qu'avant tout, c'est notre qualité de présence dans la relation qui permet une ouverture à « autre chose », grâce à ce que j'appelle « la puissance de vie », le « souffle », « l'Amour universel », « Dieu ». Tous les magnétiseurs ne travaillent pas en relation consciente avec ces reliances… ce n'est pas obligatoire pour de bons soins, mais c'est ma foi et j'y suis heureuse.

« Quand deux ou trois sont réunis en mon nom, je suis là au milieu d'eux » (Mathieu, 18-20).

Merci Cécile de m'avoir prise par la main sur ton chemin d'expérimentation et d'évolution, en toute confiance : tu me fais faire des pas de géants !

Osons puis savourons le vide qui laisse du renouveau à la respiration.

Juin 2012

Voilà quelques jours que ma lettre tourne dans ma tête avec les questions : « comment ai-je vécu ce mois de juin ? Qu'ai-je envie, et capacité, de partager avec vous… ? »

Je pourrais vous décrire ma main qui dessine et ce faisant, laisse parler mon corps et mon âme. Cette art-thérapie lâche du lest à mon mental. Le dessin me raconte ma vie autrement. Il me donne de nouvelles clés pour transformer le mal qui s'est lové en moi et les peurs qui m'encombrent. Par exemple, après quelques minutes où je fais le vide, mon pinceau inscrit sur la feuille blanche de multiples couleurs, dans tous les sens, inspire, expire, je laisse aller. Plus tard je prends un peu de recul, d'un peu plus loin que la distance du pinceau, je regarde cette feuille devenue habitée de mes « pulsions ». Je découvre (comme lorsqu'on joue à trouver des représentations dans les nuages) un arbre plein d'énergie de vie, une masse (le cancer ?) brulée au feu qui vient de la Terre et va vers Le Ciel… Oui, après chaque séance, je m'émerveille de me découvrir d'autres possibles pour visualiser ma guérison. Ma main est alors celle qui m'indique comment me détendre et espérer. Elle me soigne autant (?) que celle qui prend des cachets de chimiothérapie. J'écoute mon silence de mots devenu langage intuitif. Qu'il colore de sombre ou de lumière ma feuille, il me propose un chemin de soin. Merci à Laurence, mon art-thérapeute.

J'ai aussi imaginé vous raconter mes pieds nus dans l'herbe. Tous les matins, je marche doucement, savoure de ressentir mes pieds qui se décongestionnent de la nuit. Je respire large, au-delà de mon (petit) corps et... je regarde les fleurs, les arbres. Mon grand plaisir est d'arracher le lierre qui enlace nos arbres. À chaque fois je lui dis : « mais laisse donc respirer ce beau tronc ! Tu es comme mon cancer, tu n'as pas à prendre racine ici, laisse cet arbre grandir, vivre... allez ouste le cancer, mon cancer (ouf, cela fait du bien de sortir sa colère). Et toi l'arbre... Gratitude, je m'émerveille de ta force, j'y puise des ressources ! »

Peut-être riez-vous à me lire, et c'est tant mieux, mais tentez l'expérience quand vous n'êtes pas en forme, allez observer, pleurer ou rire avec la nature, elle nous donne d'excellents conseils !

Vous l'avez tous compris, depuis le début je multiplie toutes les petites sources de soins. Et heureusement, car ce mois-ci, côté médecine classique, ce fut le stress et j'aurais pu perdre moral, confiance, foi et kilos !

En effet, si mes plaquettes ont fini par remonter, mes globules blancs jouent le yo-yo, version : nous sommes partis en congés, trop fracassés par la chimio. Cependant, être si longtemps absents ce n'est pas rassurant et ma *doc*, consciencieuse et très professionnelle, a cherché pourquoi... Et c'est là que les angoisses ont toutes les opportunités pour trouver un espace pour me, nous pourrir la vie !

Il y a eu l'hypothèse d'une maladie génétique, manque d'enzymes pour digérer la chimio... Quinze jours d'attente de résultats, ouf, pas de cela en moi, alors quoi ? Autre hypothèse : un cancer répandu dans la moelle osseuse ? Pronostic nettement moins réjouissant... Cinq très longs jours d'attente, ouf, pas de cela en moi. À chaque moment de petite panique, je me disais : « Cécile tu es à l'école du lâcher-prise... ton inquiétude ne changera pas le diagnostic par contre elle va te gâcher la vie, lâche... lâche... » Et j'ai beaucoup appris. Vous avez failli recevoir une lettre proposant une différence entre abandon et lâcher prise, ce sera peut-être pour une prochaine fois ! À ce jour, et donc depuis le mois de mai, nous attendons toujours, pas toujours avec patience, que mes globules blancs reviennent.

Venons-en au plus émouvant à partager.

Merveille ! Bien que je n'ai pas de chimio, je vais bien et je suis donc sortie parfois, de ma grotte. Après un tel hiver, un tel parcours, que c'est émouvant de vous retrouver. Je vibre à chaque fois de la chance que j'ai de pouvoir vous toucher, vous regarder, vous parler, vous écouter, échanger. Mais à l'instant de chacune de ces joies, s'inscrit encore en moi la conscience vive de notre finitude. Ce n'est pas encore très confortable comme sensation. Heureusement, vous m'aidez car souvent je vois aussi dans vos yeux votre émotion, la même que la mienne. Qu'il est bon de se serrer dans les bras. Suis-je devenue plus sensible à la rencontre ? Si c'est oui, c'est une bonne nouvelle.

Nous le savons tous, et vous l'avez probablement déjà vécu, il est compliqué de retrouver le monde extérieur après une grande douleur. Nous croyons être stigmatisés par cette souffrance. C'est le premier pas qui est le plus difficile, alors... quand on se revoit, ne vous inquiétez pas si à un moment ou à un autre, de quelque façon que ce soit, je m'échappe. C'est juste que je suis surprise et heureuse d'être en Vie et d'un coup je vibre d'émotion difficile à contenir. Je mesure combien vous êtes important, voire vital, dans mon chemin de soin.

En fait, j'aime à vous retrouver petit à petit, en petit nombre... Alors la rencontre est douce et la joie immense. Je vous savoure, on se raconte, on se réjouit, gratitude !

Je suis beaucoup moins douée qu'avant pour vous cacher ma sensibilité.

« C'est bête à dire, mais la vie veut vivre. À tout prix » (Pierre-Marie Hoog).

Avec toute ma tendresse et mon merci.

Bel été à chacun, chacune, osons puis savourons le vide qui laisse du renouveau à la respiration. Temps de vacances.

PS : Ce mois-ci j'ai eu, à plusieurs reprises, l'occasion d'allumer des petites bougies dans des lieux saints. Quel beau geste. Merci de l'avoir fait, tant de fois, pour moi...Soyez assurés... « ça marche » !

*Oui, un cancer est (et doit être)
une opportunité pour aller vers une vie plus ajustée
à qui nous sommes vraiment.*

Juillet 2012

Depuis que je vous ai quittés, fin juin, j'ai la chance d'être partie en Corse où je me ressource en famille dans un environnement magnifique. Après une longue période sans chimiothérapie, j'y ai repris une cure, en cachets, sur quinze jours.

Globalement, à part un seuil de résistance plutôt faible, je vais bien. « Tu as une très bonne mine… » me disent tous les copains que je rencontre et c'est la vérité.

Le plus souvent je me sens davantage avoir une maladie qu'être malade.

Cette maladie en moi aurait-t-elle suivi le cours des saisons ? Il y a eu un hiver rude, très rude, suivi d'un printemps plus doux mais toujours pluvieux, parfois orageux. Mon été a mis du temps à s'installer mais finalement, il est devenu chaud et vivifiant.

Mon pèlerinage passe donc par une clairière lumineuse, heureuse. Sur ce tronçon de route, j'ai des cailloux, voire quelques rochers, sous ma chaussure, mais ils ne me font pas perdre l'équilibre. Vous avez bien lu : sous ma chaussure, pas : dans ma chaussure !

Venons-en à la météo médicale : en juin, je sens la masse dans mon ventre qui a changé. Au toucher, elle n'a plus la même forme qu'avant. Elle est passée d'un gabarit petite banane à une impression de banane grignotée sur la moitié... alors j'espère, je rêve qu'elle a diminué... mais la seule façon de le savoir objectivement est de passer un scanner. Avec espoir je le demande à mon médecin. La réponse est nette : non... « Non madame Hyvert, si vous êtes déçue, vous allez passer un mauvais été. La masse risque d'être stable et si elle a un peu grossi vous allez perdre le moral... c'est non ».

Les jours qui ont suivi, je chasse le doute qu'elle a mis en moi afin de rester bien solide, tonique, garder ce fichu moral !

Quinze jours plus tard... ma ligne sanguine continuant à être mauvaise, ma *doc.*, gênée, me dit « il faut vraiment que l'on cherche si vous n'auriez pas de mauvaises cellules côté moelle osseuse. La ponction de juin ne suffit pas, il faut passer un IRM du rachis et un scanner... ». Très gentiment elle ajoute : « je suis désolée de vous embêter avec tout cela, finalement... ». Entendez : « quoiqu'il arrive, gardez le moral ! ».

Quelques jours plus tard... le résultat tombe... Amis lecteurs, partagez ma joie, ma jubilation, contre toute attente des médecins, le cancer en moi a régressé, sur sa totalité pancréas-foie, de 26 %... ! Alléluia.

J'ai savouré le soulagement, l'allégresse et la fierté de Philippe et des enfants. Je me suis délectée de la surprise heureuse de ma *doc*, j'ai exulté avec sa secrétaire (personnage si important dans un cabinet médical). Plus que tout, j'ai remercié du fond du cœur tous les anges sur Terre et ailleurs, qui me portent, me soignent, me transforment, m'accompagnent. Ils sont tous, à leur façon, des guérisseurs pour moi. D'ailleurs, avez-vous eu les oreilles qui ont sifflé ? Avez-vous entendu mon infinie reconnaissance ?

Même si mon médecin me redit que cela lui « suffit » que le cancer se stabilise, que 26% c'est déjà inespéré, je continue à désirer que la banane se transforme en pruneau ou même en raisin sec ! Que les nodules sur le foie disparaissent...
Qu'en pensez-vous ? Vous en sentez-vous capables ?
Oui, rêvons même si nous nous adapterons à la réalité...

Vous avez sans doute remarqué que je dis le plus souvent : le cancer en moi et non : mon cancer ; La maladie en moi et non, ma maladie. De la même façon je décris les cailloux sous ma chaussure et non en dedans. Ces nuances sont fondamentales pour moi.
En effet, je crois que chaque mot a son importance. Quelqu'un de connu a dit un jour « au commencement était le verbe »... Je ne sais pas exactement ce que cela veut dire mais j'ai traduit... le mot nous crée, nous construit. Sa vibration d'abord, sa sonorité, mais aussi le sens qu'on lui donne. Par exemple quand je parle de mon cancer, j'ai l'impression que je l'ancre un peu plus en moi... Et comment avoir envie de tuer, de se débarrasser de quelque chose qui est en moi, que j'ai fabriqué et m'appartient ? Vous dites bien : j'ai une grippe et pas j'ai ma grippe...
Arrêtons de penser qu'il y a une cause et une seule au cancer, par exemple une mauvaise attitude de vie qu'il suffirait de connaître puis de transformer pour être guéri ! C'est une théorie qui culpabilise, qui nous abîme plus qu'elle ne nous construit. Un cancer est toujours multifactoriel dont une bonne part restera mystérieuse, impossible à connaître. C'est probablement pour cela que certaines personnes, tout à fait merveilleuses, meurent des suites de leur cancer. Je ne les oublie pas.

À « ce cancer qui est en moi » plusieurs fois par jour je lui dis « meurs en Paix ».

Je ne lui fais pas la guerre car alors je serais en énergie négative et mon moral serait plus difficile à garder. Je prends les moyens pour qu'il disparaisse et qu'à la place qu'il laisse vacante, je développe de la douceur et une profonde conscience de l'énergie de vie humaine et spirituelle. Un cancer est l'occasion de se « nettoyer ».

Oui, un cancer est (et doit être) une opportunité pour aller vers une vie plus ajustée à qui nous sommes vraiment. « Profitons » de cette mutation physique pour enclencher aussi une mutation psychologique voire spirituelle. Notre corps, évoluant dans sa totalité, pourra se guérir plus aisément, plus souplement. Et si mon environnement évolue avec moi, alors l'effet en est démultiplié.

C'est pour cela que j'ai besoin de vous tous… avec en tête de liste, mon mari, ma famille !

Il y a certainement de bons livres, ne vous en privez pas, qui expliquent ces deux points : « Être attentifs aux mots que nous utilisons pour soigner nos maux » et « Faire évoluer en même temps nos différents espaces de vie pour accélérer notre mutation ».

Alors, encore un immense merci de porter, avec moi et ma famille, ce parcours santé, cette *pétition pour l'amour* qui circule entre nous tous. Je continue à prendre les cachets de chimio mais on continue ensemble la mutation qui me porte, qui nous porte. Le chemin n'est pas fini. Je ne suis pas arrivée au port.

Laissons août raconter son histoire en silence et, si vous le voulez bien, nous nous retrouverons pour la lettre de septembre.

Reçois toute ma tendresse qui déborde de gratitude et de joie.

Art-thérapie par la peinture

La maladie peut vite devenir une impasse sur le chemin de la vie mais j'ai refusé net qu'elle m'y confronte alors j'ai cherché les sorties de secours…

Je n'avais jamais peint de ma vie, je n'aimais pas cela… a priori !

Alors pourquoi avoir demandé à Laurence des séances d'art-thérapie par la peinture ?
Tout simplement parce que j'ai ressenti qu'il me fallait développer mon sens du « oser la vie autrement » tout en diminuant ma peur du regard, du jugement de l'autre.

La peinture en est un excellent vecteur et Laurence une femme bienveillante. Alors nous avons tenté l'aventure et oh surprise… j'aime !

À chaque séance, je pose mon fardeau, je prends le pinceau et je me laisse guider par la consigne du jour. Pendant une heure trente, environ, tout m'est autorisé, le beau comme le moche, le clair comme l'obscur, le vivant comme le mort, la colère comme la joie… bref, je me lâche et observe avec bienveillance ce qui naît de cette rencontre avec moi-même sous le regard joyeux de Laurence qui me conforte dans ma capacité à oser.

Le cancer est un appel à un renouveau, c'est indispensable de l'entendre et d'oser cet appel.

Jamais je ne serai peintre mais toujours je serai reconnaissante à Laurence d'avoir cheminé avec moi.

Message de Laurence S., mon art-thérapeute :

Cécile devenue si chère à mon cœur. Quand tu es venue vers moi dès l'annonce de ta maladie, j'ai été touchée par ton envie, ta capacité extraordinaire à partager.

Confier ce que tu appelles « tes montagnes russes », ce que tu éprouves, accueilles, traverses, pas-à-pas, instant après instant. Et par là, tu restes bien ancrée dans les cœurs à cœurs et dans le mouvement de la vie.

Tu as voulu vivre avec moi ce qui me passionne : l'art-thérapie par la peinture. De fait, tu me fais aussi un cadeau inestimable Cécile, alors gratitude pour ta curiosité, ton audace et ta confiance.

Merci pour cet infini et si beau tissage dont tu es le maître d'œuvre... Il nous permet de nous laisser toucher par les infinies nuances de la vie.

Un atelier d'art-thérapie c'est un espace de confiance, et de respiration, au milieu des angoisses que génère une telle maladie.

En art-thérapie, l'idée est de vivre, vivre l'instant présent. Il s'agit de solliciter notre potentiel créatif. Soutenir le libre cours de nos envies, nos fracas, nos chemins détournés, nos sensations, nos éprouvés.

On stimule l'irraisonné, l'irrationnel.

Grâce à cette distance avec le réel on s'échappe à soi-même sans pour autant se perdre de vue ! Et dans cet espace on peut respirer, reprendre souffle et se remettre en mouvement.

La création bouleverse, avec elle on passe du Je au Jeu, et c'est l'aventure encouragée. Exercer notre liberté, s'exercer à ressentir, s'exercer à oser. Et dans ce mouvement aller et retour entre sa peinture et elle-même, la personne bouge, se décale, se laisse emporter vers une porte dérobée... Qui sait ?

« Ce que je trouve m'apprend ce que je cherche » (Paul Klee)

Avec notre peinture il s'agit d'une rencontre avant tout poétique. Un dessin n'est pas un scanner. Il n'est pas une preuve qui nous dévoile, il est simplement un pas en avant. Un dessin a le droit d'être ni beau ni ressemblant mais simplement lumineux, énergique, brutal ou même incompréhensible.

*Évolution des séances vers « l'atelier du geste libre »,
par Laurence S.*

À ta demande Cécile, j'ai proposé ensuite de manière régulière à un petit groupe d'amies, ton soutien « rapproché », d'animer un atelier que j'ai appelé « l'atelier du geste libre ».
Cet atelier nous permet d'être à la fois autour de toi et chacune à l'œuvre de soi à soi.
Avec pinceaux, couleurs, collages... savourer l'instant présent, jouer et stimuler sa vitalité en donnant de la place à l'enfant libre en nous.
Donner de l'importance au processus, au plaisir de faire.
Apprendre à développer un regard bienveillant et poétique sur notre réalisation et donc sur nous-mêmes.
Et puis goûter la douce et profonde sensation d'être ensemble, en silence, avec juste le léger bruit des pinceaux se promenant sur les feuilles.

Se sentir vivante…
Avez-vous déjà éprouvé cela ? Prenez le temps…
N'attendons pas de frôler la mort pour vibrer la vie.

Septembre 2012

Il était doux de me réveiller, ce matin, en sachant que j'allais venir à votre rencontre.

En effet, plusieurs parmi vous m'ont dit qu'ils attendaient cette *news* de septembre… « Comment vas-tu Cécile ? À quand *Cécile en septembre* ? »

Cette douce demande me procure de la Joie : sachant que vous m'attendez je me sens vivante.

Se sentir vivante… Avez-vous déjà, éprouvé cela ? Prenez le temps… N'attendons pas de frôler la mort pour vibrer la vie.

J'aimerais citer un vieil homme dont je ne retrouve pas le nom : « la maladie ne donne pas le sentiment de la mort, c'est quelque chose qui aiguise le sentiment de la vie. Cette traversée donne une vision de la vie, la diversité de sa puissance, toute sa beauté. »

Vivre est, en soi, un miracle.

Vous l'avez deviné, je vais bien. Ces deux mois au soleil, entourée d'amour, m'ont fait le plus grand bien.

Pour la première fois mes résultats sanguins post cure étaient meilleurs qu'avant la cure... Magique !

Cependant, les premiers jours du retour dans le nord furent difficiles. Me reposer en Corse m'avait procuré un air de vacances, revenir chez les ch'tis m'a donné l'impression de retomber dans la maladie, a bousculé mon moral, comme si j'entamais une marche arrière. « Bizarrement » la cure de septembre fut plus difficile à digérer.

Tout mon être s'est braqué, mon estomac, ma confiance en moi et en l'autre, mais j'ai cinquante-deux ans, je suis une grande, alors je me raisonne...

Puis, j'ai rencontré Tom, cinq ans... Il absorbe aussi des cachets, il a aussi une infirmière qui le pique, il a perdu ses cheveux. Il m'a demandé « tu pleures quand on te pique ? »... J'ai contenu mon émotion, mis quelques secondes à lui répondre : « quand c'est difficile, je pense à autre chose, je m'imagine dans un endroit que j'aime bien ».

Excuse-moi Tom, je n'ai pas été tout à fait sincère avec toi... j'aurais dû commencer par : « oui, je pleure mais quand je suis seule. Le plus souvent, je n'ose pas quand il y a des grands à côté de moi ».

Merci Tom pour la leçon de vie que tu me donnes.

Des enseignements j'en reçois souvent. De toutes parts. J'ai une telle soif de vivre, de guérir au plus vite que dès que je piste une bonne idée, je la mets en pratique.

Un exemple : cet été, j'ai relu un article sur la douleur post-opératoire. Son auteur y explique que si le cerveau enregistre cette douleur celle-ci peut devenir chronique.

Il n'y avait qu'un pas à faire pour passer du « ne pas enregistrer la douleur » à « inscrire la santé » ! Alors, depuis, je me concentre sur tous les instants où je me sens « en santé ». Je les savoure. Je me réjouis aussi de constater que, par rapport à cet hiver, ces moments bénis sont nombreux. Oui, je veux que mon cerveau et mon corps enregistrent ma bonne santé et fassent le chemin pour y parvenir !

Au-delà de la maladie encore en moi, la sensation de ma bonne santé est alimentée par un moral optimiste, une hygiène de vie draconienne, des soins qui font reculer le cancer.
Garder le moral, est-ce possible à chaque instant ? Je ne le crois pas.
Garder le moral, c'est aussi écouter et entendre mes moments de blues et œuvrer pour qu'ils soient peu nombreux et de courte durée. Pour ce faire, il m'est utile d'en identifier les raisons.
Les raisons de mes blues ? Ressentir ma grande fatigabilité et être confrontée à mes limites, le manque de communication avec ma famille (c'est assez rare !), vous sentir loin de moi dans vos « prières » et vos soutiens (exceptionnel ! ...), regarder les infos (Eliot me le raconte, c'est suffisant), devoir sortir de ma grotte, ma ouate, plus d'une fois par jour, avoir de mauvais résultats sanguins, voir la fatigue sur le visage de ma *doc...*

Pas simple ni sans émotion d'assumer sa différence, sa solitude, son chemin mais je m'y attelle car j'ai une grande soif de vie, une jolie gourmandise de vous retrouver et de connaître mes petits-enfants dès que ma santé et mon chemin le permettront !
Petit à petit, je mesure par où je suis passée, par où je passe. Je vous l'ai déjà dit, rien n'est possible sans aide : famille, amis de la Terre et du ciel, médecins, intervenants paramédicaux, rebouteux et autres psys... car dans les sables mouvants, sans les mains tendues,

l'espoir est ténu. Malgré tout, aujourd'hui, je ressens toute la force que ce chemin me demande de déployer.
Je crois que vous êtes fiers de moi. Oserais-je moi-même l'écrire ?
Oui, je suis fière de moi !

Nous avons tous nos défis, soyez assurés que nous sommes tous capables de les relever. Trouvons notre route.

Cette *pétition pour l'amour* continue son parcours. Alors, quand vous allumez votre « bougie » afin d'envoyer de bonnes énergies ou prières à ceux qui en ont besoin, comme Tom et moi, n'oubliez jamais d'en profiter pour vous mettre dans la boucle afin d'en recevoir aussi…

Merci à vous de votre fidèle affection. Recevez mon infinie tendresse, prenez soin de vous.

*J'aimerais acquérir la douce folie
de ceux qui osent leur vie.*

Octobre 2012

La maladie aurait pu me fracasser.
Il y a un an, l'annonce du diagnostic m'a propulsée en chute libre vers l'absurde et j'aurais pu m'y fracasser en mille morceaux.
Bienheureuse, mon élan de vie s'est décuplé au lieu de s'éteindre. Vous en êtes témoin. J'ai beaucoup de chance sur ce parcours mais reconnaissons-le, avec mon homme, nous avons pris les moyens de nos ambitions en ouvrant rapidement un certain nombre de parachutes afin de croire en la guérison. Et finalement, ce parcours santé se vit avec plus de douceur et plus de bonne santé que prévu, ouf.
Alors si je ne suis pas devenue aigrie, en colère, toujours au fond du lit, angoissée, en mille morceaux, que suis-je, peut-être, en train de devenir ?
Simplement une « fêlée » ? Pourquoi pas !... Ce mot invite plusieurs images.
Fêlée... dans le sens de « pleine de fissures » entre lesquelles poussera, par exemple, un *je ne sais quoi* de supplément d'âme ? …
En même temps, fêlée au sens de folle ? Oui j'aimerais acquérir la douce folie de ceux qui osent leur Vie.

Il y a un an, mon généraliste tente de me rassurer : « Madame, ce que vous sentez de dur dans votre ventre, ce n'est rien qu'une inflammation de l'intestin, pas de quoi faire une échographie, cela va passer tout seul... »
Cependant au fil des jours son discours ne me rassure pas, je ne me sens pas « dans mon assiette ». Je n'ai mal nulle part et pourtant je ne me reconnais pas, trop fatiguée, comme hors de ma vie, hors du rythme de mon environnement, moins d'appétit, toujours ce « truc » dur dans mon ventre.

J'ai alors eu le courage de me faire confiance, d'écouter mon instinct et de rappeler, quinze jours plus tard, mon médecin : « docteur, je ne suis pas comme d'habitude, je veux faire une échographie... » Il commence par refuser mais je suis insistante, il capitule et m'envoie une ordonnance. À aucun moment je n'ai pensé cancer. Le temps de prendre un rendez-vous chez le radiologue et fin octobre le diagnostic tombe, toute ma famille aussi. Un cancer du pancréas, nodules au foie, est un diagnostic plus qu'alarmant.

Puisse mon exemple être utile à certains. Apprenons à nous connaître et à écouter, sans honte, notre instinct. Ce jour-là, j'ai peut-être sauvé ma vie.

Avec mon oncologue, régulièrement nous nous mettons en accord afin que, l'une comme l'autre, nous nous y retrouvions dans les soins. Je respecte son expertise, elle tente toujours de me faciliter la vie.

La suite de mon parcours, vous la connaissez puisque je vous écris depuis le mois de novembre. Deux mois de diagnostic avec trois séries de ponctions dont deux m'ont amenée soit aux urgences la nuit suivante, soit en réa en sortie de bloc opératoire.

Ensuite quatre cures en hospitalisation suivies, pour l'instant, de cinq cures par cachets.

Entre temps nous avons craint un cancer de la moelle osseuse et à certaines époques j'ai traversé de longues périodes d'aplasie, perdu dix kilos heureusement assez vite repris, je suis si gourmande, joli défaut...

Ce mois d'octobre, j'ai osé demander à mon oncologue : « Il y a un an, pensiez-vous que je serais dans cette forme-ci aujourd'hui ? » Comme à son habitude, elle m'a regardée droit dans les yeux et m'a répondu : « Oh que non, oh que non... Vous êtes vraiment une spéciale, vous le savez... la façon qu'a votre corps de réagir face à ce cancer est spéciale. »

Je la connais, elle est pudique quand il s'agit de félicitations mais heureusement, j'ai su lire dans ses yeux un encouragement et cela me donne du cœur à l'ouvrage !

Cependant, sachez-le : je ne suis pas une spéciale, je suis juste quelqu'un qui a osé demander de l'aide : ton, votre soutien, une médecine variée. Une chimiothérapie indispensable associée à une médecine surprenante et pourtant tellement active d'un tout simple guérisseur philippin, en occident on dirait de lui qu'il est un rebouteux.

Vous le savez, je fais aussi un travail holistique grâce aux art-thérapies. Dans ce cadre, j'en profite pour remercier mon art-thérapeute par le chant. « Elisabeth, tu as fait des merveilles en moi et dans notre petit groupe. Tu m'as souvent permis d'éviter que ma tête bourdonne trop longtemps de mauvaises pensées car, quand cela devient le cas, je me mets à chanter les petites chansonnettes que tu nous apprends et la vague du blues devient plus douce ».

Le soin par le chant a permis à mon corps de vibrer la Joie. Tentez l'expérience... vous verrez, chanter rend notre vie plus douce.

Parachutes, vous disais-je, mais aussi et surtout je me suis très souvent blottie dans ce que j'ai envie de nommer l'Energie Humaine mais aussi l'énergie d'Amour, le Souffle Divin, la Lumière... Dieu diront certains occidentaux... qu'importe le nom... je suis sur un chemin.

Voilà donc un an de cheminement. Le plus souvent, une année nous apporte un petit nombre d'évènements majeurs... Vous vous en doutez, pour moi ce furent des dizaines voire des centaines qui se sont racontés.

Chacun de vos mots, chacune de mes réussites, chaque nouveau lien tissé, chaque prise de sang réalisée, chaque cachet pris (je dis souvent : c'est une bombe que j'envoie dans mon estomac et je rêve qu'elle se dégoupille au bon endroit, juste sur les mauvaises cellules), chaque moment vécu en pleine intensité, l'évolution d'amour dans notre couple, dans notre petite famille, le départ à Dieu du jeune Gaspard, les moins 26% de mauvaises cellules en juin, chaque pas dans l'herbe comme mes moments de solitude et d'inquiétude... tout fut, est puissant.

Il y a donc eu cette année passée, à moi maintenant de regarder fermement en avant, même si comme me l'a écrit une amie très précieuse et si tendre :
« Cette année qui s'annonce où tu n'es plus complètement malade et pas du tout complètement guérie, où tu ne seras plus dans ton lit mais où tu ne mèneras pas non plus ta vie d'avant... ça ne sera pas facile de trouver un nouveau fil rouge... »
Oui pour moi, comme pour tous ceux qui sont « en choc de vie », il nous faut de l'énergie, du courage et un univers de patience, de confiance pour poursuivre la route, alors que puis-je dire d'autre, pour nous tous, qu'un merci plein d'amour pour cette belle humanité tissée entre nous ?

Chant

Message de Marie M., une chanteuse du groupe

À la tombée du jour, au cœur de l'hiver, à l'heure où les bébés pleurent, où le moral des malades est au plus bas, nous nous retrouvons chez Cécile pour « chanter » et mettre aussi un peu d'animation dans sa maison. Ce rendez-vous régulier est aussi un moyen de rester en lien, d'avoir (ou de « sentir ») les nouvelles sans en demander, sans téléphoner...

Si c'est essentiellement « pour » Cécile, très vite il apparaît que c'est aussi pour chacune d'entre nous que nous nous réunissons.

Personnellement un peu « frustrée » au début du peu de temps passé à chanter (j'adore ça !), je mesure rapidement la nécessité et les bienfaits des « préalables » au chant : Etirements, bâillements (hum, c'est bon !), vocalises sous forme ludique, vibrations ressenties... Puis nous « travaillons » des chants choisis avec soin, en rapport avec le Présent... Ils permettent de libérer nos émotions et peuvent être un moyen d'affusion tendre.

De plus, grâce à la merveilleuse pédagogie d'Elisabeth et à la qualité du groupe (respect et écoute), nous surmontons de plus en plus facilement les difficultés d'un chant... et repartons détendues, apaisées, fières et heureuses... une mélodie dans la tête, baume pour le cœur et compagne pour l'esprit.

Ces séances d'une apparente simplicité sont d'une infinie richesse... à ressentir, à expérimenter, à décoder... à VIVRE ! Merci à toutes !

Message d'Elisabeth R., praticienne en psychophonie

Dès le début de sa maladie, la demande de Cécile a été précise et directe : « J'ai toujours eu envie de chanter, mais je ne me suis jamais décidée ; sur ce parcours santé, je veux aller au-devant de mes envies… j'aimerais bien chanter avec toi »… C'est rare une telle demande de quelqu'un vraiment touchée par la maladie grave. Alors comment répondre à cette demande ?

Apprendre des chansons comme en colonie de vacances, se mettre simplement en vibration sonore, se soigner avec des sons choisis pour leur valeur thérapeutique, chanter à nous deux, en groupe ?

Compte tenu de la fatigue extrême du début de traitement, nous avons commencé en tout petit comité, nous étions trois ou quatre à chanter autour de Cécile. Disons même que nous chantions *pour* elle, tellement émettre des sons lui était difficile.

Il s'agissait de vocalises simples, choisies dans un registre grave, qui lui faisaient ressentir des vibrations jusque dans son ventre, et ça lui faisait du bien. Puis, de quatre chanteuses, nous sommes passées à dix, rassemblées autour d'un projet formulé différemment, ce qui a permis à chacune de trouver sa place : plutôt que de chanter *pour* Cécile, nous allons dorénavant chanter *avec* elle…

Le répertoire de chants simples, variés, choisis pour leur musicalité, la poésie de leurs textes, leur lien avec la saison, leur intérêt pédagogique (travail de rythmes, oser chanter une phrase tout seul) nous font voyager dans le temps, l'espace, et surtout retrouver notre âme d'enfant !

Par ce partage, nous vivons une expérience peu ordinaire de communion où les mots et la parole n'ont plus la place privilégiée de nos échanges habituels. Ces ateliers sont plus que des moments de soins, ils sont des moments générant de la santé.

Points d'appui en psychophonie d'Elisabeth R.

La psychophonie de Marie Louise Aucher est « une démarche auto-expérimentale d'harmonie physique et psychique, utilisant, à la faveur de la voix parlée et chantée, les correspondances entre l'Homme, les sons, les rythmes et le verbe. » Cette démarche permet de relier les différents plans de l'être : physique, énergétique, émotionnel, mental, spirituel, et de les harmoniser. Elle apporte de la détente, du tonus, de la vitalité, et de l'équilibre.
Elle s'articule autour de plusieurs axes qui me guident dans la préparation des ateliers. En voici les grands principes :
- Réceptivité et émission : La qualité de notre émission vocale dépend de notre conscience corporelle et de la justesse de notre réception sensorielle.
- Les cinq sens : L'enfant découvre le monde extérieur grâce à ses cinq sens. Adulte, nous les utilisons pour découvrir notre monde intérieur et enrichir notre expression vocale.
- Voix parlée, voix chantée : Ces deux aspects de la voix sont indissociables. On ne saurait travailler l'une sans travailler l'autre. Poésie, mélodie et rythme en sont les clés.
- Enracinement et rayonnement : Bâti sur un axe vertical et un axe horizontal, l'être humain trouve son équilibre entre ses deux pôles. La justesse de sa parole et la liberté de son chant en découlent.
- Le souffle : Au cœur de la vie, entre aspire et expire, il ouvre les portes de la voix.

Les ateliers ont lieu une fois par semaine, chez Cécile ; ils durent une heure et le déroulement est sensiblement le même : un éveil corporel suivi d'un échauffement vocal ; viennent ensuite des vocalises plus spécifiques, choisies pour aborder facilement les deux ou trois chants sélectionnés pour la soirée. Cette progression cherche à mettre en œuvre l'un ou l'autre des axes cités ci-dessus.

En voici quelques exemples :
- Se masser mutuellement le dos ; se mettre au centre du groupe sans chanter, uniquement pour écouter ; scruter les différentes voix d'un chant en canon plutôt que se boucher les oreilles par peur de se perdre.... Voilà qui permet de travailler notre réceptivité....
- En nous étirant, en nous massant la plante des pieds avec une balle, en vocalisant tout marchant, en explorant des sons graves aussi bien que des sons aigus, nous prenons conscience de nos appuis et de notre verticalité.
- Des onomatopées, des jeux vocaux, des rythmes déclinés sur toutes sortes de sons libèrent la respiration, et permettent un bon ajustement à la phrase musicale.
- Vocaliser « Miam-miam-miam » en laissant son esprit vagabonder ne produit pas le même son que lorsqu'on imagine quelque chose de délicieux à manger, qu'on en ressent l'odeur, et qu'on le goûte en pleine bouche...
- « Colorer » les vocalises avec des émotions (surprise, étonnement, colère, plainte, joie). Cela ouvre à la poésie.
- Oser des improvisations à plusieurs, à partir de jeux vocaux c'est offrir à l'autre ce qui est porté au plus profond de soi.

En effet, « Les sons sont notre moyen, ils sont aussi notre but : (...) Ce qui est acquis pour le sujet est utilisé, non pas pour la jouissance du sujet seul, mais pour une communication humaine. » (Marie Louis Aucher)

En moi-même j'ai eu la sensation d'avoir un an.
Oui, j'ai gagné un an de vie et j'ai la vie devant moi.

Deuxième année

Écho de Philippe
Tenir le cap

Novembre 2012

Cécile je suis très fier de toi, je ne cesse de croire en toi. J'admire ce puits que tu creuses chaque jour pour chercher une infinie source d'énergie.

Ce matin la question qui me travaille : comment t'accompagner dans la durée ? Comment tenir, tenir un chemin de guérison à deux, arriver à synchroniser, ajuster nos envies, rythmes et énergies, se respecter dans la durée.

Pas simple de s'écouter sur la distance quand le relief s'éclaircit, rester dense et délié à la fois.

Tenir le cap... Voilà le défi des trois-cent-soixante prochains jours.

Nous comptons encore sur vous, nous osons vous le redire, et même l'écrire !

Sourions et soyons bien en vie !
Belle journée à vous.

Je n'ai pas l'impression de me plaindre, juste de « me dire » et c'est, je crois, essentiel.

Novembre 2012

Parmi tous les thèmes qui m'ont travaillée ce mois, en voici trois que je vous confie. Evidemment dans cette *pétition pour l'amour* je les aborde de façon très superficielle mais je les offre aux échanges entre vous :
- Un malade quel que soit son âge est un enfant ;
- Se plaindre ou parler vrai ;
- L'éloge de l'accompagnant.

Après les bonnes nouvelles de mon dernier bilan, me voilà repartie pour une série de quatre cures échelonnées (normalement) sur quatre mois. Ensuite, une nouvelle évaluation dessinera la suite de mon protocole de soin.

Venant d'apprendre le recul très significatif du cancer en moi, j'aurais pu poursuivre mes soins dans la joie et l'allégresse et dire : vive mon traitement !

Hélas, ce n'est pas ce qui se passe. Ce mois de novembre est difficile. Je vous ai déjà parlé du manège des « montagnes russes » et bien il me semble que mon chariot est bloqué en tout début de remontée.

Suis-je fatiguée des cycles : dès que mon corps a récupéré, la médecine le casse pour en évacuer, à juste titre, le mauvais… Est-ce ce mois de novembre humide et peu lumineux qui m'est toujours un peu compliqué à négocier... Ou peut-être encore, voilà une année écoulée et même si le cancer régresse, face à moi l'horizon n'est pas toujours dégagé.

Quelle sagesse et quelle persévérance il me faut chercher dans ce travail de traitement pour accepter de poursuivre ces cures qui restent difficiles à ingurgiter... Je sais que je vis un vrai travail de lessivage, de transformation... qu'il faut laisser du temps au temps !

Oui, patience Cécile... « Ils » ont tous allumé leurs petites bougies, ne t'arrête pas en chemin.

Autour de moi tout le monde a l'air plutôt confiant... C'est rassurant, je ne fais pas tout cela pour rien. Mais quand même, c'est dur et j'ai envie de vous le dire simplement : mon chemin reste difficile.

Vous aussi mes amis vous avez vos nuits à traverser, je ne l'oublie pas. Probablement que vous avez, ou avez eu, ou aurez aussi envie de « râler » comme pour déposer votre fardeau.

Et là j'entends certains me dire : « Cécile, n'est-ce pas se plaindre que de râler ? C'est inutile... » Je suis d'accord, la plainte est inutile. En effet, j'aurai toujours les cures à avaler, et vous aurez toujours vos problèmes à résoudre.

Mais je n'ai pas l'impression de me plaindre, juste de « me dire » et c'est, je crois, essentiel. Trop facilement nous cachons nos peines sous des pilules, et autres addictions, qui stimulent artificiellement nos humeurs.

Le problème serait de ne partager que sur mes difficultés. Heureusement ma nature est optimiste et dès que le vent tourne, je me réjouis de tout ce que je vois et vis de beau. Je vibre à la vie et vous embrasse de mes grands bras... Je suis vivante. Mais dans mon secret, je tâche aussi de rassurer l'enfant qui est en moi et qui a peur de la prochaine cure, de la prochaine mise à plat... raplapla la miss Cécile...

Dans ces périodes de crise, je me sens comme un enfant qui a besoin d'être chouchouté, encouragé, rassuré. Un enfant qui a besoin d'une ambiance douce, attentive, tendre.

Ainsi j'aimerais faire l'éloge de tous mes, nos accompagnants, familles, amis, personnels soignants... Je vous remercie du fond du cœur de faire de votre mieux.

Je le sais, c'est éprouvant de suivre sur de longs mois un patient qui s'impatiente ! Nous exigeons le meilleur de vous-même... parfois vous avez à nous parler comme si nous avions cinq ans et que nous étions perdus. À d'autres moments vous avez à nous rejoindre comme l'adulte que nous sommes qui cherche à avoir une vie « normale ».

Il est difficile de vivre vos besoins en même temps que ceux de « votre » malade. Vous pouvez être fiers et attendris d'être notre première molécule de santé.

Cette année 2012, il n'y aura pas de *pétition* en décembre car je vais profiter des vacances de Noël pour « cocooner » de près mes enfants. Donnons-nous rendez-vous fin janvier. Si tout va bien j'aurai digéré deux autres cures et je pourrai enfin dire... plus qu'une avant un nouveau bilan !

Merci à vous tous mes « accompagnants » d'ici et d'ailleurs, sur Terre et au ciel, vous avez tous une place privilégiée dans mes pensées et mes prières. Sachez que cette fin d'année, mon cœur allumera autant de bougies que vous êtes à me lire.

Puissiez-vous vivre cette période d'hiver en n'oubliant jamais que vous êtes une merveille et que la vie est multiple !

Avec toute ma reconnaissance, je vous embrasse.

Médecine holistique

En France, le terme de « magnétiseur », de « rebouteur » fait de moins en moins peur. Quand la médecine classique n'arrive pas à diminuer nos douleurs, nous sommes nombreux à aller les consulter. Comment ces soignants, sans avoir fait de longues et fastidieuses études, savent-ils nous soigner ?
C'est un mystère auquel je laisse à chacun d'entre nous le soin de répondre.

Mon cancer était très grave. Jamais je n'aurais pris le risque de ne pas suivre les conseils avisés de mon oncologue. Ce sont ses soins qui passaient avant tous les autres et pourtant, j'ai aussi choisi de ne pas attendre de voir s'ils étaient efficaces pour tenter, en même temps, d'autres thérapeutiques dites plus holistiques.

Quand j'ai appris la venue de ce guérisseur Philippin, à une heure de route de chez moi, j'ai demandé à mon mari de m'y emmener afin de recevoir un soin. Sa technique est surprenante mais douce et bienveillante. Les jours qui suivent je me suis toujours sentie mieux et il a su me dire, avant le scanner, que mon cancer avait régressé. Après un soin, il me disait simplement « n'ayez pas peur ». En quatorze mois j'ai bénéficié de quatre soins.

Ce que j'ai beaucoup aimé dans cette rencontre, c'est la simplicité de cet homme mondialement connu et apprécié. Il ne va pas à l'encontre de la médecine classique, il travaille avec elle. Il nous apprend à considérer que nous sommes notre propre soignant. En effet, comment rendre mes traitements les plus efficaces possible, comment guérir, comment activer ma propre capacité de guérison si je reste dans la peur ? Il rappelle sans cesse qu'une mauvaise image de soi-même blesse notre organisme et que la santé passe aussi par une ouverture du cœur, par la spiritualité.

À chaque fois je fus aussi nourrie par la rencontre avec d'autres « patients », par l'ambiance chaleureuse, simple, respectueuse des uns et des autres. Dans ce lieu, la maladie ne fait pas peur. Nous sommes tous logés à la même enseigne. La matinée commence par un temps de méditation, suit un petit mot du guérisseur, puis de nouveau un temps de méditation par la vibration sonore. Ensuite chacun, à tour de rôle et en silence, bénéficie d'un soin de type énergétique.

Les quatre fois où j'y suis allée, j'y ai emmené quelqu'un de différent. Aucun d'entre eux m'a dit « mais tu es folle Cécile ! C'est malsain ici, n'y retourne pas... » Non, chacun d'entre eux a été touché par la rencontre, a compris ma démarche, a ressenti ce que je pouvais y trouver. Ceci dit, un guérisseur, comme un médecin, peut soigner avec plus de justesse à certaines périodes qu'à d'autres, il peut aussi, malheureusement, parfois s'user à trop donner.

Cher lecteur, si la vie te fait passer par les mêmes embûches que les miennes, sache trouver TA solution. Nous sommes tous différents, nous n'allons probablement pas réagir de la même façon aux mêmes soignants ou aux mêmes thérapeutiques.
Chacun a son chemin, mais il est certain, et c'est ma conviction : L'Homme, la Femme sont des êtres spirituels.

Ci-dessous des informations recueillies sur le site de ce guérisseur

A.O. déclare simplement : « Ma mission n'est pas de convaincre, mais de guérir. » « Le mot impossible n'existe que dans votre mental. »
A.O. a travaillé avec patience et persévérance depuis maintenant près de cinq décennies pour favoriser la prise de conscience aux Philippines et dans le monde entier des possibilités de guérison spirituelle.

La santé holistique se réfère à toute forme de guérison qui tient compte de la personne dans son entièreté : l'esprit, le corps et l'âme. Il s'agit de traiter la personne de façon globale en s'attaquant plutôt à la cause qu'aux symptômes seuls. L'approche holistique de la santé commence par la ferme conviction que le corps a le pouvoir de se guérir lui-même. Ainsi, les thérapies dites holistiques sont principalement basées sur notre propre capacité innée à l'auto guérison.

Le guérisseur met toujours l'accent là-dessus en disant : « En tant qu'instrument, je ferai de mon mieux pour vous aider, mais j'ai besoin de votre coopération. Si vous savez que vous vous êtes fait quelque chose de mal, alors changez votre vie. Commencez d'abord par vous aimer et vous accepter ».

Les facteurs clés de la santé et de la guérison sont les suivants :
- Avoir conscience que notre attitude (nos pensées, paroles et actions) envers nous-mêmes et notre environnement crée notre propre réalité ;
- Prendre conscience de notre responsabilité, que nous sommes les créateurs de notre réalité ;

- Accepter notre propre pouvoir de recréer notre réalité telle que nous la désirons.

Aucun diagnostic ni pronostic n'est donné par A.O., qui s'en remet dans ces domaines, aux compétences du monde médical allopathique. Aussi, chacun doit rester en contact avec l'ensemble de ses médecins traitants, spécialistes ou généralistes, et ne pas interrompre son ou ses traitements en cours.

Les soins du guérisseur s'allient aux efforts des médecins et des soignants pour favoriser une guérison ou une amélioration de l'état de santé.

Prendre conscience qu'avancer lentement ce n'est pas perdre mon temps, c'est probablement le dilater.

Janvier 2013

« Tenir l'instant et celui d'après. Ne pas paniquer. Trouver en moi cette autre personne, la toute-puissante, et enfermer à double tour la petite fille froussarde. Tout en sachant qu'un jour cette enfant-là crierait si fort que je serais obligée de lui rouvrir la porte, et qu'elle serait alors inconsolable. J'étais perdue en terre inconnue. Je n'avais pas le choix. Je devais sortir les voiles pour aller plus vite que ce mauvais vent, plus vite que la peur elle-même »

Yannick Grannec

À toi qui me lis, à toi qui m'es indispensable sur cette route car ton regard positif, plein d'espoir et d'amour, me nourrit de vie... En ce début d'année j'ai envie de prendre le risque de te partager la question qui m'a taraudée ces deux derniers mois. Interrogation qui t'a peut-être aussi déjà interpellé...
« Pourquoi vivre ? Pourquoi poursuivre mes traitements ? Comment vivre cette année qui vient avec foi, force, tendresse, courage, patience... et aussi inévitable colère, lourdeur, tristesse, déprime ? »

Je sais, à l'annonce du diagnostic j'en étais aussi là... La réponse que j'avais trouvée alors semble ne plus me porter autant aujourd'hui... alors que faire ?
« Il est temps que je trouve d'autres ressources à mon être en mutation... »

Ceux qui me croisent semblent bien heureux de me trouver aussi en forme... Oui, j'ai la chance d'aller bien. La cure de décembre s'est nettement mieux passée que celle de novembre... Quelle joie ! Chaque matin de la mauvaise période de cure, je me réveillais, malgré tout, avec une sensation physique « normale ». De fait, j'avais donc plus d'énergie pour avaler et digérer les cachets, les supporter. Puis, nous sommes partis en famille, en vacances au soleil, tout ce que j'aime et me ressource !

Alors, comme pourraient penser certains « Soigne-toi pour tes enfants, pour vivre ! Tu es entourée d'amour, de soins... arrête de couper les cheveux en quatre ! »
Oui, mais... parfois je « plonge », je sature. Autrement dit, je crains que si je guéris de ce cancer j'aurai à vivre un jour un autre cancer. Je crains d'avoir à revivre ce type de parcours. C'est si difficile et pourtant j'ai la chance d'être tellement bien entourée.
Mais, je ne veux pas vivre, ni me soigner, par devoir mais le plus possible en sérénité. C'est-à-dire apprivoiser les cycles du corps, du cœur...
C'est l'impérieuse nécessité de trouver d'autres ressources pour passer chaque cap.

Aujourd'hui je suis heureuse de vous dire que mon moral a évolué, je me sens de nouveau plus tranquille sur ce chemin... jusqu'à la prochaine étape !
Comment m'y suis-je pris ?
Comme d'habitude j'ai commencé par appeler à l'aide mes proches, mes copines... j'ai parlé, j'ai osé me dire

dans ma complexité et ma fatigue : « Pourquoi vivre ? Je ne sais plus à quoi m'accrocher pour avoir envie de me soigner... Non, je ne déprime pas. Oui, ma question est fondamentale, de nombreuses personnes se la posent. La question est complexe car en plus les réponses évoluent avec le temps ».

J'ai aussi pris conscience que je pouvais culpabiliser d'aller bien alors que d'autres souffrent tellement de leur cancer... Et à l'inverse j'ai aussi ressenti, lourdement sur mes épaules, le poids du regard d'amour des autres. Alors je me disais : « vais-je être à la hauteur ? ». Certains diraient « vais-je être à SA hauteur... ».

Heureusement personne ne m'a dit « tu dois vivre... pour ceci ou pour cela... »

J'ai entendu : « aie espérance dans la vie qui t'est donnée, le reste viendra tout seul ».

D'ailleurs, je vous envoie toute ma gratitude... Merci de partager avec moi ce temps de la maladie où ce n'est plus le corps physique qui est au centre de ce « parcours santé » mais une impérieuse nécessité de garder un moral fort, joyeux, patient.

Puisque je n'ai aucune visibilité de l'avenir, accueillir chaque cure comme l'unique et la laisser travailler en moi sans me fâcher avec elle. Mieux encore, être en alliance avec le traitement et ne pas me contrarier à chaque frustration.

Il semble donc qu'une partie de mon chemin est d'accueillir sans jugement, sans agacement... ce que je suis, ou ne suis pas et surtout... oser mes nombreuses questions ! Accepter d'être régulièrement assommée par le traitement et trouver réconfort à rester au lit, au chaud, avec la douceur des autres comme vitamines. D'ailleurs, mes enfants sont formidables, ils m'accueillent comme je suis, m'aident tout en restant bien ancrés dans leur vie.

Accueillir mes faiblesses devant mon mari tellement aimant et qui pourtant fatigue aussi de ces cures. Il aimerait bien me voir avec autant d'énergie qu'avant... et je le comprends, c'est fatigant la fatigue ! Quoi qu'il arrive, m'occuper le plus souvent de ma santé et rester centrée sur ce chemin.

Prendre conscience qu'avancer lentement ce n'est pas perdre mon temps, c'est probablement le dilater. Relire tous vos messages, signes d'une humanité que j'aime. Me reposer dans La Lumière Divine, Lumière de l'Univers.

Je terminerai en remerciant à nouveau tous ceux et celles qui ont « supporté » (être support) ma question tout au long de ces deux mois. Ce peut être stressant à recevoir comme interrogation mais je la sentais tellement pleine de vie, et non de mort, que j'insistais et toutes vos réponses furent nourrissantes.

J'en choisis une, d'une bonne amie, que j'aimerais vous partager :
« Nos questions ont du talent : elles nous remettent en question pour entretenir la vie, nous empêcher de nous installer dans le confort du monde connu, elles nous invitent à explorer l'inédit. [...] Se déposséder, c'est d'abord (se) connaître. Connaître pour avoir quelque chose à donner, et ensuite lâcher-prise et faire le vide qui attire le neuf. Rien d'autre à faire que d'être en attente, accueillir, recevoir, engranger, digérer... Remercier, se remettre à la Merci des cadeaux du Souffle. »

Recevez toute ma Joie d'être vivante... en Vie pour vivre 2013, envie de vivre 2013.

Prenez soin de vous, chacun de nous est un être exceptionnel et unique.

Janvier 2013
Oser demander de l'aide

> *Mot d'une amie, France B.,*
> *active dans un centre d'oncologie*

Dans ce blog, tout peut avoir l'air facile pour Cécile... Et pourtant ! N'oublions pas qu'elle a pris le risque de chercher de l'aide, d'aller la demander...

Oui, je pense que Cécile a senti que nous aussi, en état de choc, nous avions besoin qu'elle nous donne les clefs pour oser nous approcher, pour savoir comment l'aider.

Et si je devenais acteur...

L'annonce de la maladie est un véritable séisme qui bouscule tous nos repères ; c'est un raz de marée qui balaye tout sur son passage.

Nos émotions sont à vif : un mot nous blesse terriblement, une main tendue nous émeut profondément... Nos sentiments sont exacerbés.

Autour de nous tout est bouleversé !

Notre entourage est désemparé, ne sait que faire, ne sait que dire. Nous attendons d'eux qu'ils sachent ce dont nous avons besoin ; trop souvent, hébétés, en état de choc comme nous, ne sachant que faire, que dire, ceux que nous aimons s'éloignent et nous sommes tristes et blessés par ce comportement, par ces silences, cette absence...

Et si nous les aidions ?

Quels mots, quels gestes, quelles paroles pourraient m'aider ? Aucun : puisque cette nouvelle a tout réduit à néant ! C'est un comble, c'est à moi de trouver ce qui pourrait me soulager, m'aider ! Eh bien oui ! Et ça en vaut la peine !

Car pour guérir, nous avons absolument, résolument besoin de lien et de chaleur. Mais encore faut-il que j'aie la force de demander ! Cette force peut venir si je sens qu'en faisant ma demande, j'aide vraiment mon prochain, celui qui se veut proche de moi. Nous nous aidons l'un l'autre.

Oui, en osant demander de toutes petites choses, je libère celui qui veut être proche, celui qui ne sait que dire.

Qu'est-ce que j'offre à la personne qui m'aide ? Je lui offre de venir chez moi, de me rendre un réel service, de ne pas avoir à prononcer de mots inutiles sur le comment vas-tu ?

Je lui offre de me voir, de me sentir, d'entrer dans mon intime de l'instant quelques minutes, que les mots ne sauraient dire…

Oui oser demander des petits services, qui sont pour nous de grands services, permet à la personne qui se veut proche de participer, d'être aidant et surtout en lien, alors que chacun se sent terriblement impuissant !

Je sais, c'est nous qui sommes touchés et pourtant, c'est à nous d'être acteurs du comment nous sommes entourés ?

À nous d'être inventifs sur nos besoins, ne cherchez pas de grandes choses mais de toutes petites choses. De quoi ai-je besoin ? : D'une lessive ? D'un repas ? D'une conduite ?

Et si j'osais demander… Je ressentirais le bonheur du repas préparé, la joie de la conduite accomplie, le plaisir du temps passé à repasser le linge… Oui, toutes ces personnes, je leur donne l'occasion de penser à nous, d'être en lien avec moi !

Merci Cécile d'offrir à ceux qui t'aiment la place qui leur permet d'être en lien avec toi (un repas concocté avec amitié, une conduite pour un enfant, la participation à l'atelier chant ou d'art-thérapie, une lettre reçue dans notre courriel...)

Retour de Cécile

Dans la vie, chacun fait comme il peut mais parfois nous pouvons plus que ce que nous imaginons. J'en fais l'expérience.

Les médecins sont si surpris que ce cancer régresse... mais moi je sais que sans toute la toile d'amitié et de demande d'aide que j'ai tissée autour de moi, grâce à ma *news* par exemple, sans vous j'aurais eu beaucoup de mal à me soigner... et j'affirme que je n'irais pas aussi bien malgré tout !

Que ceux qui me lisent et qui ont un réseau relationnel endormi ou malmené ; quand le contact avec les voisins, la famille, des collègues de travail, des amis est douloureux alors, je vous conseille vivement de vous rapprocher d'associations. Dans le cas d'un cancer, elles sont nombreuses. Votre médecin, pharmacien, infirmière, hôpital... ce sont autant de personnes qui peuvent vous indiquer de bons lieux où garder le moral, où trouver les autres ressources qui complètent et facilitent la prescription de l'oncologue.

Prenez soin de vous, aussi grâce aux autres.

*Nous sommes des Êtres en évolution permanente,
animés d'un Souffle de Vie si insensé
qu'il en est miraculeux.*

Février 2013

« Elle n'arrête pas son travail l'Inuit
et toujours en riant car pour survivre, dit le conte,
le chasseur et la couturière opposent au froid
un grand rire intérieur, le rire du caribou,
un rire d'une grande allégresse »
Marie Faucher, Conte des femmes qui veillent

« Le cancer n'est pas une objection à la vie »
Bertrand Vergeleyn, Retour à l'émerveillement

Plus souvent hôte des montagnes que de notre plat pays, la neige nous a offert de belles lumières ce mois-ci. Comme vous probablement, je me suis régalée de son bruit si particulier quand elle crisse sous les pas. J'ai tendu l'oreille aux cris des enfants. Ils sont heureux de se faire peur à grande force de batailles de boules de neige, avec enfin le « droit » de se rouler par terre en riant aux éclats !

J'ai échappé au froid, à la grippe, mais février 2013 restera ce mois de « l'entre-deux » : je ne vais ni bien, ni mal. Voilà maintenant quatorze mois non-stop que je suis en cure. Je devrais être habituée à ces gros vides d'énergie et pourtant ce n'est toujours pas le cas. Ces yo-yo sont éprouvants et ma résistance physique est moins souple.

Plus le bilan médical se rapproche, plus mon psychisme se met en alerte... Et paradoxalement tout mon être conscient se mobilise vers... l'immobilisme !
Un patient en attente de bilan a l'impression de vivre dans un no man's land. Il est comme un animal aux abois qui sait qu'il n'échappera pas à la sentence. Ne plus respirer, faire le moins de bruit possible, se faire toute petite. Imaginer, espérer que le temps suspendra son vol et que toute l'histoire de la maladie sera alors effacée, d'un coup d'un seul... !
Mais la patiente que je suis sait qu'elle ne rêve pas, qu'elle ira sagement sous les différents appareils afin qu'un médecin ait accès à son intime, l'intérieur de son corps... Elle sait qu'avant moi, il saura à « quelle sauce je vais être assaisonnée » ... pardon, « à quels traitements je vais devoir me soumettre ».
Je vous assure, c'est un sentiment très étrange.
Alors, on peut tout à la fois avoir envie de fuir et de savoir. Nous devenons tellement dépendants d'une image, d'un relevé de traceur dans notre corps, qu'on en perd la sensation réelle de la vie qui circule en nous et donc de l'espoir.

Je sais bien qu'il n'y a pas une solution miracle pour vivre détendue. La plus humaine étant pour moi d'être juste là, présente, à l'écoute du besoin de mon âme. J'ai alors tenté de prendre régulièrement le temps de m'émerveiller de tout, de rien, car à chaque fois, la magie opère en moi, je respire mieux et donc mon corps va mieux. Parfois, il fallait me stimuler pour aller marcher, sortir de ma « bulle de protection », bouger mon corps. À d'autres moments l'amitié, qui crée le rire ou la complicité, m'a ouvert le bonheur. Oui, je peux l'écrire, j'ai passé ce mois, malgré tout, des merveilleux moments d'amour, d'amitié, de vie.

Petite parenthèse « sport et santé » : Savez-vous comment parler « sport » à un malade ? Dans mon ancien job c'était un vrai challenge, rarement atteint, de mettre au sport les patients. Pourtant, il est prouvé que le sport améliore la santé alors pourquoi, nous les patients, ne nous y mettons-nous pas ? Vaste débat… qui commence, je crois, par le fait que les soignants n'utilisent pas les bons mots. Dites « sport, réhabilitation à l'effort… » à un patient et il en sera fatigué d'avance.

Revenons à février… mois cotonneux, dans un sentiment d'entre deux…
Entre deux bilans mais aussi entre deux médecins : En effet, j'ai dû en changer puisque mon oncologue, en arrêt maternité, m'a confiée à un de ses collègues. Ceux à qui cela est déjà arrivé pourront confirmer combien c'est déstabilisant.
Je me suis fait des films dans la tête : Que va-t-il me dire, me demander ? Va-t-il s'intéresser à moi ? Va-t-il approuver ou critiquer mon chemin ? Le féliciter ou n'en rien dire ? Va-t-il prendre le temps de me rassurer ? Va-t-il me donner la bonne thérapie ?
Sait-il que j'ai peur même si j'ai l'air d'une grande dame ?
À l'intérieur j'ai cinq ans et j'ai tellement envie qu'il me dise tout doucement, tranquillement : « Madame je suis content de faire votre connaissance ; j'imagine bien que ce n'est pas facile de changer de médecin… Cela vous fait peut-être un peu peur, mais je vais prendre soin de vous. Il est magnifique votre parcours, votre médecin m'a déjà

fait des transmissions, mais vous-même, racontez-moi... Comment allez-vous ? Que puis-je pour vous ? »

En réalité, ce n'est pas tout à fait ce qui s'est passé... Il a oublié l'étape « réassurance du patient » pour aller, certes avec gentillesse, directement à l'étape suivante du « comment allez-vous ? », genre : revue de paquetage. Puis au moment de prendre les rendez-vous pour le bilan, il s'est adouci et m'a dit que je pouvais le contacter quand je le voulais. Il a été « factuel sympathique », ce n'est déjà pas si mal ! Je retournerai le voir presque sans crainte...

Finalement, peut-être que nous, les patients, nous faisons peur aux médecins... Peut-être sont-ils inquiets qu'on prenne trop de leur précieux temps, qu'on chamboule leur planning, que l'on soulève en eux trop d'émotion ?

Pas facile, le métier de toubib, dans des pathologies aussi lourdes... Alors, oui, je rends grâce à leur envie de me guérir et m'émerveille des progrès de la science.

Merci à vous tous, mes toubibs.

Quant à toi, lecteur, puisses-tu, avec moi, avancer pas-à-pas vers le printemps avec la joie d'être aimé. Si tu n'en as pas ou que peu le sentiment, c'est peut-être que tu ne prends pas le temps de t'émerveiller de qui Tu es, de la façon dont la vie circule en toi et dont elle circule dans l'espace entre toi et l'autre.

Nous sommes des Êtres en évolution permanente, animés d'un Souffle de Vie si insensé qu'il en est miraculeux.

Oncologie

Le premier médecin, gastro-entérologue, que j'ai rencontré suite à une échographie alarmante, m'a reçue en urgence et pourtant, il m'a longuement interrogée, écoutée. Je suis persuadée qu'un simple coup d'œil sur le scanner lui avait déjà permis d'en savoir suffisamment pour élaborer la suite des soins... et cependant il m'a offert ce temps d'écoute.
Et seulement ensuite, il a su me dire très délicatement : « Madame c'est très alarmant, nous allons faire une ponction rapidement mais sachez que si c'est le diagnostic le plus lourd qui est fait, ne perdez pas espoir, battez-vous car en médecine, on a déjà tout vu ».

Merci docteur car vous avez associé au mot paniquant de cancer, une lueur d'espoir et surtout une belle humanité à laquelle j'ai pu me raccrocher.
Vous saviez bien, vous, qu'avec un pamplemousse sur le pancréas et une banane en petits morceaux dans le foie, ma vie devenait très compliquée.
Vous avez évité le déni et le faux semblant comme la suffisance du médecin qui sait tout... et vous m'avez, dès le départ, inscrite dans une dynamique gagnante.
Après la ponction vous m'avez confiée à une collègue gastro oncologue. Ce terme « confiée » est important car je ne me suis pas sentie trop abandonnée. Tous les mots que vous utilisez, chers médecins, sont importants... N'ayez pas peur d'y mettre un peu d'affectif... Un « je vous confie à » est bien différent d'un « maintenant prenez rendez-vous avec ma collègue » ...
Au début des mois de cheminement, celle-ci aussi a toujours pris le temps nécessaire pour répondre à mes

questions, pour m'expliquer lentement, en plusieurs fois, les traitements qui m'étaient infligés. Je peux vous assurer que si elle a pu penser perdre son temps, car il en fallait beaucoup pour me rassurer, pour que je comprenne et adhère au traitement, elle en a gagné. Générant en moi une alliance thérapeutique intellectuelle mais aussi affective (cf. *news* de janvier 2012), notre collaboration est agréable, non stressante, en vérité...Est-ce aussi cela qui crée en moi une excellente résilience ?

Depuis le début de mon parcours, pour l'instant, une seule fois j'ai eu le désir d'arrêter de me soigner... C'était devenu trop dur. Heureusement elle m'a entendue et a cherché à adapter le traitement. Dans le cas inverse je me serais braquée.

Finalement, je prends rarement mes médicaments avec colère, je les prends en connaissance de cause et je sens dans le discours du médecin beaucoup de respect de ma personne.

Un oncologue fait un métier difficile. Les médicaments qu'il prescrit, s'ils soignent, sont néanmoins très lourds à supporter. Ce paradoxe peut créer chez le patient à la fois l'envie de voir le médecin afin d'être soigné et la difficulté de le rencontrer, voire de l'agressivité envers lui.

L'oncologie est une médecine en évolution permanente et je remercie ici tous les chercheurs, les sponsors, la communauté médicale, les patients... en deux mots : les hommes et les femmes qui s'investissent pour faire avancer la médecine.

Cher lecteur, si notre corps est fait certes, d'un assemblage de cellules, il n'est pas que cela. Donnons-lui de la « chimie » pour ses cellules mais toutes les autres thérapeutiques pour le reste. Si vous donnez à une plante de l'eau sans le soleil... elle grandira nettement moins bien !

J'aurais pu aussi vous partager le nom de mes médicaments, vous en expliquer les effets secondaires mais ce n'est pas mon choix. En effet, chaque personne est singulière, chaque histoire est unique et nous n'allons pas réagir de la même façon aux traitements.

Gratitude... car en moi, ils sont très efficaces et cela surprend même mes médecins.

J'ai la faiblesse de croire que c'est toute l'énergie positive que vous m'envoyez, mais aussi que je m'offre à moi-même de multiples façons (voir les différents *soins*), qui permet à ces médicaments de travailler avec plus d'efficacité.

Je sais que ma route ne sera pas linéaire. « La pause fait partie du traitement » m'a dit mon oncologue... Phrase qui a longtemps tourné dans ma tête, qui ne s'est d'ailleurs pas encore posée dans mon cerveau. Je refuse aujourd'hui d'entendre que ce cancer est chronique... Je vais y arriver mais pour l'instant la peur est encore trop tapie au creux de mon plexus.

Louanges... au Souffle de vie, le Divin en nous.

Le corps humain est un génie dans lequel nous avons si peu confiance et que nous malmenons trop souvent.

*Après cette descente dans la panique,
et seulement après… j'ai repris mon bâton de pèlerin,
je continue de regarder devant,
là où peut surgir la Lumière… et la vie.*

Mars 2013

Démarrage d'une nouvelle conscience, d'une nouvelle étape de mon parcours santé.
Mars… bilan. Le scanner et l'osctréoscan sont bons, le cancer continue de régresser ! Joie !
Oui, nous aurions pu entendre uniquement cette phrase, faire fi du reste et exulter de joie…
Mais, en ce printemps 2013, je me sens plus forte et j'ai choisi de mieux comprendre quel type de cancer s'est développé en moi. J'avais préparé mes questions, je les ai posées clairement, j'ai eu des réponses. Elles ne furent pas faciles à entendre mais comment gérer un danger potentiel si on ne le connaît pas vraiment ? C'est important d'entendre la vérité mais c'est vital de respecter son *timing* de conscience.
Quel est mon avenir ?
Voici ce que m'a dit avec humour l'oncologue : « Vous répondez trop bien aux traitements, c'est cela qui nous embête ! On serait tentés de continuer à prescrire de la chimio mais il faut quand même vous permettre de souffler et d'ainsi reposer votre moelle osseuse… Avant

de traiter un cancer, on traite madame Hyvert... pour qu'elle vive. »

Dit autrement : « Si on continue ces traitements lourds, votre cancer va peut-être continuer à diminuer (un peu) mais vous risquez d'y laisser beaucoup trop de plumes, de vous mettre en danger. Ce n'est pas une bonne idée car de toutes les façons, votre cancer ne se guérira jamais, ce cancer fait partie des maladies chroniques ».

Félicitons la sagesse médicale qui décide de ne pas aller plus loin que les possibilités du corps humain. Une pause de deux mois est donc décidée... elle est la bienvenue et en même temps j'ai l'impression que je vais vivre « sans filet ». Deux mois pour voir comment le cancer va se comporter... L'espoir des médecins est qu'il stagne.

« Votre cancer repartira, se réactivera un jour, mais on ne sait pas quand... peut-être dans deux mois mais pourquoi pas seulement dans trois ans ! » m'a-t-il dit.

« Docteur, savez-vous quels sont les facteurs qui déclenchent une reprise de cette maladie, de ce cancer chronique ? »

« Non »

Chers lecteurs, vous imaginez la déferlante qui m'a envoyée au fond du gouffre... vous subodorez aussi quelles peuvent être les angoisses qui ont surgi avec cette épée de Damoclès au-dedans de moi...

Je pensais pouvoir dire un jour « j'ai eu un cancer » et j'apprends que je dirai toujours « j'ai un cancer » ... Mais je suis ainsi faite... Après cette descente dans la panique, et seulement après... j'ai repris mon bâton de pèlerin, je continue de regarder devant, là où peut surgir la Lumière... et la vie. C'est une grande chance de savoir prendre les moyens pour rester peu de temps au fond d'un précipice.

Nous sommes nombreux à porter une maladie de ce genre. Je me suis mise en lien avec mes anciens patients, tous porteurs d'une maladie chronique évolutive, à leur façon ils m'aident beaucoup à apprivoiser cette nouvelle conscience.

Comme me l'a rappelé une amie très chère... « Vibre la joie et ton corps se sentira mieux » ! Oui, mais où puiser cette joie et une confiance aveugle ?

Alors j'ai fait la liste de tout ce que cette nouvelle partie de chemin va m'apprendre, va me permettre de partager, va m'offrir de supplément d'âme.

Et puis... la médecine fera probablement des progrès et tout mon « travail » holistique accompagnera ce chemin pendant ces deux mois jusqu'au futur scanner et même après. Je vais continuer à prendre soin de moi. Je vais vivre optimiste, le plus possible.

Je vais profiter de ces semaines, sans traitement lourd, et avec une nouvelle reprise d'énergie afin de savourer la vie !

Avec vous, le chemin se poursuit pas-à-pas, tous ensemble visualisons que ce cancer s'endorme à jamais ! Recevez mon infini merci.

De mon côté, je vous assure que lors de ma méditation matinale, je vous porte dans mes prières, j'appelle le Souffle de vie, afin que vos zones de lumière soient plus rayonnantes que jamais !

Mars 2013
Lettre à mon amie Isabelle

Ce soir je pense à toi chère Isabelle, mon amie.

Quand tu as appris ton cancer le jour de tes quarante-six ans, ton entourage d'abord, mais toi aussi, vous avez vite su qu'il te restait peu de temps à vivre.

À l'époque j'ai tellement admiré ta dignité, ta présence, ton amour, ta douceur, ta simplicité. Comment as-tu fait ? Oui, dis-moi… Comment as-tu fait ?

Quand parfois me vient cette idée que peut-être, à mon tour, j'aurais à dire au revoir à ceux que j'aime plus vite que prévu… je suis si triste.

Je mesure combien c'est différent de savoir qu'un jour on va mourir et de le conscientiser physiquement quand la fatigue est grande.

Oh comme je comprends mieux maintenant ceux qui font… comme s'ils allaient guérir… Ceux qui s'activent le plus possible pour ne pas penser, ceux qui se soignent à tout craint pour ne pas sentir que c'est inutile, ceux qui se murent dans le silence, ceux qui coupent l'amour afin d'avoir moins mal…

Toi, mon amie, tu as tellement assumé. Grande dame tu as été ! Tu me disais : j'aimerais bien être là à tel mariage… au passage de classe de ma petite dernière… à la réunion de famille de… c'était ta façon de nous dire, je sais que je ne pourrai pas tout vivre. Tu parlais des évènements mais pas de nous. Cela c'était trop difficile, mais tu glissais de-ci de-là des indices que tu avais bien compris, que tu avais pris le chemin d'être en Paix.

Je ne sais ce que tu as posé dans le cœur de chacun de tes enfants tant aimés, mais tu as posé dans le mien des mots de douceur.

La dernière fois que je t'ai vue, tu as pris à pleine main mon visage, tu as planté tes yeux dans les miens et au-delà des mots mon corps a imprimé ton affection. Tu ne me disais pas Adieu, tu me disais : Vis ! Tu ne pensais pas : je ne te verrai plus... Tu me donnais ton souffle de vie, celui que tu lâchais pour rejoindre la Lumière Divine. Tu as pensé à ma vie et pas à la tienne. Tu t'es éteinte au milieu des tiens, ton mari, tes enfants... Tu as lâché la corde avant que la souffrance, ta souffrance, imprègne dans nos mémoires le mot « calvaire ».
Merci Isabelle, j'espère que le jour où ce sera mon tour je saurai suivre ton exemple.

Ce mois-ci j'ai fêté mon anniversaire, cinquante-trois ans selon le calendrier. En moi-même j'ai eu la sensation d'avoir un an. Oui, j'ai gagné un an de vie et j'ai la vie devant moi. J'apprends à vivre le jour le jour tout en ayant de multiples projets ! La gymnastique de la vie pour moi mais aussi pour mon environnement qui accepte gentiment cette donnée.
Tant que ce cancer en moi n'aura pas commencé vraiment à dormir, tant que je ne l'aurai pas apprivoisé complètement, cette nouvelle tranche de vie qui accueille l'imprévu heureux ou frustrant, inquiétant ou exaltant... je traverserai des zones d'ombres angoissantes.

Depuis le début de cette maladie, j'arrive à ne pas prendre d'antidépresseur car j'ai foi que mon être ira mieux si j'accepte de vivre les cycles de la nature. Aimer l'hiver comme l'été... Mais vous le savez, quand je plonge dans la déprime j'appelle à l'aide... de la même manière que quand je savoure la vie je partage cette joie.

C'est grâce aux cycles que la vie est possible.

Cécile

PEPS comme :
Physique, Energétique, Psychologique, Spirituel…
Oui, voilà tout simplement le secret de mon peps.

Avril 2013

« De ce qui m'arrive,
tant que je le refuse, inutile d'espérer
que quelque chose de vivant en germe à jamais.
Mais qu'est-ce que c'est : accepter ? »

Pierre-Marie Hoog

Cher lecteur,

Je suis persuadée que toi aussi tu as déjà vécu cette sensation de solitude. On te dit : « ton problème est psychologique » mais toi tu sens que non, que ce n'est pas uniquement « la faute à la météo, à l'âge, à une souffrance psychique connue ou non... » Tu sens au fond de toi « qu'ils ne comprennent pas » ...

Ce mois-ci j'ai donc été physiquement très mal pendant (seulement) quinze jours. De bonnes âmes ont pensé que c'était psychologique. En effet il est souvent dit qu'avec l'arrêt de la chimio le patient panique... il se sent abandonné.

J'ai aussi entendu : « ton mari s'est absenté cinq jours pour son travail... ta solitude t'a plongée dans une grande fragilité émotionnelle... », comme d'autres ont pu penser : « tu ne vas pas bien car tu n'as pas encore digéré les propos du médecin : c'est un cancer chronique... »

Mais rares sont ceux qui ont aussi pensé : c'est le corps qui se nettoie des toxines de la chimio à l'image d'un plâtre retiré sur une jambe, il faut toujours un temps pour que le corps récupère sa souplesse, sa peau... ou par exemple, quand un alcoolique arrête de boire, il commence par aller physiquement plus mal. Le corps libère ses toxines. Nous le savons tous, la chimiothérapie soigne mais elle est aussi toxique.

Presque personne ne m'a dit : « Bravo Cécile, merci... Tu laisses aller ta métamorphose et comme le bernard-l'hermite qui grandit et change de coquillage, tiens bon, tu passes par une phase de grande fragilité ». Mue ou mutation.

Lors de ma dernière consultation chez mon oncologue juste revenue de congé maternité, je lui ai demandé s'il y avait des études faites sur les répercussions physiques d'un arrêt de chimio... À sa connaissance, rien ne porte sur mon hypothèse qu'il existe des réactions physiques style nettoyages de toxines qui créent un mal-être transitoire pour le patient. En revanche, les études portent sur les récupérations attendues de la moelle osseuse ou sur le sentiment d'abandon éprouvé par le patient. En voilà un beau sujet de thèse, avis aux intéressés !

Je pense que nous, les malades du cancer, avons besoin d'être prévenus que l'arrêt du traitement va d'un côté nous permettre de récupérer, mais aussi nous mettre provisoirement en déséquilibrage physique et donc probablement psychologique... Le sachant, j'aurais eu moins peur et je crois que j'aurais passé le cap plus facilement.

C'est ici que j'ai envie de vous confier mon concept du *PEPS*. En effet, depuis dix-huit mois je vous rabâche les oreilles avec mon *PEPS*... *PEPS* comme : Physique, Energétique, Psychologique, Spirituel... Oui, voilà tout simplement le secret de mon *peps*.

Cécile a du *peps*... !

Vous tous, quand vous avez une difficulté n'oubliez pas que votre corps est le monastère de votre âme et que nous sommes beaucoup plus que nos milliards de cellules.

C'est toujours l'ensemble indissociable du *PEPS, a minima*, qui nous donne notre énergie de vie.

Aujourd'hui je vais merveilleusement bien. Je savoure, je ris, je chante, je marche d'un bon pas, je mange aisément, je danse, et je vais peut-être même reprendre, à temps très partiel, mon travail quoique pas directement avec des malades. En trois mots : Je vais bien ! Et je continue les autres soins holistiques... cela va sans le dire !

Je sais que j'aurai encore des passages de nettoyages, de mutations, de métamorphoses et je prie tous les jours pour gagner en conscience et en confiance, bref en souplesse... Peut-être même arriverai-je à vivre ce que m'a proposé une amie : « reçois et transforme en Joie » !

Aujourd'hui j'ai devant moi deux mois sans chimio avant un gros bilan... Deux mois pour laisser mon corps œuvrer vers la santé encore et toujours mieux. Cela passera par un chemin, vous l'avez compris, physique, psychologique, énergétique, spirituel : *PEPS* ! Je sais que la semaine pré-bilan sera éprouvante... J'ai maintenant plus de moyens pour me brancher à vous mais aussi au Souffle de Vie, au Divin.

Merci à vous tous de votre présence. Peut-être que le mois prochain je vous parlerai de l'accompagnement dans la distance (comment être présent, à la bonne place, dans la distance espace-temps ?) ou, suivant mon inspiration, de mon impression de négocier trop souvent avec le Divin... A-t-on ce droit ?

Je vous embrasse de toute ma vie qui se renouvelle. Gratitude.

Yoga

Ici vous trouverez le message de Véronique, ma professeure de yoga. Du haut de ses soixante-quatre ans, elle pratique depuis toujours cette discipline, cette philosophie.

Le yoga, pour elle, c'est une seconde nature, c'est la vie dans sa globalité. Après son message et le mien, Véronique donne un très bref apport théorique sur son travail.

Message de Véronique L., professeure de yoga

Mon partage de yoga, avec toi Cécile, date d'environ une dizaine d'années.

Ensemble, comme le propose cette discipline, nous avons pratiqué régulièrement et du plus dense au plus subtil. En effet le mot yoga signifie : Unité entre notre corps physique, notre corps de respiration, notre mental et notre corps de lumière.

Il m'est difficile de mettre en mots la richesse de nos échanges pendant nos séances de yoga puisque les seuls mots que nous utilisons servent cette pratique. En même temps me tient à cœur de partager, nommer et transmettre dans ce blog ce que nous vivons. Je peux dire que nous nous retrouvons sur « la même longueur d'onde ».

Quand un dimanche soir tu m'appris la nouvelle fracassante de ta maladie j'ai ressenti vivement que nos séances allaient me demander plus de présence mais aussi m'offrir un plus de partage de vie, certains diront « un supplément d'âme ». Avec cette nouvelle présence au monde, nous avons continué à échanger avec nos mots et nos silences, avec notre corps de chair mais aussi notre souffle de vie, notre lumière et notre espérance.

Tout le yoga que je pratique avec tous mes élèves, s'inscrit dans *Ishvara pranidhana* : s'en remettre au Seigneur...

À toi Véronique, mais aussi à vous tous chers lecteurs

La maladie est synonyme de chahut, le yoga apporte un espace de sérénité.

Sur mon parcours santé, je préfère ne pas pousser mon corps au-delà de ses limites et Véronique a l'art d'accueillir uniquement le possible même si parfois ce n'est que le souffle de vie qui circule dans les poumons ou le sang qui œuvre dans le corps.

Alors, ensemble, nous pratiquons cette discipline dans sa globalité, pas comme une gymnastique !

Tous les malades le savent, la maladie génère souvent une frustration après l'autre. Alors le choix s'offre à nous de rester en colère ou de chercher des lieux de bien-être qui respectent l'être que nous sommes.

Le yoga de Véronique m'apporte la joie d'avoir retrouvé de bonnes sensations physiques. Ce fut un chemin du pas-à-pas qui fait renaître dans mon corps une confiance sereine.

Merci Véronique de m'avoir accueillie comme j'étais.

Quand mon corps a été trop fatigué pour se mouvoir, tu m'as appris à réaliser les mouvements proposés uniquement en visualisation interne. Dans ce cas, aucun muscle ne bouge réellement mais tout le corps se mobilise vers plus de conscience, de détente, de souplesse.

Nous le savons tous, les sportifs de compétition visualisent l'exploit à réaliser avant même de mettre les muscles en mouvement. C'est une étape indispensable à la réussite.

Après plusieurs mois où j'avais passé la plupart du temps dans mon lit, le yoga a permis une remise en route agréable de tout mon être physique. J'ai béni le fait de le pratiquer depuis si longtemps car cela m'a probablement aidée à poursuivre les séances quel que soit mon « être au monde », mon *PEPS* (harmonie entre le Physique, l'Emotionnel, le Psychique et le Spirituel) du matin.

De plus, avec cette chance que le yoga, enseigné par Véronique, travaille sur tous les plans de l'Être, je m'exerce à expérimenter, entre autres, le souffle qui tente de ralentir notre mental parfois si bruyant ; ou encore je m'entraîne à me concentrer aussi sur les parties du corps bien vivantes, toniques, joyeuses.

Le tout dans une unité avec l'Energie de Vie. Et pour cette fois appelons-la : Amour.

Magie, nous sommes vraiment plus que ce que nous voyons ou ressentons de nous-même. Véronique, comme tant d'autres, m'aide à tenir mon cap.

Gratitude.

Explication théorique sur les séances de yoga

Cette ascèse pluri millénaire propose un chemin de vie en huit espaces de travail qui sont maillés entre eux :

- YAMA : Notre rapport aux autres : acceptation du réel sans violence ni avidité. Savoir avec humilité limiter notre petit ego pour laisser la place à l'autre et essayer d'être conscient de cette relation.

- NIYAMA : Notre rapport à nous même : observance pour prendre soin de nous (hygiène, diététique, sommeil) et conscience de nos pensées négatives.

- ASANA : Notre corps physique : la posture assise et toutes ses préparations par les enchainements. Ce corps physique développe les énergies subtiles.

- PRANAYAMA : L'attention à l'énergie fine qui circule en nous.

- PRATYAHARA : Être juste à ce qui est. Vivre le moment charnière où l'on passe de l'externe à l'interne, du grossier au subtil, du périphérique au centre.

- DHARANA : La concentration de l'esprit. Retenir un enchainement par exemple.

- DHYANA : La méditation…

- SAMADHI : La félicité, l'absorption dans l'énergie infinie.

Pour l'heure, incarne-toi, ose la vie, continue à l'aimer et elle te le rendra au centuple.

Mai 2013

Chers amis,

Ce mois de mai aurait pu être tranquille, doux, détendu puisque fin avril je vous quittais en vous disant : je suis vivante ! Je vais bien. C'est bon.
Mais en mai je n'ai pas tout à fait vécu « ce qu'il me plait », et voici ce qui s'est passé : En milieu de mois, je commence à me sentir plus fatiguée avec un transit gastrique « bizarre »… Je préfère alors imaginer la répercussion d'une intoxication alimentaire. L'avenir me montrera que, comme diraient mes collègues psychologues, je fais un *bon gros déni* !
Heureusement je ne suis pas seule et mon mari veille. Il trouve que je n'ai pas « un teint normal et même que j'ai une sale tête ! ». Il insiste pour que j'appelle mon oncologue mais je ne veux pas la déranger pour si peu… Alors, c'est presque en m'excusant que je l'interpelle via sa merveilleuse et attentionnée secrétaire. Le lendemain je suis hospitalisée d'urgence pour une « petite » hémorragie interne. Rapidement je reçois trois poches de sang. J'allais effectivement mal. Merci aux donneurs de sang, Gratitude !

Puis, grâce à la fibroscopie, nous constatons que ce sont des varices œsophagiennes qui ont lâché, alors le jour suivant, sous anesthésie générale, ligature desdites varices.

Pour cette fois, tout finit bien. Mais pour la prochaine fois ? Me voilà avec une fragilité physique supplémentaire. En effet, le radiologue a confirmé que j'ai un grand nombre de varices œsophagiennes consécutives à la nécrose de la *veine porte* par la masse sur le pancréas. Des questions se bousculent dans ma tête vite inquiète : Vont-elles se remettre à saigner ? Quand et en quelle quantité ? Ce jour-là, serai-je en sécurité chez moi ou serai-je loin, difficilement soignable ? Dois-je rester bloquée chez moi ? La peur me guette... parfois elle prend le dessus et le courage me lâche.

J'ai encore une fois vécu un tour dans mon grand huit... Plongée, remontée. Car je remonte. Pas-à-pas. Je veux avoir retrouvé mon espérance avant le bilan de juin.

Comment ai-je fait pour réactiver mon *PEPS* (harmonie entre le Physique, l'Emotionnel, le Psychique et le Spirituel) ? Comme je vous le disais en début de lettre, je tente de voir où fut ma chance :

J'ai le bonheur de vivre avec un mari attentionné et des enfants bien ancrés dans la vie. J'ai la Joie de vous avoir tous, de recevoir tant d'amour, de prière, d'encouragements... je vous le répète, vous m'êtes indispensables. J'ai la chance d'être Française et d'avoir une médecin très professionnelle, réactive, bienveillante et patiente... J'ai constaté qu'avec « sept » d'hémoglobine la vie prend une dimension différente.

Le « hasard » a bien fait les choses puisqu'à une semaine près, j'étais en déplacement et cette hémorragie aurait été difficile à traiter. De plus, notre troisième fille venait de finir ses concours *post prépa* et elle n'a donc pas été mise à mal par cette semaine d'inquiétude.

Enfin et surtout j'ai vécu une expérience spirituelle forte que je préfère vous narrer dans la partie « spiritualité ». En effet, j'ai été en colère avec le Divin et sa réponse fut surprenante... N'hésitez pas à aller la lire !

Voilà mon joli mois de mai, que sera juin ? On le sait, ce sera le mois du premier gros bilan post arrêt de chimio. Alors, que vont dire les images ? Reprise ou non du cancer ? Reprise ou non de la chimio ? Chaque jour pour ne pas dire chaque minute, je me dis : Cécile... avance un jour à la fois, reste souple. Cécile, ce qui est, est. Cécile tu es vivante, sens-le dans le plus profond de tes cellules. Ton corps connaît la route. Pour l'heure, incarne-toi, ose la vie, continue à l'aimer et elle te le rendra au centuple. C'est plus facile à écrire qu'à vivre !

Beau mois de juin à toi lectrice, lecteur. Je te souhaite de savourer la saveur de la journée qui s'étire... Avec toute ma tendresse.

PS : J'ai une pensée toute spéciale pour tous « mes » patients qui font des hémoptysies... Sachez que je vous tiens la main, maintenant, avec encore plus de tendresse !

PPS : Petite question aux anesthésistes : pourquoi une salle de réveil, pour des patients adultes, est-elle si triste ? À l'infirmière qui m'a bousculée dans mon rêve post-op, en me criant : « Madame Hyvert, madame Hyvert... réveillez vous ! » J'ai demandé, j'avoue avec un ton un peu agacé : « Pourriez-vous dessiner un soleil sur votre tableau *Velleda* tout triste qui est sur le mur en face de mon lit ? ... et si en plus vous y inscriviez « Bienvenue » ... Je reviendrais dans ce monde avec le sourire :) » Comme je suis de nouveau opérée dans un mois... je lui offrirai des feutres de toutes les couleurs... si j'ose !

Quelle est ma relation avec le Divin ?

Cette « rubrique » est nettement la plus difficile à écrire, et je vais quand même tenter l'exercice puisque la sensation du Divin est inscrite au plus profond de moi. Si je sais que je ne sais rien, en revanche j'ai confiance dans ce que je ressens. Ou dit autrement : sur ce sujet il y a la connaissance intellectuelle et l'éprouvé physique ou/et affectif.

Le poisson sait-il qu'il nage dans l'eau ? L'africain peut-il dire connaître la neige s'il ne s'y est jamais roulé mais l'a seulement vue en photo ? De la même façon, peut-on dire connaître la rose tant qu'on n'a pas senti son parfum ? Que savons-nous du Divin tant qu'on ne l'a pas éprouvé ?

Dans ma vie il y a eu les phases que l'on peut schématiquement exprimer ainsi :
- J'y crois
- Je me révolte, leur Dieu est beaucoup trop culpabilisant et pervers...
- Je vais voir ailleurs, style le bouddhisme... qui n'est d'ailleurs pas une religion.
- Je suis perdue, je ne sais plus à quoi je crois.
- Je repars de zéro et je différencie ce que je sais de ce que je ressens. Et c'est à ce moment-là que le mot de spirituel a pris toute sa dimension pour moi. N'oublions pas que la religion et la spiritualité sont inter-reliées mais n'ont pas toujours les mêmes bases.

Il n'y a pas d'âge pour vivre des « moments spirituels ». Avant l'annonce de ce cancer, ma vie en a été jalonnée : au lycée pendant un rassemblement religieux ou encore à la naissance de mes enfants, lors d'une visite à Cap Canaveral (la NASA) ou lors d'un parcours dans le métro, d'une balade en montagne... mais aussi lors de moments douloureux comme les décès de mes frères et de mon père, d'amis.

De même, ma vie professionnelle m'a offert l'occasion d'accompagner de nombreuses personnes lors des mois, des jours, des heures précédant leur « Passage », leur décès. Là aussi, j'ai beaucoup éprouvé la notion de vie Divine ou pas...

Ma foi ? Je laisserai les spécialistes discuter de culture religieuse mais je me définis comme une « catholique pratiquante, même si je n'adhère pas à tous leurs principes de base ».

Ma conviction ? Comme les poissons de l'océan sont tous baignés et touchés par la même eau, nous sommes tous inter-reliés par l'Amour inimaginable qui nous englobe tous.

Notre condition humaine cherche absolument à représenter et nommer l'innommable.

Dans la religion catholique nous l'appelons Dieu... Divin.

Simplement, IL est.

Dans mes lettres autour de la spiritualité, je tente seulement de vous partager un peu de mon vécu durant ce parcours santé. Je n'ai pas le désir de convertir qui que ce soit, juste vous raconter certains voyages qui m'ont offert, jusqu'à aujourd'hui, la douce certitude que le Divin existe.

Mai 2013
Partage

Hier j'ai appris que prier ne diminue pas la souffrance... Je le croyais et voilà pourquoi j'ai souvent été fâchée, parfois je rageais : « Ma prière n'a aucun effet ! Comment arriver à me sentir mieux ? À guérir plus vite ? Dois-je négocier plus avec le Divin ? Dieu... où es-tu ? »

En ce mois de mai, j'ai souffert physiquement mais aussi psychologiquement... Une perte brutale de sang m'a conduite en urgence, à la clinique, pour investigation... après une fibroscopie, le diagnostic rassure tout le monde. Ouf, ce ne serait « que » des varices œsophagiennes... que les médecins ont traitées le lendemain, sous anesthésie générale, après m'avoir injecté trois poches de sang.

Quand l'hémoglobine est au plancher... c'est le moral qui tombe à la cave emportant avec lui toutes nos forces. J'ai tenu en m'appuyant « psychiquement » sur l'amour de mon homme et l'immense gentillesse des gens qui m'entourent.

Mais j'avais mal partout, à mon « petit cœur de malade qui en a ras-le-bol des cycles bas », au corps physique car, et il faut le savoir, celui-ci réagit à l'arrivée d'un sang qui n'est pas le sien. Le cadeau est immense mais nos petites cellules commencent par l'observer de près avant de l'intégrer... donc immense fatigue, nausées, tremblements possibles.... Leçon d'Alliance !

Alliance aussi avec la microscopique caméra (fibroscope) qu'on avale pour, magie de la science, regarder où ça saigne... puis le lendemain, sous AG cette fois, ligatures de varices œsophagiennes... je vous fais grâce des détails mais ce n'est pas une « gentille promenade en forêt » !

J'ai perdu encore une sorte d'insouciance... je sais maintenant que mon corps peut saigner sans crier gare. Cette fois, ce fut tranquillement et à bas bruit... quid de la prochaine fois ?

À moins que, avec ce cancer qui a tant diminué, tout mon corps soit seulement en train de retrouver de nouvelles marques... et qu'ensuite j'avancerai tranquille...

Alors et Dieu dans tout cela ?

Sur mon lit de réveil post opératoire... j'ai pensé à Lui... et j'ai crié : « Enlève ma souffrance ! Zut alors... je n'ai rien fait de mal... T'es où ? »

Et il m'est venu « en flash » l'image d'une Africaine toute maigre, portant dans les bras un enfant décharné. J'ai commencé par penser : « qu'est-ce qu'elle fait là ? Je sais qu'elle souffre plus que moi et alors !... Dois-je arrêter de me plaindre ? Dieu... est-ce cela ta réponse !? Je n'en veux pas ! » Et j'ai reçu à ce moment-là un message qui me disait « non, vous souffrez toutes les deux alors souffrez ensemble, offre-lui d'être en relation avec elle et vos souffrances... » Et, miracle, d'un coup mon corps a « lâché », il s'est détendu et je me suis calmée.

Tout mon corps s'est dilaté dans une belle humanité d'amour.

Et incroyable, j'ai d'un coup eu moins mal... et j'ai compris.

L'Energie de Vie, le Souffle de vie, le Divin n'enlève pas forcément la souffrance, il offre un bain de miséricorde, un liant entre les humains afin que nos cellules humaines traversent leur chemin le mieux possible même si parfois la douleur en est inévitable voire insupportable.

J'avoue, c'est plus facile de l'écrire maintenant que je n'ai presque plus mal... Je tenterai à nouveau l'expérience dans un mois quand j'aurai à revenir traiter ces varices.

On envoie bien de jolies pensées toutes pleines d'amour aux autres... pourquoi ne pas leur offrir aussi nos souffrances en leur disant : allez je souffre avec toi, à deux on aura (peut-être) moins mal. C'est moins lourd de porter une valise à deux.

Je ne sais pas pourquoi mon parcours de vie, celui de ma famille et peut-être même celui de vous tous qui me lisez, passe par cette maladie, mais je sais qu'il est impossible de revenir en arrière et de réécrire ma vie.

Ce parcours est une opportunité d'ouverture du cœur, de mon cœur.

Puissions-nous tous oser nous congratuler les uns les autres, le monde deviendrait plus beau.

Juin 2013

Cette lettre raconte l'histoire d'un passage important, celui du premier « gros » bilan après quatre mois sans chimiothérapie. Quel moment stressant !
Dans le même temps, j'ai aussi partagé de joyeux moments et de belles émotions.

En phase de bilan, certaines personnes imaginent le pire scénario pensant minimiser le risque d'être déçues… D'autres, à l'inverse et envers et contre tout, se visualisent dans la guérison…
De mon côté j'ai cherché à laisser cohabiter, le plus possible, peurs et tendresses.
En effet, je vois mal comment une position extrémiste telle que « je suis guérie » ou « je vais mourir », soit ressource créative. Si j'imagine la première, je risque de m'endormir sur mes lauriers (le cancer adore arriver sans faire de bruit) et si c'est la seconde hypothèse qui sort, je risque d'abandonner la partie plus vite que nécessaire.

Ceci posé, chacun fait « comme il peut » car quand l'angoisse nous tenaille, nos ressources s'amenuisent. Alors mes maîtres mot furent : souplesse, souplesse et encore souplesse !

À vous tous qui passez régulièrement des bilans, des examens, j'ai envie de crier : Respirez, respirez large !

Sentez la nature entrer à pleins poumons dans votre corps, entendez le bruit des animaux, imaginez celui de la montagne, de la mer, de la vie qui circule en vous.

Peut-être qu'à certains endroits votre corps meurt plus tôt que prévu mais puisque nous sommes encore ici, n'oublions pas nos bonnes cellules qui se battent pour nous.

Gratitude !

J'ai eu peur avant puis après le premier scanner, un nodule du foie ayant gagné un centimètre. J'ai eu peur au résultat de la prise de sang : le marqueur du cancer a augmenté.

La semaine suivante j'ai mieux respiré au résultat de l'octréoscan en regardant le sourire du radiologue ; malgré tout, l'activité cancéreuse dans les nodules du foie semble stable, celle sur le pancréas légèrement plus vive (donc en contradiction avec le scanner).

J'ai eu peur, j'ai pleuré, je me suis mise en boule, j'ai passé plus de temps dans mon lit, mais j'ai aussi souri à toute la chaîne d'amitié autour de moi, à mon énergie vivante, au printemps dans mes fleurs, à mes enfants qui ont eu un mois de juin chargé d'examens, à la Vie Divine qui me porte. J'ai pris des pinceaux et j'ai dessiné la vie, ombre et lumière.

Ayant fait la synthèse du bilan, mon oncologue m'a dit : « Madame Hyvert, pour vous probablement pas encore de reprise de chimio car la progression du cancer est très légère. Prenez tout l'été pour permettre à votre corps de récupérer. On verra après le bilan de septembre. » Ceci posé, elle va quand même consulter, pas uniquement parce que c'est la loi mais parce qu'elle est une professionnelle, un comité spécialisé dans les cancers neuroendocriniens afin de valider sa conclusion.

Heureusement que j'apprends à être souple, sinon mes tensions intérieures me rongeraient plus vite que le cancer.

Maintenant j'ai le choix entre continuer à avoir peur : pas de chimio = reprise du cancer, et : douceur + toutes les autres médecines holistiques = ralentissement dudit cancer.

Ce mois a aussi été marqué par le passage obligé pour la seconde, mais pas dernière, ligature des varices œsophagiennes. Intervention faite sous petite anesthésie générale. Je vous l'avoue, ce n'est pas une partie de plaisir mais, merci Elise, Bénédicte et d'autres d'entre vous qui m'aviez stimulée par mail à venir retrouver la salle d'op avec des feutres de toutes les couleurs (cf. *news* de mai). Grâce à vous, je l'ai fait ! Imaginez : allongée sur le brancard, frigorifiée sous ma tenue bleue, un drap cachant pudiquement mon corps... nous filons, le brancardier et moi-même, vers le « petit bloc ». Toute fragilisée, je tenais ma pochette de feutres me disant « t'es folle ma fille, un tel cadeau aux infirmières anesthésistes... On va se moquer de toi ! »

Il n'en fut rien, l'infirmière a eu un grand sourire, elle a entendu mes excuses pour mon agressivité du mois précédent : « Je regrette de vous avoir dit avec colère : vous pourriez dessiner un soleil sur le tableau de votre salle de réveil !... Ce serait plus facile pour nous » ... Elle a pris les feutres et elle s'en est allée en me disant « je comprends ».

Quelle Joie ai-je eu à mon réveil de voir un beau dessin sur le panneau de salle de réveil. J'ai souri à tous ceux qui sont venus regarder l'œuvre de leurs collègues (ils

s'y étaient mis à plusieurs pour dessiner), et nous avons devisé dans beaucoup d'humanité.
Gratitude !

Gratitude aussi pour ma *doc* qui, une semaine plus tard lors du rendez-vous post bilan, a eu la simplicité de répondre à ma question, certainement inhabituelle de la part d'un patient : « Docteur, pouvez-vous me faire un compliment ? Nos rencontres, c'est du sérieux, on y parle examens, tuyauterie, analyses, ordonnances mais je suis aussi une "petite fille" qui a besoin d'encouragements, de félicitations... » Elle m'a regardée droit dans les yeux, surprise, puis m'a spontanément lancé :
« J'admire votre force, je vous remercie d'être autant acteur de votre parcours car c'est plus facile pour moi, je vois votre force et vous avez aussi le droit de craquer car ce chemin est difficile. »
Merci docteur, vous m'avez fait grand bien. Il m'a fallu beaucoup d'humilité pour vous exprimer une telle demande. Si vous me félicitez uniquement en début d'entretien, je suis trop stressée pour l'entendre vraiment.

Puissent tous les médecins oser prendre quelques minutes pour encourager tous leurs patients, ceux qui sont faibles comme ceux qui ont l'air forts et bien entourés. Tous, nous en avons besoin. Nous ne sommes pas qu'une tuyauterie. Notre confiance en nous est aussi très malmenée.

En toute simplicité, je t'embrasse cher lecteur, en te souhaitant un bel été.
Puissions-nous tous oser nous congratuler les uns les autres, le monde deviendrait plus beau.

Massage

Notre corps est mis à rude épreuve dans toutes les maladies.

J'ai vécu la perte des cheveux, la chute brutale du poids qui détend la peau et enlaidit les membres, des yeux cernés, les articulations rouillées... Et j'ai quand même osé confier ce corps en souffrance à d'autres soignants que mon oncologue... pourquoi ?

Parce que j'avais l'intime conviction que je devais rendre hommage à ce corps malgré sa transformation. Il fallait que je ne perde pas confiance en lui... malgré tout.

Bien sûr le regard bienveillant des proches, et surtout celui de son conjoint, aide à traverser ces mois difficiles cependant, le massage de la peau, des muscles par un spécialiste nous aide à rester dans un lien de confiance avec ce corps qui nous fait défaut.

Merci Catherine, durant le temps de vos massages je me pose, me dépose. Rien à faire, à penser, à m'obliger si ce n'est laisser mon corps dans les mains d'une médecine douce qui tente, avec succès, de l'apaiser et de lui donner confiance en ses capacités de guérison. Votre personnalité aimante et simple m'a toujours donné le sourire...

De plus, excellente spécialiste de votre talent, vous savez éviter les zones qu'il ne faut absolument pas masser en cas de cancer.

Votre solide formation et votre équilibre de vie sont indispensables pour ce type de soin.

Message de Catherine

À votre demande, suivant vos besoins, j'offre à votre corps un temps de pause et la possibilité de retrouver la paix. C'est un moment privilégié.

Chaque séance est différente, car à chaque fois je découvre par notre petit échange avant le massage mais aussi à travers mes mains, l'état physique et émotionnel de votre être. Pour que la séance soit bénéfique, il est important que l'on fasse un « petit état des lieux » physique de vos douleurs, vos traitements, mais aussi de savoir si le moral est là. J'écoute attentivement et d'après mon ressenti, j'adapte mon massage.

Vos traitements sont lourds et mon massage aide le corps à se souvenir qu'il peut lâcher prise. Il vous aide à reprendre conscience de son entièreté. Il a besoin d'attention et de douceur, le massage va libérer les tensions émotionnelles et physiques inutiles, rassurer et apaiser.

Mon travail avec vous consiste à mettre de la lumière là où il y a des zones sombres, comme à faire en sorte que le corps reprenne ses droits afin qu'il « encaisse » au mieux les traitements. Je ne masse pas la partie malade, je laisse le corps faire son travail vers la guérison (ce qu'il sait très bien faire !).

Pourquoi se faire masser quand on est malade ? Simplement pour réduire les tensions, l'anxiété, soulager les douleurs physiques, s'apaiser, se rassurer. Le massage remet la personne malade en confiance en agissant positivement sur son humeur.

J'ai suivi plusieurs formations : le massage suédois de relaxation, une formation canadienne en Massothérapie, une formation à la méthode « *Surrender* ».

Le massage est adapté en cas de cancer, c'est prouvé par des études Canadiennes, Américaines et Suisses, mais il est très important d'en apprendre les contre-indications. Les manœuvres doivent être adaptées à chaque personne, à chaque maladie. Poser une main juste, voilà mon métier, parce que les mains ont un pouvoir d'écoute et d'apaisement.

Sans créativité, point de salut car si l'ancien nous a conduit à la maladie, c'est le renouveau qui nous conduit vers un nouvel être au monde.

Juillet 2013

« La santé n'est pas seulement l'absence de maladie,
elle se manifeste dans le fait d'être présent,
en contact avec soi-même
et avec ce que l'on a à accomplir »
Wolf Büntig

« En nous donnant à la vie qui nous veut,
nous nous connectons à la vérité de notre âme »
Dürckheim

Un bateau, simple et majestueux, file à l'horizon de ma vue. D'où vient-il ? Où va-t-il ? Quelles tempêtes a-t-il traversé ? Ce que je vois de lui est si beau sur cette mer calme et scintillante.

Vous l'avez deviné, je vous rejoins de mon petit coin de paradis face à la mer. Cette année je m'y baigne seule, sans crainte. Youpi ! Pouvez-vous imaginer ce sentiment de santé qui s'épanouit en moi grâce à cette petite activité toute banale : nager seule, tranquillement, vingt-cinq minutes. Il y a deux ans, l'été juste avant le diagnostic, tout me semblait lourd. L'année dernière je n'osais pas m'éloigner, mon corps m'échappait trop. Cette année, même si c'est plus joyeux de nager à plusieurs, je ressens cette victoire : Être seule dans l'eau ne me met pas en danger. Gratitude.

Voilà cinq mois que je vis sans traitement et je récupère bien. Je vais même très bien.
Ceci dit, sachez toutefois que toute ma journée est occupée par des pensées de soin. Certains d'entre vous pourraient avoir envie de me lancer : « Cécile, puisque tu vas bien, débranche ! »…
C'est trop tôt, je serais comme ce plongeur sous-marin, tout heureux, qui remonte à la surface en oubliant de s'arrêter aux paliers indispensables pour un retour à l'air sans abîmer ses poumons. Presque à chaque minute, et probablement même quand je vous parle, je reste concentrée sur ce chemin de santé. Je parle à mon corps, aux cellules, à mon énergie mais aussi à l'environnement que je sens bon pour moi : « Œuvrez pour ma guérison » leur dis-je ! Je lis, je partage, je prie, j'espère.

Après avoir été fracassée dans mon corps, ma vie en mille morceaux, je compare mon parcours santé à un nouveau puzzle à emboîter pour un nouveau paysage. Toute personne ayant déjà rassemblé un puzzle sait ce travail de patience, d'espoir ; cette minutie nécessaire afin que chaque pièce trouve sa place et que l'ensemble, ainsi réuni, dévoile enfin le paysage qui va prendre sens.

Les pièces d'un puzzle de santé, ce sont les multiples soins que nous associons et qui permettront, un jour, de découvrir où va notre histoire.

À ce jour, telle une fourmi, je suis allée chercher une à une mes différentes pièces, vous les connaissez :

- L'amour de mes proches qui me donne envie de vivre ;
- Toi lecteur, ton soutien et ta présence qui donnent du sens à ma vie ;
- L'amour que j'ai pour la vie, la nature et la vie divine qui vibre partout ;
- De bons médecins « classiques » avec d'excellentes intuitions et de bons traitements ;
- Une multitude de guérisseurs : chant, magnétisme, dessin, massage, psychologie plurielle ;
- Un ensemble de soins « médecines douces » : homéopathie, acupuncture, guérisseur philippin, nutritionniste ;
- Un travail physique tonifiant, faisant circuler la vie en moi : yoga, marche, nage ;
- Etc.

Je vous ai déjà dit tout cela, alors finalement qu'est ce qui change ce mois-ci ?

La nouveauté vient d'un sentiment de renouveau qui monte (enfin) en moi. C'est un peu comme si je pouvais commencer à apercevoir un bout de l'image du puzzle. C'est ténu mais je m'y accroche.

De plus, si je prends du recul par rapport à tout ce que j'ai mis en place sur ce chemin, c'est seulement aujourd'hui que je peux constater que deux mots en relient l'ensemble : Amour et Créativité.

Amour : je suis aimée et je l'accueille avec Joie. J'aime et respecte ce que la vie m'a offert comme corps et comme histoire. Je ne suis pas en bagarre mais en chemin.

Créativité : j'ai osé, j'ose inventer du nouveau dans ma vie. Sans créativité, point de salut car si l'ancien nous a conduit à la maladie, c'est le renouveau qui nous conduit vers un nouvel être au monde. Mon objectif étant que quel que soit l'avenir, j'apprenne à rester le plus souvent possible joyeuse ou tout au moins en paix.

Le message de cette *news* est donc : à tous mes collègues en quête de santé, soyez créatifs ! Osez le nouveau, l'inédit, prenez le risque de vous tromper et évitez la solitude du malade.

Je suis incapable de dire combien de temps l'énergie, qui me pulse vers l'avant, mon *PEPS* (harmonie entre le Physique, l'Emotionnel, le Psychique et le Spirituel), continuera à m'habiter, ce que je constate c'est qu'aujourd'hui la vie me sourit malgré et à travers tous les tracas médicaux.

À vous qui me croisez, sachez que quand je vois dans vos yeux des étoiles scintiller : « Waouh Cécile, comme tu rayonnes de vie ! » oui, sachez que je vous bénis car vous m'offrez de l'espoir, votre surprise est vitamine de vie pour moi.

Puisse mon énergie vous transmettre aussi des vitamines de vie.

J'aimerais terminer cette *news* en remerciant tout particulièrement mon mari qui est en train d'écrire une nouvelle page de vie avec moi. Lui aussi ose la créativité et l'amour ; À deux nous avons choisi, et mettons en œuvre, un nouveau puzzle.

Merci aussi à nos quatre enfants. Même si à partir de septembre ils seront plus ou moins loin de nous, entre deux-cent-cinquante et six-mille kilomètres, je les sens tellement vivants que ma joie est grande. Gratitude.

Août 2013
Medjugorje

Avez-vous déjà rencontré quelqu'un revenant de Medjugorje ?
Pour les néophytes, c'est un lieu de pèlerinage où, paraît-il, la vierge Marie délivre « en live » un message une à deux fois par an, me semble-t-il.
Dans ma vie, je fuyais mes amis « revenant » de ce lieu bizarre, car ils avaient à chaque fois une tête d'illuminé.
Par comparaison, ceux qui rentrent de Lourdes ont l'air d'avoir les pieds bien ancrés dans la terre. Illuminés certes, mais en même temps bien conscients que le monde souffre. Normal, à Lourdes ils ont vu des « malades », de quoi ne pas oublier que le monde reste le monde malgré ou avec Marie, dite la vierge.

Au cours de ce chemin de santé il n'a échappé à personne que mon chemin spirituel s'est considérablement développé. Je prends souvent l'exemple de la rose.

Qui peut dire connaître une rose s'il n'en a jamais senti le parfum ?
J'avais déjà senti le parfum Divin à la mort de mon frère Martin. En effet, il est des événements de vie qui nous rendent si vulnérables que notre corps change de vibration et donc de sensibilité et nos sens s'ouvrent. C'est indéniable.
Maintenant est-ce vraiment du Divin ou est-ce une construction de notre mental affecté ? On le saura bien un jour, pour l'instant je crois ce que je ressens.

Bref, mes sensations d'un « autrement la vie » s'épanouissant, j'avais vraiment très envie de trouver un moyen pour vous remercier tous, de votre aide si précieuse.

Impossible d'envoyer un cadeau à chacun d'entre vous et un mail, c'est un peu court.

Est-ce ma morale judéo-chrétienne qui me bouscule ? Je trouvais que vous méritiez que je fasse un effort pour vous. Alors, un jour, il m'a semblé évident qu'aller à Medjugorje et tenter d'y prier pour vous tous, c'était la meilleure façon de vous dire merci.

Vous avez marché avec moi, à mon tour de marcher pour vous. Vais-je vraiment y prier ? Peut-être… et je vais certainement y prier à ma façon. Je crois que je vais tenter de me laisser prier et de vous embarquer dans mon abandon. En tous cas, si j'y allais pour vous, maintenant j'y vais aussi pour moi.

Sachez que je me sens toute petite, j'ai peur.

Rencontrer des personnes lumineuses par leur foi, cela me bouleverse et ouvre les écluses de mes yeux, les larmes coulent. Il me faut beaucoup d'humilité pour laisser l'eau s'échapper de mes yeux. Qu'en sera-t-il là-bas ?

D'ailleurs, régulièrement je me demande si j'ai vraiment envie de vivre, si je suis assez humble au point de crier, de hurler à ce monde divin : « Guérissez-moi ! Aidez mon corps à ne plus avoir besoin de chimio, emmenez-moi là où mon histoire m'appelle ! »

Parfois nous avons envie de vivre mais nous ne sommes pas prêts à vivre la vie qui nous est donnée, et dans ce cas il me semble que nous ne disons pas un vrai oui à la vie.

Rendez-vous fin septembre, je vous raconterai.

Alors, avec moi, que tous ceux et celles qui pleurent soient fiers d'être des alchimistes !

Août 2013

Début août mon neveu de cinq ans, César, a demandé à sa maman : « Pourquoi Cécile, elle a des larmes dans les yeux ? ».

Ce mois d'été fut un beau mois. Côté purement physique, à la demande de mon médecin, j'ai fait un petit aller-retour dans le nord pour la troisième opération sur les varices de mon œsophage. Outre que ce voyage m'a permis de retrouver « mon » dessin soleil dans la salle de réveil (cf. *news* de juin), j'ai eu la joie d'entendre mon médecin me réveiller en me disant : « On ne vous a rien fait car vous n'avez plus de varices ». Chouette ! Bravo mon corps, tu as bien travaillé. J'ai vite oublié que l'on m'a donc anesthésiée « pour rien » ou plutôt « pour me féliciter ! ».

Côté sanguin, le niveau de mes plaquettes et globules blancs continue à être trop bas, mais on verra cela au bilan de septembre. Pour l'instant, trêve médicale.

Comme je vous le disais en juillet, je vais bien et pourtant César a bien remarqué que « j'ai eu souvent des larmes dans les yeux… » Oui, début août j'ai plongé dans ce que j'ai appelé « un coup de déprime ».

Peu de personnes osent utiliser le mot de « déprime », il fait si peur et pourtant... Ma sensibilité était à fleur de peau et César avec sa question si joliment formulée, a été le premier à m'aider. Cela m'a « tarabiscotée » qu'il ne dise pas « pourquoi Cécile pleure ? ».
J'ai donc demandé à mon fils de seize ans quelle différence il voyait entre ces deux expressions : « pleurer » et « avoir des larmes dans les yeux ». Sa réponse fut rapide : « Maman, c'est simple : Pleurer indique que tu souffres, des larmes dans les yeux que tu te libères »... Effectivement, merci Eliot, c'est simple.

Oui, en ce début de mois, j'ai eu des larmes dans les yeux. Mes paupières furent les écluses et les indicateurs de mon intérieur malmené, probablement pas assez nourri de son essentiel. En voyant mon vague à l'âme, quelqu'un m'a gentiment dit « regarde devant, aie des projets, vois la guérison » ... ou encore « mais on soigne mieux ton type de cancer, tu peux vivre huit, dix, vingt ans... aie confiance ! »
Imaginer que l'on a encore dix, quinze ans à vivre n'a jamais consolé personne, surtout à cinquante-trois ans et avec quatre enfants. Ce sont les fameux : « y'a qu'à, y'a plus qu'à ». Qui d'entre nous peut dire avec force : « J'aime bien quand je craque, quand je pleure... » ? Malheureusement, on commence par s'en vouloir, culpabiliser, se trouver nulle, se cacher. Peu d'entre nous sont arrivés à cette sagesse simple et tranquille, pleurer lave le chagrin. Et pourtant, l'eau est indispensable pour faire pousser les plantes, pour contenir le fœtus, pour vivre. Elle l'est aussi pour aider aux passages de vie, elle est l'huile qui permet à mes rouages intérieurs de se dégripper, d'oser le renouveau.
Et sans renouveau, point de guérison. Alors, avec moi, que tous ceux et celles qui pleurent soient fiers d'être des alchimistes ! Il nous est donné la possibilité de

transformer une tension en une résurrection... Accueillons ce chemin des larmes, rendons-lui hommage. Je demande une tendresse infinie pour les êtres humains qui dépriment. Regardons-les comme des personnes en crise et donc en mutation. Parlons à leur enfant intérieur afin de le rassurer : « Je suis là, même si ton chemin ne regarde que toi. Ne cherche pas à être quelqu'un d'autre. Ton corps te lâche, il se libère, tente de l'aimer quand même ».

Puis le voile s'est levé et la seconde quinzaine du mois fut délicieuse, tranquille, centrée sur ce que j'aime et à mon rythme. D'ailleurs c'est peut-être cela la clé du succès. J'ai pris le temps d'aller aux vêpres dans un monastère près d'ici. Accueillie par une petite sœur de Bethléem tellement lumineuse, avec un regard tellement simple et juste humain qu'encore une fois, les écluses de mes yeux ont laissé passer les larmes. Cette fois-ci, leur goût fut celui d'être rejointe, une saveur merveilleuse.

Jour après jour je tente de ne pas penser au bilan de septembre mais je me prépare à vivre la prédiction de mon médecin : « Mme Hyvert, reprise très probable de la chimio à la rentrée ». J'en ai si peu envie et pas vraiment le courage.

Heureusement j'ai de beaux projets en perspective. Le premier sera un pèlerinage à Medjugorje où je ne suis jamais allée. D'ailleurs, vous êtes ma première motivation pour cette aventure ! Si vous voulez en savoir plus, retrouvons-nous dans ma rubrique « spiritualité ».

Avancer un pas à la fois et laisser couler les larmes avec le même respect que pour la joie quand elle vibre le renouveau. Retenons que ce fut un beau mois d'août. La nature est si belle, l'affection de mes proches si vivante.

Je vais aller prendre mes pinceaux et peindre la future Cécile... Je l'aimerais multicolore. Ça vous dit ?

Septembre 2013
Lettre d'une amie

Cécile,

Je te livre ce qui me vient, suite à nos échanges d'hier soir…

En Mars, lorsque l'on t'annonce et nous annonce que la tumeur a diminué… ça créait de la joie ! Qu'avons-nous fait de cette énergie de joie ?

En m'observant honnêtement et avec un recul de cinq mois, j'ai le sentiment que « la mobilisation ou activation mentale de guérison » a diminué de quelques degrés.

Un réflexe humain peut-être ? Une fois un objectif atteint on décompresse, on décompense… Il faut que j'apprenne, avec toi, que nous apprenions avec toi (au cas où je ne suis peut-être pas seule dans ce cas) à faire de cette énergie de joie un tremplin pour redoubler la mobilisation…

L'image qui me vient, c'est celle de l'eau qui bout. Pour bouillir, il faut qu'elle atteigne cent degrés… avec un temps de chauffe régulier pour atteindre ces cent degrés…

Notre prochaine étape serait-elle d'accueillir en conscience la puissance de « l'énergie de joie de la bonne nouvelle » ? Ceci pour continuer à élever les degrés de l'activation « mentale de guérison » jusqu'aux cent degrés… Pour que les tumeurs continuent à réduire et puissent finir par disparaitre, s'évaporer par les bouillonnements du centième degré.

Marie-Pascale S.

Ne pas être dans une question de vie ou de mort mais d'instant présent : grand challenge !

Septembre 2013

Cher lecteur,

Ce mois je profite d'une nuit sans sommeil pour te rejoindre. Ne pense surtout pas que manque de sommeil égal mal-être, ce n'est pas le cas. Peut-être ne pouvais-je tout simplement pas m'endormir sans avoir déposé sur cette feuille toute la joie que j'ai à te retrouver chaque mois. Que c'est bon de se sentir reliée à tant de lecteurs, amis ou pas, connus ou non. Sur cette route sinueuse je ne suis pas seule et vous êtes les lumières qui éclairent mon chemin, le carburant qui fait fonctionner le moteur.

Après un bon été, je vis un mois de septembre plus animé médicalement parlant. Après six mois de pause de chimio et quelques tracas d'hémorragie due aux varices œsophagiennes, le bilan a confirmé une reprise du cancer d'environ 25 %. Mauvaise nouvelle pour moi, je n'avais vraiment pas envie de me remettre au rythme d'une malade en cure de chimio… mais avais-je le choix ? Bonne nouvelle, je suis quand même plus tonique qu'avant l'été, et j'ai espéré vivre cette cure moins fatiguée, ce qui est le cas… chouette !

Mon médecin n'est pas surpris par cette reprise du cancer puisque, pour elle, son activité ne s'éteindra jamais, tout au plus, peut-il vivre au ralenti quelques mois. Je porte d'autres espoirs que certains appelleront « illusions », et alors ? Avec beaucoup de gentillesse, elle a quand même ajouté : « mais je suis jeune, je n'ai pas l'expérience de tout ». Merci Docteur, vous m'avez aidée à lâcher ma colère. Après avoir dessiné un mur devant moi, vous y avez ajouté une fenêtre, ouf je respire mieux !

Me voilà donc avec une reprise de chimio, par cachets, les mêmes cures que la dernière fois. Pour mémoire, deux semaines de médicaments dont cinq jours d'une molécule lourde à digérer. Lourde veut dire : prendre de la prémédication pour diminuer les effets nausées, rester tranquille au moins jusque seize heures et ensuite petite marche dans le quartier afin de prendre l'air et activer toutes mes cellules saines.

À ce jour, mon chemin sera d'associer encore plus consciemment la médecine de la maladie : soigner le cancer, à la médecine de la santé : féliciter, honorer et activer joyeusement toutes les cellules saines afin qu'elles reprennent du terrain et qu'elles arrivent à évincer les cellules abîmées.

Dans le même temps, m'abandonner encore plus dans le génie du corps, et du corps en relation. Ouvrir tous mes capteurs afin que d'autres possibles, en moi, prennent la relève. Ne pas être dans une question de vie ou de mort mais d'instant présent : grand challenge ! Vous savez tous que pour en arriver là, il m'a fallu oser un cheminement qui n'est pas fini, du temps, de l'amour, et surtout un ensemble de petits miracles.

En août je vous avais parlé de mon projet de pèlerinage à Medjugorje. Ce fut une belle semaine... Je suis partie avec quatre amis, des anges gardiens bien palpables, et nous avons intégré un groupe de quarante pèlerins. Dans la partie spiritualité du blog, je vous raconte plus en détails cette semaine mais je ne résiste pas à l'envie de vous évoquer l'ambiance des messes. Nous pouvions être trois, quatre et même cinq mille personnes à une célébration de trois heures et y palper une grande qualité de silence, une telle intensité dans le recueillement que le temps avait peu d'emprise sur nous. Là-bas, tout le monde est tranquille et je suis moi-même revenue tranquille (un des petits miracles dont je parle plus haut). J'avance un pas à la fois et de préférence avec le sourire. Je quitte un peu le grand huit pour un manège plus soft.

J'allais à Medjugorje (Bosnie Herzégovine) pour vous remercier tous de votre soutien, ce que je n'ai pas manqué de faire auprès de la Vierge Marie.

J'y ai aussi, finalement, demandé le sacrement des malades (cf. *Oser le sacrement des malades ?*). Quelle aventure ! Je suis passée du « oh non pas moi, je ne suis certainement pas assez malade pour cela » au « bon d'accord, pourquoi pas, abandon au Souffle de Vie, au Divin » Je ne sais pas quelle sera ma vie mais après tout, est-ce si grave ? Si j'accepte de vivre je finirai bien par savoir où je suis partie et surtout vers où je suis attendue.

La vraie question étant : est-ce que j'accepte de vivre ?
Et vous ?

Enfin, j'ai appris la différence entre la « Gratitude » et le « Rendre Grâce » et depuis je n'ai qu'une envie, c'est Rendre Grâce pour vous tous et nous rendre à la Grâce tous ensemble.

Septembre 2013
Oser le sacrement des malades ?

Oser la demande du sacrement des malades ?...

À vingt ans, trente ou quarante ans, peut-on imaginer que l'on demandera le sacrement des malades à cinquante-trois ans ?

Non et heureusement car la vie est « instant » et non pronostic tel que : « Un jour je serai malade au point de... »

Et pourtant, la semaine dernière, lors de mon voyage sur cette terre de Medjugorje qui respire la paix, j'ai demandé et reçu le sacrement des malades.

J'ai envie de vous raconter ce chemin. Chemin ?

Oui, car ce qui se vit en moi n'a pas eu lieu uniquement au moment de la bénédiction du prêtre. Il y a eu l'avant, le moment et l'après.

L'avant

Répondre à la question : « Comme me le suggèrent certains, vais-je demander le sacrement des malades ? »

Vous le savez sans doute, c'est une « sacrée » question car elle apporte avec elle d'autres interrogations :

Y ai-je droit ? Suis-je assez malade ? (J'espère que non !)

Ce doit être grave si je dois aller jusqu'à demander à Dieu la force de vivre cette maladie ! (Oh là là j'ai peur !)

Suis-je suffisamment humble pour demander au « big boss » de prendre soin de la petite personne que je suis ?

Ne devrais-je pas arriver à vivre mon parcours toute seule, ou au moins avec mes amis nombreux qui prient si bien ?
Et il faut se confesser... heu... confesser quoi et comment ? Suis-je une méchante fille ?
Est-ce ma faute ce cancer ? Est-ce ma faute s'il ne guérit pas ?
Le prête va-t-il être suffisamment « inspiré » pour faire de cet instant un moment magique ? Divin ? Miraculeux ? Etc.

Le sacrement

Seigneur, que ta volonté soit faite... (soit fête) que ce soit sur Terre comme au Ciel.
« Nous sommes rassemblés en Ton nom, Seigneur, écoute notre prière. Regarde avec bonté Cécile... avec qui nous Te prions aujourd'hui, et accorde-lui la force dans l'épreuve. Donne à tous ceux qui souffrent le soutien dont ils ont besoin. Etc. »
J'ai plongé dans une partie de ma pauvreté humaine devant les sept personnes qui m'entouraient. J'ai reconnu que je suis pauvre sur ce parcours santé, que je m'en remets à la Grâce de Dieu et au soutien de mes « frères et sœurs humains » Amen. S'en remettre ne veut pas dire : ne pas utiliser les moyens médicaux.
S'en remettre, pour moi, c'est accueillir d'autres possibles. Ouvrir en soi d'autres canaux de réceptivité inconnus jusqu'alors, comme aller dans un autre pays et découvrir des saveurs, des animaux, des lumières dont on ne soupçonnait pas l'existence.
M'en remettre au Souffle Divin à ce point, c'est ouvrir un possible que je connais si peu et qui m'inquiétait.

Jusqu'à la fin de la cérémonie, je n'ai pas ressenti une force particulière. Ni ne me suis sentie entourée d'amour comme d'autres m'ont dit l'avoir éprouvé. J'ai surtout vécu cette paix qui vient à nous quand on arrive à être dans une présence vivante et « abandonnée ».

L'Après...

Si ce ne fut pas miraculeux dans l'instant, je sens le labour de ma terre intérieure. M'abandonner n'est pas ma première qualité ! J'ai la carapace, la peau, très dure. Il en faut du temps et de la lumière pour me faire fondre !

Voilà pourquoi j'ai envie d'écrire que ce sacrement des malades est un chemin puisque chaque étape est importante. Depuis je revis, en moi, de temps en temps, le moment de ce sacrement. Y repenser me donne le sourire. Je vois aussi tous mes amis autour de moi, appelant vers moi la Grâce Divine, l'énergie de guérison, et je me dis que j'ai beaucoup de chance sur ce parcours santé.

Les jours passent et une tranquillité s'installe en moi. C'est délicieux et, oserais-je dire, miraculeux ! En effet, je me sens si tranquille que je m'étonne moi-même. J'accepte peut-être davantage le « un pas à la fois ».

Même si je vous écris de mon lit car c'est là que je digère au mieux les « cachets lourds », je me sens « debout » pour vivre cette nouvelle étape de vie et j'ai de la joie au cœur malgré les nausées. Et quand je sors de ma chambre vers seize heures, je pars marcher et respirer la nature. C'est bon.

Je ne cherche pas à savoir combien de temps durera ce sentiment, pour l'instant il est là et c'est merveilleux.

Septembre 2013
Mon pèlerinage à Medjugorje

Chers Amis,

Voici un petit mot pour vous « made in Medjugorje ».

Vous êtes tous ici avec moi, vous tous qui m'avez tant et tant accompagnée, soutenue, portée et surtout gardée en vie en me donnant envie de poursuivre ma route courageusement et en lumière.

Ma première impression ? Me voici arrivée sur une terre de Paix. C'est surprenant car il n'y a pas si longtemps ce pays était en guerre mais Medjugorje n'en porte aucune trace. C'est un lieu empreint de prière, paisible, calme. La foule est fluide, le sourire partout.

Je ne savais pas ce que pouvait être un pèlerinage et heureusement... Si j'avais su je ne m'en serais jamais cru capable ! Imaginez... Deux messes par jour, l'une d'une heure en français et une autre de trois heures moitié bosniaque, moitié italien car ils étaient nombreux cette semaine-là (traduction possible dans l'oreille). Cette messe débute par le rosaire et se termine par la prière des malades. Je fus très surprise de découvrir que c'est un temps que j'ai beaucoup apprécié. En effet, là-bas ils se vivent dans une belle intériorité indispensable à mon tempérament. Nous étions peut-être quatre mille et nous pouvions entendre les mouches voler.

Entre les messes, visites des lieux chargés de Foi : Le chemin de Croix, la colline des Visitations... En effet, n'oublions pas qu'ici la Vierge apparaît aux yeux de personnes dites « les voyants ». La Vierge passe des messages comme celui de la prière. « Priez, priez pour la Paix dans le monde » nous dit-Elle inlassablement.

Ensuite, Elle répète combien prier avec le chapelet est important. Il y a d'autres « commandements » que je vous laisse découvrir au fil de vos lectures. En tous les cas, pour une pragmatique comme moi, rien dans son message ne m'a paru inadapté au monde actuel.

J'ai mémoire de vous avoir partagé ma peur de revenir « illuminée », soyez rassurés ce ne sera pas le cas... quoiqu'il me reste deux jours de pèlerinage et donc tout peut encore arriver ! Les illuminés sont ceux, pour moi, qui n'ont d'yeux, d'oreilles et de paroles que pour la Vierge et ses commandements. Je suis trop rebelle pour plonger uniquement dans ce bain là !

Ceci dit, j'ai glané de-ci de-là des paroles qui me construisent, m'apaisent et me donnent une direction que j'aime.

La première : Rendre Grâce

Vous m'avez souvent entendu nommer la Gratitude.

Oui, j'ai beaucoup de gratitude pour vous tous, je dis facilement merci et j'aime cela. Le rendre Grâce amène une dimension particulière car elle ajoute de façon plus nette du spirituel, du Divin. Avec la Gratitude je garde ce que je reçois, avec le Rendre Grâce, après m'être laissé transformer, je rends ce que j'ai reçu afin d'être neuve pour l'étape suivante. Ce mot est plus dynamique.

La seconde : Confier ses peurs, même celle de guérir.

Avoir peur de guérir ? En effet, la vie après la maladie si elle m'attire, me fait aussi peur. Vous devez tous vous dire que je suis folle ! Comment ne peut-on pas s'autoriser à guérir ? C'est vrai c'est idiot, je le sais mais je le sens vrai en moi. Et là je me connecte avec ceux d'entre vous qui n'arrivent pas à sortir d'une addiction ou d'une autre, d'un conflit, d'une peur, d'un silence familial ou conjugal, etc. Peut-être que, comme moi, vous avez peur de guérir. Mettons-nous sous le voile de Marie et laissons La Vie, la vraie, s'écouler en soi.

Notre chemin est devant nous mais nous n'osons pas le prendre de pied ferme. Je l'ai souvent constaté chez mes patients.

Guérir, c'est passer probablement par des douleurs, des souffrances.

Guérir, c'est un jour avoir peut-être à me séparer d'habitudes de vie, de travail, d'alimentation et peut-être même de personnes de mon entourage.

Guérir c'est créer de la jalousie et moi, Cécile, je sais combien la jalousie fait mal.

Guérir c'est être attendu dans un endroit que je ne connais pas et souvent on a peur de l'inconnu. Par exemple vais-je avoir les ressources pour un nouveau job ou même un nouveau rythme de vie ?

Guérir (ou croire que le cancer va s'endormir pour de nombreuses années), c'est imaginer que ma vie ne sera peut-être pas celle pronostiquée par les médecins qui détiennent la connaissance. Il me faut beaucoup d'humilité pour y croire car si ce n'est pas une réussite médicale alors d'où vient-elle ? Du mystérieux… ? Et dans ce cas l'humilité risque de flirter avec l'orgueil.

Alors, puis-je dire au Seigneur : ok tu es en moi et je me laisse couler dans ton plan Divin quel qu'il soit et il se peut que je guérisse. Le Divin est là en moi. Je prends les moyens pour guérir mais Il est l'huile des rouages. Un moteur sans huile ou de l'huile sans moteur et votre voiture n'avance pas !

Voilà où j'en suis de mon cheminement ici. Comme vous le lisez, je venais pour vous remercier et c'est encore moi qui avance sur mon parcours ! Je le décortique, je m'analyse, je plonge comme je peux dans mes ténèbres et mes lumières. Je suis ainsi faite.

Bref, ayons une Divine douceur pour ceux qui passent, sur leur chemin de guérison du corps ou de l'âme, par une étape qui les terrorise.

Je vous embrasse et vous rends grâce.

Septembre 2013
Lettre de gratitude à mon retour de Medjugorje

À vous tous...

Recevez mon Merci, ma Gratitude pour tout le chemin parcouru avec moi la semaine dernière. Avec moi puisque, souvenez-vous, j'y allais pour vous remercier de tous vos soutiens dès la première minute de l'annonce du diagnostic.
Avec du recul, j'ai vraiment l'impression de vivre un « petit (?) miracle »... Je me sens si tranquille que je m'étonne moi-même. Je suis dans le : un pas à la fois.
Même si je suis dans mon lit pour digérer au mieux les « cachets lourds » de cette reprise de chimio, je me sens « debout » pour vivre cette nouvelle étape de vie et j'ai de la joie au cœur malgré les nausées.
Je ne cherche pas à savoir combien de temps durera ce sentiment, pour l'instant il est là et c'est merveilleux.
Mon voyage s'est très bien passé. Medjugorje est vraiment une terre de Paix, de sérénité où « tout roule » !
Sachez que vous avez été, avec moi et tant d'autres, confiés à la protection de Marie. Même si vous n'y croyez pas, cela ne fera pas de mal. Alors, comme l'a écrit mon amie Marie Pascale : Accueillons en conscience la puissance de « l'énergie de joie de la bonne nouvelle ».

Je rends grâce pour cette joie de vous connaître, pour cette possibilité de co-naître ensemble ! Continuons...

Je vous embrasse, et j'ose même l'écrire quoiqu'encore un peu timidement, je rends grâce au Souffle de vie, au Divin, à Dieu.

Oser regarder sa finitude avec délicatesse ouvre l'envie de se nettoyer de ses souffrances, comme de celles que l'on a avec les autres.

Octobre 2013

Oups, il me semble que j'ai un peu de retard pour ce rendez-vous, que j'aime tant, avec vous. Ne vous inquiétez pas, je ne vais ni mieux ni plus mal. Cependant, après la cure de septembre, celle d'octobre a eu du mal à démarrer. Mon « usine » à fabrication de globules blancs avait perdu le mode d'emploi.
Mais où le génie de mon corps humain a-t-il, cette fois, bloqué ?

J'ai d'abord posé la question à mon oncologue qui n'a pas eu d'autres réponses à m'offrir que « votre façon de réagir à la chimio est surprenante... cependant, même avec des valeurs sanguines basses, démarrons-la et surveillons ». La confiance qu'elle a eue dans mes ressources m'a fait le plus grand bien.
Ensuite j'ai rejoint mon groupe Joie (cf. *Psychologies plurielles*) et ensemble nous nous sommes interrogées : « Lesquels des sept règnes : minéral, végétal, animal, humain, spirituel, antimatière, chaos, ont besoin d'être réveillés ? »

Lors de cette rencontre nous avons stimulé et « rendu grâce » pour mon règne animal, celui dont l'instinct de vie est si puissant, et aussi le règne du chaos, celui qui a permis la création du monde. Nous avons œuvré pour la médecine de la santé.

En plus de l'aide indispensable de la médecine classique, nous avons cherché à activer le formidable guérisseur que nous avons tous à l'intérieur de nous. Le corps humain n'est pas fait pour être malade !

Chaque jour devient miracle de vie et force est de constater que je vais bien malgré tout. Hasard ou pas, les globules sont revenus.

Un cancer nous oblige à chercher régulièrement de nouvelles ressources : physique, médicale, psychologique, affective, relationnelle, spirituelle… car nous sommes tous en évolution permanente et les besoins de notre être se modifient en même temps que nous. Si cette évolution se bloque, le cancer (ou une autre maladie) a alors plus d'espace pour se développer à nouveau.

Ceci dit, même si évoluer est très réjouissant, parfois c'est éprouvant pour le corps comme pour l'âme. De temps en temps, la nuit revient et je perds confiance.

Il nous est arrivé à tous, très probablement, de nous dire « quand je serai mort, ce sera plus simple » … L'Au-Delà nous attire. Pas facile à avouer comme abandon ! Je n'osais pas vous partager que j'étais si triste de ma vie de « cancéreuse », habitée d'une sorte de « à quoi bon » ? Tout ce chemin pour aller où ? Vers une vie de traitement ?

Heureusement je sentais aussi que cette nuit de l'âme est une étape du chemin. C'est un peu comme quand vous projetez de monter en haut de l'Himalaya tout en décidant que vous ne passerez pas l'étape entre les six-mille mètres et les sept-mille mètres. Cela n'a pas de sens. Et si vous démarrez l'ascension en pensant échapper à vos capacités d'humain et devenir un oiseau, vous resterez bloqué à six-mille, et jamais vous ne verrez le sommet.

J'ai compris que regarder ma finitude en face n'est pas morbide, au contraire. Attention, regarder sa mort ne laisse pas indemne. Il est préférable, au début, de ne pas y plonger seul. En effet si comme moi votre maladie est grave, ne prenez pas le risque d'augmenter vos angoisses. Oser regarder sa finitude avec délicatesse ouvre l'envie de se nettoyer de ses souffrances, comme de celles que l'on a avec les autres.

« *Ce jour m'est offert* ».

Cette petite phrase trotte dans ma tête depuis qu'une étoile est apparue dans ma nuit d'octobre, en route vers la Toussaint, vers l'automne et ses multiples couleurs !

Oui, ce jour m'est offert...

Et si j'ai le sourire, je rends Grâce.

Merci de m'avoir lu, recevez toute ma tendresse.

Psychologies plurielles

Groupe Joie

*Mot de deux bonnes copines, Magali F. et Lucie D.,
le 17 mars 2013*

Ah chère Cécile, tu nous as invitées il y a un peu plus d'un an déjà, petit groupe de quatre copines (pour le moment), à partager tes soifs, tes attentes, tes angoisses, ton Espérance… Et ton cheminement !… Et ton Energie !… Ta force de vie !… Tes découvertes !…

C'est merveilleux de vibrer avec toi, dans ta détermination à avancer…
C'est bien toi, ça ! Tu nous appelles, tu nous provoques, tu nous secoues ! Et ce n'est pas toi seulement la bénéficiaire du « travail », nous le sommes aussi. Nous profitons toutes largement de ces moments d'échanges, de partages. Nous en sortons toujours confortées, solidifiées, paisibles, et enchantées… Parfois aussi « embarquées » dans de nouvelles turbulences, mais avec une confiance accrue ! Voilà ce que nous expérimentons dans le « groupe JOIE »

Mot de Cécile

Le mot cancer arrive toujours à nos oreilles en provoquant un état d'angoisse pour ne pas dire de panique quand, en plus, on entend le radiologue ajouter… sur le pancréas.

Psychologue depuis la fin de mes études mais en quête d'un supplément d'âme depuis toujours, je me suis instantanément tournée vers une amie (de presque trente ans de plus que moi !) afin de lui glisser dans l'oreille « j'ai peur, autour de moi tout le monde a peur... s'il te plait, aide-moi à ne pas surcharger mon corps de tout cela »... et le groupe Joie est né.

Ce fut notre parti pris : libérer les angoisses, libérer la pulsion de vie en passant le plus souvent possible par la Joie. Nous sommes tous des êtres incroyablement doués mais des « handicapés du talent ». Oui, nous ne savons pas comment utiliser nos talents... et comme « il y en a plus dans plusieurs têtes que dans une », c'est en groupe que nous cherchons.

Ce cancer est devenu une opportunité d'évolution pour moi et pour d'autres.

Nous nous voyons une à deux fois par mois et cherchons par exemple :

Comment techniquement et spirituellement diminuer une angoisse ?

Comment honorer et utiliser à bon escient toutes les saisons de la vie, de l'année, de nos humeurs, de nos cycles... ?

Comment gérer nos stress ? N'est-ce pas grâce à notre détresse que nous sommes appelants de nouvelles Forces ?

Comment gérer les chocs, psychologiques, affectifs ?

Quelles sont les sources de nos joies, de notre Joie ?

Comment accueillir ou gérer les pressions (oppressions, suppressions, surpressions, dépressions) qui nous affectent ?

Comment évacuer les « encombrants » qui alourdissent nos existences ?

Comment gérer la force des retournements ?

Suivant le cycle de ma maladie, mes amies sont venues autour de mon lit, puis ayant repris des forces nous allions dans mon séjour mais je restais allongée sur le canapé et maintenant, oh Joie, je peux aller chez elles...
Nous prenons le temps de savourer les étapes de la vie, ses hauts et ses bas. Elles m'enseignent la patience de la vie en évolution tout en respirant le Souffle de Vie.

Psychologie

Mots pour mon « psy lillois » ... qui soigne mes maux

Je chemine aussi grâce à un rendez-vous individuel, un peu plus d'une fois par mois, avec un soignant exceptionnel. Oui, j'aimerais offrir un merci tout spécial à mon psychiatre avec qui je travaille depuis plusieurs années. Il supervisait mon travail de psychologue à l'hôpital mais à l'annonce de ma maladie, il est passé du statut de superviseur à celui de « psychiatre psychologue accompagnateur de vie ».

Cher monsieur, votre exceptionnelle bienveillance, votre ouverture du cœur mais aussi votre connaissance de la médecine sont des aides précieuses et réconfortantes. J'ai beaucoup de chance que vous ayez été sur ma route à ce moment crucial de ma vie. Merci pour ce chemin que l'on parcourt ensemble.

Merci aussi à Maurice C., psychologue québécois, que je retrouve deux fois par an en Belgique.

*J'ai la chance d'avoir une famille très unie,
des amis aimants et fidèles, un fond solide…
Pour le reste, j'irai pas-à-pas, tentant de garder la Joie
dans mon être profond.*

*Philippe, mon merveilleux mari (…) ;
son soutien est ma principale thérapeutique,
peut-être même la plus efficace.*

*J'aimerais exprimer un merci à nos quatre enfants…
Sans vous, je ne serais pas qui je suis.
Je vous aime.*

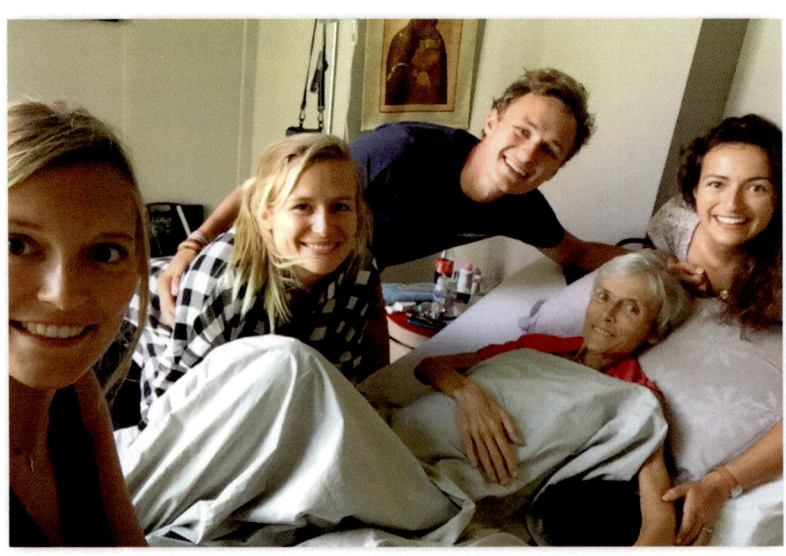

*Merci de partager avec moi ce temps de la maladie
où ce n'est plus le corps physique
qui est au centre de ce parcours santé
mais une impérieuse nécessité de garder un moral
fort, joyeux, patient.*

*Toi aussi lecteur, si la vie te bouscule tant et tant,
écoute les oiseaux et même si tu ne les entends pas,
sache qu'ils chantent aussi en toi.*

*Oui, lâchons nos carapaces afin que nos corps respirent !
Rions, chantons, dansons dès que le souffle paraît.*

*Chaque jour apporte sa lumière, même petite.
Je vous sens tous derrière moi, devant moi, et même à côté de moi
et une petite voix me souffle au creux du cœur :
laisse-toi bénir par tout cet amour.*

*J'ai ressenti qu'il me fallait développer mon sens du
- oser la vie autrement – tout en diminuant ma peur du regard,
du jugement de l'autre.*

*À chaque séance, je pose mon fardeau, je prends le pinceau
et je me laisse guider par la consigne du jour. (…)
Tout m'est autorisé, le beau comme le moche, le clair comme
l'obscur, le vivant comme le mort, la colère comme la joie…*

 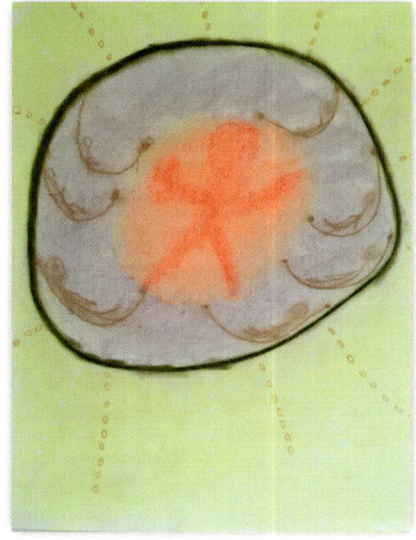

*Si notre corps est fait certes, d'un assemblage de cellules,
il n'est pas que cela. Donnons-lui de la « chimie » pour ses cellules
mais toutes les autres thérapeutiques pour le reste.
Si vous donnez à une plante de l'eau sans le soleil…
elle grandira nettement moins bien !*

*Ici le jardin est notre horizon, s'y trouve un banc,
le « banc de Martin » qui est un point de méditation,
de dialogue et de repos.*

Respirez, respirez large !
Sentez la nature entrer à pleins poumons dans votre corps,
entendez le bruit des animaux, imaginez celui de la montagne,
de la mer, de la vie qui circule en vous.

*Dès que j'ouvre les yeux du cœur,
je constate que je reçois du monde sensible et invisible,
comme du Souffle par son langage codé,
de nombreux signes que même seule je ne suis pas si seule,
comme chacun d'entre nous.*

*Alors je dis un grand oui à la vie. (…)
Je m'en remets aussi à l'Espoir, à la mère Nature, au Souffle Divin.
Chacun de nous porte son propre mystère, nous le savons,
nous ne décidons pas tout.*

*Petite histoire communiquée par des petites sœurs bouddhistes
et valable pour tous !*

*Deux ans après, je suis encore au coin du feu de bois,
une musique s'échappe toujours des enceintes du séjour
mais j'ai maintenant envie d'écrire :
« C'est tellement bon, tellement vivant,
quelle chance de pouvoir savourer ce moment là ! »*

Troisième année

Continuons ensemble à observer et partager ce chemin de vie, puisse-t-il vous donner l'énergie de faire alliance avec le vôtre... si besoin est.

Novembre 2013

« Nous sommes déjà des ressuscités »

Annick de Souzenelle

Le 8 novembre 2011 je vous écrivais :
« Assise dans mon séjour, au coin du feu de bois, une musique lyrique s'échappe et envahit l'espace... C'est bon, c'est doux, c'est vivant. Mais pourquoi suis-je là à vous écrire ma petite vie de ce matin ? Tout simplement parce que vous êtes importants pour moi et pour Philippe.
Alors bonnes ou mauvaises nouvelles, c'est important pour nous de partager avec vous... Aujourd'hui, je suis tellement désolée, triste mais j'ai quelque chose à vous annoncer de "pas cool" comme diraient les jeunes... »

En cette fin novembre 2013, deux ans après, je suis encore au coin du feu de bois, une musique s'échappe toujours des enceintes du séjour mais j'ai maintenant envie d'écrire : « C'est tellement bon, tellement vivant, quelle chance de pouvoir savourer ce moment là ! »

Ne suis-je plus la même ou suis-je plus moi-même qu'il y a vingt-quatre mois ? J'opterai pour la seconde proposition.

Novembre n'est pas mois de bilan, on attendra décembre pour savoir ce que la médecine de la maladie pense de mon état intérieur. Mais si je m'en tiens à mon ressenti, j'ai envie de sonner trompettes et trombones, je vais mieux, c'est indéniable. Je suis toujours en cure, c'est encore de mauvais moments à passer ; la fatigue est toujours là, pesante parfois inquiétante, mais mon être au monde est globalement plus tranquille, j'ai la sensation d'avoir réintégré de nouvelles baskets que je vais « faire à mon pied » pour un nouveau chapitre de vie.

En octobre avec ma question « à quoi bon tout ce cheminement ? » j'ai peut-être touché le fond d'une piscine et je me suis réveillée en novembre apaisée… Je ne sais pas pourquoi tout ce chemin, mais je suis en paix, c'est mon chemin, ce sont mes baskets.

Certains d'entre vous se disent peut-être (comme pour les « déprimés » que nous croisons si souvent) : « dommage que Cécile n'ait pas touché plus vite le fond de la piscine, au moins elle se serait sentie mieux plus rapidement… » C'est vrai, dommage… et en même temps ce qui est, est. C'est maintenant que ce passage se fait en moi, je ne referai pas l'histoire. Si je m'en veux de ne pas l'avoir fait plus tôt, je m'entoure d'une mauvaise énergie. C'est inutile. De plus, qui suis-je pour savoir que le temps d'avant aurait été meilleur que le temps de maintenant ?

Il est beaucoup plus utile de me centrer sur cette sensation d'ouverture, d'énergie plus fluide. Le seul risque serait que je perde cette concentration indispensable pour mon parcours santé et que je m'imagine arrivée plus vite que prévu. Ce serait dangereux, ce cancer est encore à soigner afin qu'il meure (ou s'endorme) et je dois être vigilante à vie.

Est-ce que cette fluidité nouvellement acquise a eu un impact sur le physique ? J'ai envie d'y croire car ma prise de sang présente des valeurs jamais atteintes depuis un an ! C'est sidérant.

Alors nous avons osé cette question délicate à mon oncologue : « Docteur, pensez-vous que tout ce que je fais, en plus de la chimiothérapie, a un impact sur l'évolution de ma santé ? », Elle a répondu : « C'est indéniable, vous n'êtes pas comme vous êtes ce matin uniquement grâce à mes molécules... votre cancer se comporte d'une façon surprenante, on n'aurait jamais imaginé, il y a deux ans, que vous puissiez être si bien aujourd'hui. Votre histoire est belle, nous la suivons de près... »

Ou comme me l'avait dit sa secrétaire de façon plus directe : « Mme Hyvert, cette régression du cancer, c'est un miracle ! » En effet... précisons, pour les plus scientifiques d'entre nous, que les ponctions de départ montraient des cellules indifférenciées et que mon corps réagit comme si elles étaient des cellules différenciées.

Chers amis, à entendre ma cartésienne de cancérologue, avec mon mari nous avons jubilé, rendu Grâce non sans une certaine fierté ! Que c'est bon d'entendre que la médecine classique cautionne ce chemin si particulier que j'ai pris et que j'encourage les autres à prendre. On ne soigne pas une telle maladie uniquement par la chimie. Tout le corps, toutes nos polarités, notre fameux *PEPS* (harmonie entre le Physique, l'Emotionnel, le Psychique et le Spirituel), doivent muter !

Sachez aussi que cette joie profonde, je l'ai ressentie pour vous. Cette victoire je vous l'offre car sans vous, sans votre soutien, sans ce pas-à-pas entre nous, la déprime userait toutes mes forces. Et pour ceux pour qui la prière et la communion des Saints, ont un sens, merci pour cet invisible Divin que vous tissez entre nous, je le vois comme un réceptacle multiplicateur de l'énergie Divine.

Recevez mon immense sourire, continuons ensemble à observer et partager ce chemin de vie, puisse-t-il vous donner l'énergie de faire alliance avec le vôtre… si besoin est.

Rendez-vous à Noël pour le bilan 2013, quel qu'il soit.

Je vous embrasse de toute ma joie.

Écho de Philippe
Choc de vie, nouvelle vie !

Novembre 2013

Je voudrais, à l'invitation de Cécile, partager avec vous un peu de mon cheminement de ces deux années de galère mais aussi de lumière et d'alliance.

J'ai le sentiment de cheminer étroitement avec Cécile, et même si la maladie est au centre je constate aussi que ce qui se joue et se tisse autour est assez équilibré et large.

Pour poser les choses, disons que je ne sais pas fondamentalement qui du malade ou de l'accompagnant accompagne le plus l'autre sur son chemin de vie ?

Ceci dit, puisque au regard de la maladie, j'ai officiellement le statut « d'accompagnant » je partirai de cette posture dans ces quelques lignes.

Pour commencer, pour moi une chose est certaine depuis mes premiers mots dans ce blog, le choc de vie amène vers une nouvelle vie... Quand la maladie est provocatrice de profonds changements, j'appelle cela « une opportunité ». D'autres parlent de « chance », mais il ne faut pas abuser tout de même !

Ma nouvelle vie est faite d'opportunités : opportunité d'amour, opportunité de re-choisir ma juste place, de découvrir mes limites et de m'ouvrir à plus de spiritualité.

L'épreuve de la maladie est une opportunité d'éveiller en moi l'amour.
Le parcours d'accompagnant m'a révélé comme jamais à ma sensibilité d'homme et de mari. Il y a un an j'évoquais mon inquiétude de ne pas tenir dans la durée. L'épreuve des faits a révélé la puissance d'amour potentiel en moi. Ce parcours me creuse en profondeur et je me révèle en faisant le choix de vivre avec force cette sensibilité nouvelle.
Je suis devenu plus écoutant pour Cécile et les enfants. Les bénéfices sont immédiats !
Je construis ma mission « d'accompagnant bienveillant durable » à partir de mon quotidien apprivoisé sans appréhension. L'ancrage dans le réel et les petits gestes simples de la vie sont essentiels et m'apprennent à trouver la bonne posture de relation bienveillante à Cécile malade.
J'aime suivre son parcours, ce qu'il nous enseigne, je veille, et je constate que je veille bien. C'est essentiel, vital, et complètement instinctif en moi et pourtant, jamais je n'aurais pu imaginer entrer aussi bien dans cette nouvelle mission. Il est impossible d'imaginer un parcours de ce type sans le vivre « tête-cœur-tripe ».
Accompagner c'est poser pas-à-pas des actes guérisseurs comme par exemple, chercher à ne plus être toxique pour l'autre. Le malade est hypersensible par nature, de plus la chimio détruit ses défenses physiques et psychiques. L'être malade, comme son compagnon de guérison, doivent surveiller leur régime émotionnel. Concrètement, prendre le temps de regarder le positif des situations est pour moi un progrès majeur.

Pour illustrer par une scène de vie de couple : il y a quelques années lorsque Cécile jardinait et qu'elle ne terminait pas son travail de ramassage jusqu'au bout je pouvais me montrer dur et au lieu de la remercier de soigner le jardin, je lui reprochais de laisser traîner des choses. Dans la nouvelle vie, quand je vois la même chose je me dis et j'exprime : « ma femme est en vie ! Elle a pu sortir dans le jardin, c'est merveilleux ! »
C'est un peu cela l'amour qui s'éveille, s'ouvrir puis s'exposer au monde sensible. C'est une preuve d'amour que de tisser pour l'autre un environnement guérisseur. Mais tout cela demande du temps et bien évidemment, tout n'est pas si simple... oh que non ! Les vieux comportements reviennent vite, trop vite mais à chaque fois je tente d'en prendre conscience.

L'épreuve de la maladie de Cécile m'amène à re choisir ma juste place.
Tranche de vie nouvelle qui appelle à rebâtir mes priorités sur mes essentiels. Après l'annonce de la maladie, je me suis organisé pour aller à tous les rendez-vous médicaux. Aujourd'hui, dans une deuxième phase, je viens de considérablement alléger mon emploi du temps afin d'être à la fois plus présent à la maison mais aussi avoir l'occasion de prendre suffisamment de recul pour re choisir, avec justesse, ma vie professionnelle. Dans cette très douloureuse épreuve je suis certain d'avoir pris la bonne décision, une décision cohérente qui fait sens. C'est un acte d'amour pour notre couple. Un ami m'a dit « c'est le meilleur investissement que tu fais sur la vie ».

L'épreuve de la maladie est une occasion de me sensibiliser à l'équilibre et la posture de chacun.
J'évoque ici l'équilibre entre ce que je fais pour Cécile et ce que je dois faire pour moi.

Ou, de quelles manières suis-je avec elle et pour elle tout en étant attentif à ce que je vis avec moi-même ?

Si je trouve un sens incroyable à faire tout cela pour elle, je découvre aussi qu'il me faut placer des limites pour me préserver et tenir dans la durée. Fabriquer de la liberté concertée c'est garder ses temps personnels, ses rythmes, ses rites. Dans le cas contraire, la posture d'accompagnant n'est pas tenable sur le long terme et l'on deviendrait toxique pour le malade. Heureusement Cécile comprend cela 5/5 !

L'empathie n'est pas la fusion. D'ailleurs si je peux accompagner Cécile, je ne pourrais jamais faire le chemin de guérison à sa place !

Au fur et à mesure j'apprends dans ses phases de creux à ne pas plonger avec elle et dans les crêtes nous emmagasinons pour les moments plus difficiles.

L'épreuve de la maladie réveille ma dimension spirituelle, ma force méditative.

La semaine où j'ai arrêté une de mes activités professionnelles, nous avons vécu un moment fort car j'ai pris le temps de participer avec Cécile à un séminaire, avec un guide hors du commun qu'elle connaît de longue date. C'est un cadeau formidable que ma femme m'a fait en acceptant que j'entre dans son monde de développement personnel et d'apprentissage méditatif.

Depuis, je découvre la force que procure l'ouverture d'une journée dans la méditation, face à une petite bougie. Je prends conscience que méditer, même cinq minutes, c'est me mettre en lien énergétique, ou en prière pour les croyants, avec les gens qui sont dans la même conscience. Parfois, pour moi, dans le silence de la méditation vient la souffrance d'être confronté à mes propres limites.

Cécile est depuis longtemps bien plus en évolution, sensibilité et lien avec le divin. La maladie chez elle décuple cette dimension. C'est essentiel pour nous de partager, d'être en chemin, spirituellement ensemble.

Pour conclure, j'aimerais poser à nouveau ma grande question depuis deux ans : pourquoi naître à une vie nouvelle dans l'urgence ? Pourquoi seuls le grand choc et sa révolution, permettent à l'être humain de faire bouger à ce point les lignes ?

Je suis très admiratif de rencontrer des êtres en transformation profonde sincère et durable, sans choc de vie apparent ou sans brûlure et souffrance. Je pense même que c'est un peu exceptionnel !

Du coup mon invitation et mon appel de Noël, pour ceux que j'aime, est qu'il est urgent d'aimer sans attendre d'être en situation d'urgence !

Bonne méditation... Amitiés.

*Plus que jamais, je pense que
pour bien vivre ce que chacun de nous a à vivre,
il faut que le corps dans son entier,
dans ses multiples conjugaisons, s'épanouisse et évolue.*

Décembre 2013

« On lutte contre la maladie, on lutte contre la mort.
C'est un combat permanent.
On est épuisé avant même d'avoir pris le temps de guérir.
Il faut, au contraire, faire de notre maladie un allié,
ou tout au moins un adversaire - c'est-à-dire celui qui
vous enseigne à vous surpasser - et pas un ennemi. »

Princesse de Polignac

Après un bon mois de novembre, bilan de décembre.

Que se passe-t-il quand j'apprends que, malgré la chimio, le cancer a progressé de 33% ?

Je commence par être sous le choc et sans voix, sans voie.

Puis l'information arrive tout doucement à ma conscience et là je plonge dans un vide vertigineux empli de solitude. Douleur et solitude m'ont assaillie. Ce jour-là ce fut brûlant en moi, dans mes yeux, dans ma gorge, sur mes épaules, alors même que je suis très bien accompagnée, soutenue.

La question devenant : quel est l'avenir qui m'attend ?

Et là, vous le savez, l'imagination devient vite fertile... malheureusement.

J'ai subodoré les mois à venir avec une nouvelle chimio plus agressive et j'ai eu très envie de baisser les bras. Mon langage est devenu, pendant quelques heures, un peu macabre. Je passe et repasse dans ma petite tête mon enterrement... Cela en est presque tentant. Et pour avoir accompagné nombre de patients confrontés à la mort probable, je sais que c'est une étape nécessaire et que je n'ai pas à en avoir peur... ça va passer... si je ne la bloque pas !

Merci à eux de m'avoir tant et tant enseigné la vie.

Puis, j'ai senti une immense douleur à imaginer la peine qu'allaient avoir mes enfants. J'ai « craqué » encore plus.

Alors comme d'habitude, j'ai plongé dans l'émotion en me délestant sur de bonnes amies qui ne cherchent pas à rassurer mais à accompagner le cycle afin que l'être passe à l'étape suivante... et ceci est fondamental.

Allez-vous me croire, mais bizarrement, les heures passant, j'ai commencé à sentir une douce paix m'envahir en même temps qu'une force tranquille.

Je me suis surprise moi-même. Quelle est cette énergie descendue en moi au point que j'arrive à être dans l'instant présent et le vivre ? Est-ce la Paix que le sacrement des malades offre ?

J'ai bien dormi plusieurs nuits de suite, j'ai su dire mes besoins fermement et calmement pour ce temps de vacances qui arrive. J'ai pris de la distance par rapport à la souffrance qu'apporte toute maladie à l'environnement du malade.

J'ai ma route à suivre, mon être à ouvrir, mon âme à laisser grandir quel que soit mon avenir.

Avec cette paix la plupart du temps en moi, j'ai poursuivi les différentes étapes de l'évaluation de la maladie jusqu'au moment de la conclusion de ce bilan par l'oncologue. Quand celle-ci confirme la reprise du cancer, j'ai de nouveau été sonnée... et la tentation d'imaginer demain m'a reprise... alors je lui ai demandé « mais pourquoi ai-je un si bon état général ? » elle n'a pas su me répondre mais elle m'a dit « c'est un bon atout » !

Plus que jamais, je pense que pour bien vivre ce que chacun de nous a à vivre, il faut que le corps dans son entier, dans ses multiples conjugaisons, s'épanouisse et évolue.

C'est mon atout, mon corps et mon âme développent des talents même si le cancer progresse.

Vivre l'instant, ouvrir tout mon être aux saveurs de l'instant visible et invisible, c'est mon chemin de maintenant.

Alors ensemble, aidons-nous à muter vers une vie de « belles » vibrations.

Je vous souhaite une bonne année.
2014 est une année neuve, à moi, à nous de la regarder ainsi.

J'aurais bien aimé ne plus avoir à vous écrire ma petite vie mais il semble que ce ne sera pas encore le cas... et finalement tant mieux puisque cela veut dire que je suis vivante... et vous aussi puisque vous me lisez !
Réjouissons-nous... dans le plus profond de nos cellules.
Je vous embrasse.

« Il y a des moments où l'on ne sait plus.
Le savoir s'écroule.
On ne sait plus ce qu'est la vérité.
Tout vacille, toute certitude se perd.
On est là, dans une sorte de vide.
De silence.
On sent encore le mental qui s'agite,
Qui voudrait trouver une nouvelle certitude,
Une nouvelle vérité sur quoi s'appuyer.
Mais on sent que c'est une illusion,
Encore une façon de se tromper soi-même,
De se jouer une comédie pour ne pas lâcher,
Pour ne pas se retrouver devant quelque chose d'autre,
D'inconnu, de plus vaste.
On se sent à la frontière de deux mondes.
On est là, en bordure, le mental vacille.
Quand cela arrive, ne pas avoir peur.
Rester sans appui.
Sentir. Chut !
Sachons que quelque chose s'éveille… »

Un Anonyme

Décembre 2013
Lettre ouverte aux médecins

J'aurais aimé ne pas avoir à écrire cette lettre.

J'aimerais que nos indispensables médecins, comme tout le personnel médical, soient tous des êtres charmants, efficaces, à l'écoute, consciencieux, compréhensibles et compréhensifs. D'ailleurs j'en rencontre beaucoup car ils le sont en grande majorité.

Alors pourquoi témoigner ici ce que j'ai mal vécu avec eux et pas tout simplement prendre le parti de ne pas le partager avec vous ?

Quelles sont mes motivations ?

Principalement donner envie à mes compagnons de route, à vous qui devez vous soigner, de ne pas baisser les bras si vous rencontrez un médecin inhumain ou pas à la bonne place, sur votre route. On le sait, leur formation ne les aide pas à nous accompagner. La peur - très souvent - les rend rigides. Ils s'accrochent à leurs connaissances pour éviter de sentir leur impuissance à nous sortir de l'ornière. Ils n'osent pas toujours se remettre en cause, c'est trop déstabilisant pour eux et pensent-ils, pour nous.

À d'autres moments, c'est nous qui exagérons car c'est nous qui avons peur, parlons mal, ne prenons pas le temps d'écouter et de comprendre. Je sais, par exemple, que j'ai une sorte d'exigence de soin qui peut obliger mon médecin à m'offrir plus de temps qu'elle n'en aurait envie, à répondre plusieurs fois à la même question... mais en même temps je suis consciencieuse et reconnaissante. Si je négocie des aménagements, j'applique toujours ses décisions.

Je vais citer trois exemples de situations mal vécues. Partageons-les pour éviter qu'elles ne se reproduisent pour d'autres et que nous œuvrions pour plus d'humanité entre eux et nous.

Le premier, je l'évoque dans ma *news* d'octobre 2012. À la question : Docteur, je ne vais pas bien, en plus je sens un « truc dur » dans mon ventre... il me répond : « Madame, ce que vous sentez de dur dans votre ventre, ce n'est rien qu'une inflammation de l'intestin, pas de quoi faire une échographie, cela va passer tout seul... »
Quinze jours plus tard, j'ai eu le courage de me faire confiance, d'écouter mon instinct et de rappeler mon médecin : « Docteur, je ne suis pas comme d'habitude, je veux faire une échographie... » Il commence par refuser mais je suis insistante, il capitule et m'envoie une ordonnance. À aucun moment je n'avais pensé « cancer ».

Erreur de diagnostic de sa part, manque d'écoute et de prudence, cela peut arriver à tout le monde mais jamais il n'a pris le temps de s'en excuser, ni de prendre de mes nouvelles. Il a fui.

Il y a eu aussi un radiologue qui m'a laissé attendre trois heures dans une salle d'attente, sur une petite chaise toute dure, avant de réaliser quatre ponctions dans les nodules du foie et croyez-moi, c'est un geste stressant pour le patient. Ensuite nous devons rester immobile afin d'éviter une hémorragie possible. Pour cela, je suis restée une heure dans la salle de ponction puis comme le service devait fermer pour la nuit, on m'a transportée dans le service d'IRM pour deux heures, dans un box. Je ne me sentais pas bien, le radiologue décide donc de faire un scanner de contrôle, il me dit « ça va aller ». Je réponds : « Docteur, j'ai vraiment mal, si cela ne va pas cette nuit qu'est-ce que je fais ? » Il répond et insiste :

« Ça va aller... » mais moi aussi j'insiste : « Oui j'en ai très envie, mais si cela ne va pas ? », « Vous allez aux urgences ».

C'est ce qui s'est passé. Au vu de violentes douleurs paralysantes de tout le tronc et les jambes, nous avons décidé d'appeler le SAMU. Je faisais effectivement une hémorragie suite aux ponctions.

Pourquoi ce médecin ne m'a-t-il pas tout simplement dit « Madame, je suis désolé, après une ponction vous devez rester immobile et on n'a pas de place dans la clinique pour vous garder donc rentrez chez vous, on fera la ponction demain » ... pourquoi a-t-il décidé de me faire patienter sans me dire pourquoi et donc dans un grand stress pour moi ?

Bizarrement je me souviens de ses baskets très mode, jeune homme très dynamique qui n'a pas pris le temps d'évaluer le besoin du patient, de s'imaginer un instant ce que cela peut provoquer d'attendre trois heures dans de telles conditions avant d'avoir cette grande aiguille qui transperce le ventre à plusieurs reprises. Puis d'ensuite me renvoyer chez moi alors que je suis mal, que j'avais déjà des difficultés à marcher.

Et voici mon pire souvenir : Mon mari, deux mois après mon diagnostic, ne va pas bien, il a des douleurs au ventre... lui aussi. Même si on imagine bien une somatisation, il va faire une échographie pour se rassurer. Là le médecin lui dit « monsieur Hyvert ? Est-ce à votre femme que j'ai fait un IRM il y a quelques temps ? »

Philippe inquiet lui répond « Peut-être que oui, il n'y a pas beaucoup de Hyvert dans le nord »

Le médecin d'ajouter : « Monsieur, moi je vous le dis, moi j'ai le courage de vous le dire : ce qu'elle a est très grave, à ce stade d'avancement de la maladie c'est trop

tard. Etes-vous croyant monsieur ? Il n'y a plus qu'à prier... »
Vous imaginez le désarroi intérieur de mon cher époux ! Heureusement, il ne m'a pas transmis cette information tout de suite, il a attendu un premier scanner encourageant pour se décharger de cette phrase qui lui a pourri ses nuits.
Comment ce radiologue a-t-il osé un tel abus de pouvoir ? Pronostiquer ma fin avant même toute ponction, avant même de savoir ce qu'en diraient les oncologues spécialistes ?
Même s'il pouvait avoir raison et que mon cas était grave, ce n'était pas une raison pour être aussi péremptoire et casser le moral des familles.
Très longtemps mon mari lui en a voulu, d'ailleurs c'est une chance pour ce toubib qu'il ne l'ait pas croisé en ville. Sa colère serait vite sortie.
Et surtout, heureusement, mon mari ne s'est pas laissé abattre par une telle sentence et a continué à croire à une évolution favorable et m'a aidée dans ce sens.
Une telle affirmation à des personnes seules, peu confiantes, aurait fait des désastres.

Voilà trois grands exemples d'une médecine centrée sur le médecin et pas sur la santé du patient.
Puisse mon vécu être utile à certains.
Apprenons à nous connaître et à écouter, sans honte, notre instinct afin de savoir le transmettre au personnel médical. Chouchoutons notre relationnel avec nos médecins afin que nous nous respections les uns les autres dans une écoute mutuelle.
Et surtout, sachons que notre route est d'apprendre et de progresser les uns avec les autres. Le patient est sur une route d'apprentissage, le médecin et tout le personnel médical aussi. J'en suis convaincue.

J'aimerais finir en remerciant le premier gastro que j'ai rencontré et qui m'a dit « Madame Hyvert même si le résultat de la ponction, que l'on fait la semaine prochaine, donnait le pire pronostic, vous devez garder confiance, on a tout vu en médecine ».

Merci aussi à mon oncologue que je ne ménage pas toujours et qui pourtant écoute et intègre mes remarques avec patience, recul et réflexion. Je ne lui demande pas d'être constamment d'accord mais d'être en lien. C'est ce qu'elle fait et c'est pour cela que je lui fais confiance et que je garde courage malgré tout.

Chers « collègues » de route, apprenons à pardonner à ceux de nos médecins qui sont pauvres dans leur relationnel et faisons le choix de nous dire, en toute humanité, afin d'être au plus juste de notre histoire.

Cécile

*Oui, lâchons nos carapaces
afin que nos corps respirent !
Rions, chantons, dansons dès que le souffle paraît.*

Janvier 2014

Janvier 2014 ou comment vivre plusieurs mois en un seul.
Si j'avais eu envie de prouver ma capacité d'adaptation, ce mois-ci fut parfait !
Reprenons par ordre chronologique. Début janvier je rentre de vacances familiales et amicales, heureuse d'avoir vécu avec ceux que j'aime mais très fatiguée par la maladie qui progresse, par le voyage, par l'inquiétude d'un nouveau traitement à venir. De plus, je suis bousculée par le départ de notre fils aux Etats-Unis pour encore six mois après être revenu près de nous pour les vacances. Je suis chahutée par l'approche de l'envol de notre ainée vers Jakarta, début février pour deux ans. Elle va me manquer, je le sais mais je suis fière d'elle, cela me console.
Tout ceci me donne l'impression de tourner dans mon « lave-linge » émotionnel. Adaptation, adaptation.
Le cinq je retrouve mon oncologue et par la même occasion ma « feuille de route ». Nouvelle chimiothérapie, nouveaux effets secondaires à

apprivoiser. Avant même la prise du premier cachet, mon corps somatise, je tremble, j'ai des nausées. Bref, je n'ai pas envie d'y aller. Mon *onco*, prudente, me dit d'attendre un peu pour démarrer ce traitement qui est à prendre tous les jours, *sans arrêt,* et *à durée indéterminée.* Consciente de ma résistance, je pleure cette vie que je perds, celle où je vivais indépendante de tout cachet et de tout effet secondaire. Je désespère de mon énergie perdue...

Je suis en paix pour mon avenir car la mort me fait nettement moins peur, c'est vivre en marge des autres qui me fait mal. Si j'aime profondément mes temps de solitude, j'ai aussi un immense plaisir à être en lien avec vous tous alors quand je ne vis que l'un des deux, j'ai la désagréable impression de vivre à moitié.

Puis mon instinct de survie prend le dessus, mon sens du « devoir » aussi. Courageuse, et je vous assure qu'il en faut beaucoup, j'avale le premier comprimé. Ce simili bout de sucre blanc qui contient tant d'espoir et tant de crainte. Pendant quatre heures tout va bien puis c'est la chute. Le corps, mais surtout le ventre, se cabre, hurle, gonfle. Mon psychisme et mes ressources petit à petit, sur deux jours, s'amenuisent et me font régresser à l'état de larve déboussolée et paniquée dans mon lit de douleur... car cette fois-ci, à la différence des chimio précédentes, j'ai très mal au niveau du diaphragme et dans le ventre. Cette douleur me plie en deux, j'ai des difficultés pour respirer.

Depuis deux ans, à ce point-là, c'est la première fois que je vis un repli sur moi. Je ne veux voir personne, parler à personne, je me cache, je me protège diront certains, je m'enferme. J'entends dans ma tête : « Autant mourir de suite que de prendre ce cachet à vie ».

J'ai ressenti ce que je pensais ne jamais vivre, une envie de haïr ceux qui vont bien, ceux qui vivent « normalement », de les écarter de moi car leur affection brûle.

Rappelons-nous, j'avais un peu vécu cela aux sports d'hiver en décembre 2011, mais sans cette sorte de rejet de l'autre, en plus cette fois-ci ce sont tous les humains que j'éloigne.

Heureusement mes « anges » veillent toujours. Doucement mais sûrement ils viennent me tirer de ma grotte et m'aider aux passages de la métamorphose, celle qui permet au corps de muter.

Oui, vous êtes restés là, patients et amoureux de mon être en devenir. Alors un jour le plomb dans mon cœur a fondu et l'être a pu remonter à la surface.

Merci au groupe Joie, à la chorale, à Béatrice ma magnétiseuse, à Muriel Hermès « guérisseuse de l'invisible », vous avez œuvré dans le bon sens. Merci à mon oncologue, à Emmanuel L. et à vous tous qui par vos messages m'avez dit « Tiens bon Cécile, tiens bon ». Merci bien sûr à mes enfants et à mon mari qui, avec patience et toujours dans un regard bienveillant et plein d'amour, sont restés présents, partageant mes émotions sans me montrer leur panique, avançant avec moi, petit pas par petit pas, n'écoutant pas mon envie de les tenir à distance.

Je fais l'hypothèse que grâce à la passion que j'ai eue pour mon métier de psychologue, grâce à mon goût de partager avec eux la joie que j'avais d'accompagner vers la vie des personnes en grande souffrance, mes enfants ont appris, tout petits, à ne pas avoir peur de la souffrance de ceux qu'ils aiment (ou pas) ... Cet apprentissage de vie nous est bien utile aujourd'hui !

Et, comme me l'avait aussi prédit mon médecin, mon corps s'est habitué, la mutation s'est faite, je suis revenue dans le monde des vivants et finalement assez vite pour faire dire à mon mari : « Tout le monde doit penser qu'on est fous, mythomanes. Hier tu étais au fond du trou aussi mal qu'il y a deux ans et aujourd'hui personne ne peut imaginer que tu es malade, sous chimio lourde ».

Oui, je suis ainsi faite, je vis à plein ce qui bouge en moi et tente de ne m'accrocher ni à la douleur, ni au faire semblant que tout va bien... même si ce n'est pas si simple d'apparaître comme folle !

Je suis persuadée que beaucoup d'entre nous n'osent pas se dire afin d'avoir l'impression de rester cohérent pour les autres, avec un discours identique : Je vais bien tout le temps ou je vais mal tout le temps...

Mais ce n'est pas la vie, en tous cas pas tant que nous ne sommes pas devenus tous des êtres spirituels de haute volée ou des grains de poussière. En évitant notre réalité ou si on se leurre en voulant leurrer notre entourage, nous passons à côté de nous-mêmes et donc des mutations que l'on a à vivre. Oui, lâchons nos carapaces afin que nos corps respirent ! Rions, chantons, dansons dès que le souffle paraît.

Alors si ce temps de chute fut puissant, heureusement il ne dura que dix jours. À part mes fameux et fragiles globules blancs qui chutent (mais qui permettent aussi au cancer de mourir, j'espère) je n'ai encore eu aucun des effets secondaires que la médecine avait prévus mais un autre : une multitude de boutons qui montrent une allergie à la molécule... mais on le serait à moins n'est-ce pas ? Pour l'instant, rien de grave et je vais vraiment bien.

Mon enseignement du mois ? Je suis passée de la petite phrase qui a envahi mon être : « J'abandonne, autant mourir tout de suite » à « Je m'abandonne et je verrai bien qui va me réceptionner, à vous de bosser, moi je ne sais plus »... Preuve en est que j'ai alors laissé de la place à de nombreux anges bienveillants et, ma foi, fort efficaces.

Gratitude au Souffle de vie.

Je ne prie plus pour rester vivante, je prie car j'aime cela. La Lumière est belle dans l'énergie Divine.

*J'ai demandé au Souffle de vie,
non pas de vivre mais d'Être,
Être ici et maintenant.*

Février 2014

« Le problème n'est pas ma faiblesse
mais l'attachement que j'y ai. »
Nicolle Carré

Depuis une petite semaine, en dehors des coups de fatigue (treize heures, dix-huit heures, vingt-deux heures) qui appellent au repos, je vais bien. C'est magique.

Alors, la tentation est grande d'enfiler ma carapace pour vous écrire : « Février ? Tout s'est bien passé, aucune vague, calme heureux, vie normale, enfin un mois sans événement particulier ». En effet, je désespère de vous écrire chaque mois que ma vie « Cécile traite un cancer » apporte ses hauts et ses bas…

Mais la vérité est que mon sang a encore une fois perdu beaucoup de ses couleurs, avec pour conséquence un arrêt urgent de la chimio. Ce fut une grande « plongée » dans les méandres du désarroi, grosse fatigue, perte du sommeil… Mais quand tout cela va-t-il se calmer ?

J'ai arrêté la chimio seulement dix jours, le temps que le sang reprenne un peu de couleurs, mais le choc psychique et énergétique a duré plus longtemps, la super woman a disparu. Et je dois avouer, même si mon ego résiste, que je n'ai pas échappé à des moments où la déprime m'a inscrite dans une désespérante fatigue. Pressions, dépressions... comme notre météo du mois !

Je ne me supporte plus affaiblie, j'en ai assez de devoir « tout faire bien ». Bien manger, bien dormir, bien marcher, bien boire, bien penser, bien prendre ses médicaments, bien rester chez soi, bien lutter contre le froid, bien chanter...

Ma quête est si grande, ma soif de vivre autrement si puissante, mon désir d'un monde sensible si incommensurable, que parfois le décalage avec ma réalité devient vertigineux.

Et pourtant, dès que j'ouvre les yeux du cœur, je constate que je reçois du monde sensible et invisible, comme du Souffle par son langage codé, de nombreux signes* que même seule je ne suis pas si seule, comme chacun d'entre nous.

Ce langage passe par des synchronicités surprenantes, des alliances du « ciel », des coïncidences, des petites phrases soufflées au creux de mon oreille ou lues au détour d'un livre. Tout me dit d'offrir au recyclage mes trop-pleins, bons ou mauvais, de voir et recevoir le renouveau. Faire ensuite le point, chaque soir, des moments lumineux de la journée, un chant d'oiseau, un bourgeon, un sourire ou une parole de soutien. Offrir, lâcher au Souffle de la Terre les moins bons.

De plus, une amie m'a conseillé, avec génie, de prendre en même temps que mon cachet de chimio qui va soigner la maladie, un *Smarties* coloré que je charge de la grande mission d'activer la médecine de la santé, d'aller se réjouir avec toutes mes bonnes cellules de vie qui se recyclent sans arrêt. Cela a au moins le grand mérite que je ne pense pas uniquement « J'ai un sale cancer chronique ».

Une autre m'a apporté des feuilles d'un arbre « sacré » du bout du monde, signe d'espérance et de lien avec la Terre entière.

Sans oublier vos messages de reliance ou ceux de ma famille qui se concentre surtout sur la vie qui émane de moi.

J'ai demandé au Souffle de vie, non pas de vivre mais d'Être, Être ici et maintenant.

Recevez toute ma tendresse, le printemps c'est demain, bientôt. Mars, mois de bilan.

* Exemple de ce que j'appelle une alliance du ciel : Un jour de grande fatigue je me booste et je vais malgré tout faire mes courses au supermarché. Arrivée en caisse je constate que les files sont longues. Comme je me pressens très fragilisée par les microbes ambiants j'imagine un instant laisser mon caddie et rentrer chez moi. C'est alors qu'une caissière ouvre une nouvelle caisse. Je m'y faufile toute heureuse d'être là au bon moment et avec surprise, je l'entends me dire, en me donnant un panneau à placer sur le tapis roulant : c'est fermé derrière vous. Je réagis : « Vous ouvrez que pour moi ? » « Oui, il me reste peu de temps pour finir mon horaire de travail ». Le soir j'apprendrai, au vu de mes résultats sanguins, que je n'aurais jamais dû quitter ma maison car sans défense immunitaire, je pouvais attraper très facilement le moindre microbe ambiant qui m'aurait amenée directement à l'hôpital... Dans mon gros manteau, personne ne pouvait pressentir mon état de fragilité alors, une caisse ouverte rien que pour moi, n'est-ce pas une alliance du ciel ?... Louange.

J'ai été remise à une juste place, à savoir que la vie de chacun d'entre nous a ses lois que je ne connais pas.

Mars 2014

Mars, mois de bilan, mon médecin habituel est absent et je suis donc reçue par son remplaçant. Sans émotion particulière, il constate d'une part un résultat positif et d'autre part une nouvelle donnée qui pose question. Avant de vous en dire plus, sachez que si un jour, comme moi la semaine dernière, vous apercevez dans l'œil du médecin de la perplexité face à un résultat échappant à toute statistique médicale, c'est probablement qu'un enseignement se profile pour vous.

Quelques précisions :
On s'en souvient, mi-décembre, mauvaise nouvelle, j'apprends que le cancer a beaucoup progressé malgré la chimio.

Début janvier mon médecin me prescrit donc un nouveau protocole, une nouvelle molécule.

Tandis que je m'intéresse aux différents effets secondaires qui m'attendent, mon mari pose alors cette question : « Docteur, le cancer va donc régresser avec ce nouveau protocole ? », « Non Monsieur Hyvert, notre objectif est de le stabiliser, on espère cela ».

Contre toute attente, quelques minutes plus tard, mon cher époux repose la même question (probablement que la première réponse ne l'avait pas satisfait) : « Docteur, comme les fois précédentes, le cancer va donc régresser avec cette nouvelle chimio ? ».

Ma *doc.*, très patiente, lui répond à nouveau :

« Monsieur Hyvert, comme je vous l'ai dit, non il ne va pas régresser, on tente de le stabiliser ». Puis elle fait une pause et ajoute « quoiqu'avec Madame Hyvert on peut s'attendre à tout... »

Et moi de clamer : « Docteur, puisqu'un miracle, d'après Saint Augustin, est une loi de la nature non encore connue... je ne suis pas à l'abri d'un miracle ! (Et là je lui offre mon plus beau sourire) ».

Effectivement, le bilan prouvera qu'en médecine, on peut s'attendre à tout.

Le scanner révèle que depuis début janvier, le cancer a régressé, dans le foie comme sur le pancréas de 30%, que le marqueur sanguin diminue de 15% et l'octréoscan, lui, précise que l'activité sur le pancréas a baissé de plus de la moitié.

En revanche pour la première fois depuis le début de ma maladie l'octréoscan marque les nodules du foie... Pourquoi tout d'un coup ces cellules se mettent-elles à capter le produit alors qu'avant elles en étaient silencieuses ?

Les médecins se « grattent la tête », ne savent pas. Ils supposent une mutation des cellules qui se différencient et c'est alors une bonne nouvelle. Encore une fois je suis une « spéciale » ...

Ensemble, ne passons pas à côté du miracle de ce mois de mars, mais avant de le célébrer, recevez dans le secret de vos cœurs, ce que Dame nature m'a offert comme enseignement et que je tenterai de ne jamais oublier.

« Cécile, même avec ces résultats "spectaculaires" tu n'es pas plus championne que les autres, tu avances pas-à-pas, avec tes moyens, avec le mystère de la vie, avec tes aides sur Terre et au ciel. Tous les autres font de même, aime-les comme ils sont, dans leur façon singulière d'aborder leur parcours, avec leurs moyens du jour ».

J'ai été remise à une juste place, à savoir que la vie de chacun d'entre nous a ses lois que je ne connais pas.

Maintenant que je tente d'intégrer cette nécessaire humilité, simplicité, je me tourne vers vous et ensemble, émerveillons-nous !

L'association des trois médecines : de la maladie, de la santé et spirituelle ont probablement permis le « miracle de la mutation ». Merci à ma *doc* et ses bonnes intuitions, merci à mes petits *Smarties* (cf. *news* de février), merci à ma mutation accompagnée de vous tous.

Oui, je peux le dire maintenant, vivent les cycles, le cancer régresse à nouveau. Gratitude !

Offrir chaque réussite ou chaque difficulté, c'est vital afin qu'elles se renouvellent à chaque instant.

PS : Ce mois, un merci spécial à ma sœur Muriel qui a fait faire une étude en géobiologie de ma maison, et à mon ami Emmanuel qui m'a dit : « Tiens bon une planète dans ton ciel s'éloigne » (cf. *Géobiologie et santé* et *Astrologie et cancer*)

Géobiologie et santé

Message de Cécile

Amis lecteurs, soyez curieux, lisez ci-dessous le message de ma sœur Muriel. Elle nous propose de relier habitat et santé.

Peut-on vivre en santé en mangeant des aliments toxiques ? De même… Peut-on vivre en harmonie dans une maison qui ne l'est pas ?

Il est des lieux dans lesquels nous nous sentons plus ou moins bien… On sait d'autre part que nos cathédrales sont toutes bâties sur des espaces soigneusement choisis…

Forte de ses convictions, Muriel me stimule pour que j'accepte de m'occuper de la santé de ma maison autant que de la mienne… ce qui peut paraître fou et qui pourtant est passionnant.

Par discrétion Muriel ne vous racontera pas en détail la conclusion de ce bilan géo biologique mais elle nous propose quelques aménagements et notamment de remettre notre chambre dans sa disposition initiale… qui, parait-il, était bien meilleure pour la santé…

Merci Muriel pour l'ouverture que tu nous proposes, pour ton approche du soin qui prend en compte notre lieu de vie, de ressource.

Message de Muriel V.

Planète bleue, notre Terre, qui es-tu ? Et moi, quelle relation ai-je avec Toi ?
La Terre Vit. La Terre est source de Vie.

Terre si accueillante, Terre si aimante, Terre si discrète bien que parfois dévastatrice...
Suite à ces questions, j'ai découvert ma relation avec cette Terre...
Je ne sais pas toujours l'écouter, l'entendre, la comprendre, être en harmonie avec elle. Comment faire converger nos énergies afin qu'elles s'additionnent et se nourrissent ?

La géobiologie* est une des sciences qui me guide pour donner les moyens à mon organisme de se ressourcer plus facilement.

En 2012, j'ai découvert la géobiologie : Lors de réunions de travail pour préparer la restauration de notre habitation, mon mari et moi insistions auprès de notre architecte sur l'importance que nous accordions à l'utilisation de matériaux « sains », naturels tant dans la construction que dans l'aménagement. Suite à nos demandes, il nous a suggéré de rencontrer Alain de Luzan, géobiologue, avant de commencer les travaux.
Comprendre l'impact des champs magnétiques, électriques, des cheminées cosmo-telluriques, des failles, etc. sur notre organisme a été passionnant. Les adaptations de l'habitat peuvent être minimes, comme le positionnement de la chaise de bureau ou des lits. Il est aussi possible d'éliminer ou de diminuer le nombre d'objets ou aménagements sources de pollution électrique et donc sources d'agressions. Cette approche nous a permis de mieux positionner nos lieux de vie, de

travail et de nuit. Là où nous séjournons longtemps, sans bouger, nous avons besoin d'être en énergie positive et de ne pas être « agressés » par des éléments extérieurs.

Passionnée par ces découvertes, je me suis formée à la reconnaissance des éléments de cette Terre et ses impacts sur notre organisme. Pourquoi ici je me sens bien, pourquoi là je dors mal ou simplement je ne me sens pas bien.
Avec beaucoup de pudeur, j'en ai parlé à Cécile et Philippe. J'avais envie de leur partager et, pourquoi pas, de les amener à faire l'étude géobiologique de leur maison.
Mais de quel droit puis-je imposer mes convictions ? Cécile s'intéresse déjà à tant de domaines. Un de plus, pourquoi ? Est-ce bien utile ? Cela sera-t-il efficace ? Quelle question, l'efficacité !

Après dix-huit mois à ronger mon frein, j'ai compris que la question ne se situait pas dans l'efficacité d'une telle démarche, mais dans la Vie d'ici et maintenant. Je n'en pouvais plus de regarder Cécile se battre. J'avais besoin, et tu me l'as dit Cécile, de participer et contribuer à ta Vie. Est-ce égoïste ? Peut-être... Je t'ai écoutée, j'ai entendu tes freins, tes peurs et avec la force de ma foi en toi, en Philippe, ton mari, en Alain de L. et en mon intuition, j'ai insisté, vous avez accepté et j'ai donc organisé la journée. Alain est venu faire le plan des perturbations et endroits neutres de votre lieu de vie. C'est un beau cadeau que vous m'avez fait. Merci Cécile, merci Philippe.

Cécile, tu es un génie** créateur.
Ton partage démultiplie la Vie sur cette Terre et bien au-delà.

Ton partage m'a permis d'oser chaque jour un peu plus.
Merci.

* « La géobiologie est l'étude de l'influence du lieu sur la santé des êtres vivants - humains, animaux et plantes. Cette science explore l'impact des agressions que nous subissons en permanence souvent sans le savoir : pollution électrique, téléphonie mobile, pollution chimique, bruit et prolifération des risques nucléaires... Elle met en évidence le rôle essentiel des courants telluriques, cours d'eau souterrains et rayonnements ionisants sur notre santé. » « Ces dangers affaiblissent nos défenses immunitaires et influencent notre équilibre global. La géobiologie propose de nombreuses solutions pour minimiser ces nuisances, qu'elles soient d'origine naturelle ou liées au "progrès". » (Alain de Luzan)

** Le génie est « l'aptitude naturelle de l'esprit de quelqu'un qui le rend capable de concevoir, de créer des choses, des concepts d'une qualité exceptionnelle. » (Larousse)

Astrologie et cancer

En quoi l'astrologie peut-elle aider quelqu'un qui a un cancer ? Par Emmanuel Leroy, astrologue

C'est une question délicate que me propose d'aborder Cécile car il y a de nombreuses idées fausses sur l'astrologie. Disons-le d'emblée, l'astrologue n'est ni un médecin, ni un thérapeute. Son outil est de nature symbolique et non de nature scientifique. Son travail est celui d'un traducteur : traduire en français ce que les symboles racontent et l'astrologue se doit d'approfondir cette interprétation pour trouver les mots justes qui parlent au consultant.

En tant qu'astrologue, je reçois régulièrement des personnes qui ont un cancer. Nous analysons les symboles astrologiques qui parlent principalement de deux choses : le sens de ce choc de vie et la durée.

Le sens de la maladie :
Bien évidemment, les causes d'un cancer sont multifactorielles. L'astrologie permet d'entrer dans la reconnaissance d'une partie de ces causes.
Rappelons que c'est une chose de repérer les points de blocages possibles dans l'histoire du consultant, c'en est une autre d'entrer dans le soin de ces thématiques et ce n'est pas forcément l'astrologue qui sera le meilleur accompagnant de cette exploration.
Comme Cécile nous le rappelle souvent dans son blog, n'oublions pas qu'il est nécessaire de soigner nos blessures psychiques autant que la maladie corporelle.

Afin de repérer les thématiques en jeu, la première question que se pose l'astrologue, face à une personne ayant un cancer, sera : qu'est-ce qui est malade dans le thème astral ? Il ne s'agit pas de repérer l'organe, mais de repérer la thématique. Dans le cas de Cécile, sans trahir de secret, il s'agissait de la planète Mars. De quoi parle cette planète dans le thème de Cécile ? Elle parle du désir, de l'énergie masculine, de la colère et, vue sa position en signe, de l'abandon.

La durée de la maladie :
En regardant le thème, l'astrologue peut repérer ce que l'on nomme les « transits » qui signent « l'apparition officielle » de la maladie. Il s'agit de planètes qui sont en train d'agir sur des points du thème de naissance. Il est possible de mesurer la durée de leurs actions. Attention, il ne s'agit pas de prédire la guérison ou l'issue fatale. Il est juste question de mesurer la durée de l'épreuve ou de la crise. Dans le cas d'un cancer, cette durée peut s'exprimer en années... Et l'astrologue ne sait pas si la personne malade guérira ou non. Mais il voit combien de temps la période aigüe va durer.

Pour certaines personnes, il peut être positif d'annoncer la durée de cette période, même s'il s'agit de plusieurs années, pour d'autres, il est préférable de ne rien dire car la durée pourrait paraître trop longue. J'ai aussi évoqué ce sujet avec Cécile.

L'accompagnement spécifique d'une personne « malade » :
En tant qu'astrologue, je suis d'abord là pour accueillir la souffrance des personnes qui viennent me voir. Lorsque Cécile m'a annoncé son cancer, j'ai été bien évidemment touché par sa souffrance d'autant plus qu'elle est une amie de longue date et que je connais sa famille.

À sa demande, au fur et à mesure des mois, j'ai régulièrement regardé son thème et j'ai pu repérer qu'un tournant s'amorçait dans son existence. En termes astrologiques, il s'agissait d'une Nouvelle Lune Progressée. Cécile m'a demandé ce que cela annonçait et je lui ai expliqué le renouveau signifié par cette configuration. Il ne s'agit pas de l'annonce d'une guérison, mais de l'annonce que, même malade du cancer, des perspectives s'ouvrent pour elle. Son blog est la manifestation d'une de ces perspectives : transmettre son expérience de soignante devenue soignée.

L'étude des astres ne nous donne pas la pleine connaissance de la destinée, mais nous donne des informations sur la manière d'aborder cette destinée. Toute épreuve peut être vécue comme une opportunité. Ce n'est pas facile... mais c'est possible.

Le sujet sensible :
Face à une personne qui a le cancer, le sujet sensible est bien évidemment celui de la mort. Peut-on ou non l'aborder ? Avec Cécile, nous avons évoqué plusieurs fois ce sujet.

Chacun nourrit des croyances sur la mort et l'après-vie. Avec Cécile, nous partageons une vision très proche telle que : « En parler ne fait pas mourir... », « apprivoiser la mort donne plus d'énergie pour se concentrer sur la vie ».

En tant qu'astrologue, si la personne qui vient me voir le souhaite, nous abordons cette question qui relève de la spiritualité, sans esprit de prosélytisme mais avec écoute et respect.

Merci Cécile, nous sommes nombreux à dire merci à Cécile de nous avoir embarqués dans son accompagnement. Sincèrement, il eût été préférable qu'elle n'ait jamais un cancer, mais son cheminement est devenu opportunité et nous amène à entrer dans une expérience de transformation avec elle, avec Philippe, avec leurs enfants, avec leurs familles et leurs amis.

À mon tour, de vous partager mon point de vue

Tout d'abord j'ai envie de vous dire :
« Je bénis tous les hommes et toutes les femmes qui ont travaillé dans la joie comme dans la peine, dans la frustration comme dans l'émerveillement, avec orgueil ou humilité, à observer la vie afin de tenter d'expliquer l'inexplicable et ainsi permettre à notre humanité de progresser ».

Pourquoi, même si je ne comprends rien à l'astrologie, ai-je demandé à Emmanuel de regarder mon thème astral ? D'abord, je pense que si tant de chercheurs et/ou scientifiques se sont intéressés au sujet, et depuis si longtemps, c'est qu'il mérite attention. De plus, je lui fais confiance. Emmanuel laisse l'autre libre d'accueillir, ou non, sa lecture de notre thème de naissance.

Enfin, je me disais que pour vivre au mieux ce parcours santé périlleux, « tout est bon à prendre quand il est question d'assurer mes bases de confiance ».

Dès l'annonce de la maladie, il m'a dit : ton passage aigu va durer trois ans environ. À Noël 2013, donc deux ans plus tard, quand j'ai appris que le cancer avait de nouveau fortement progressé il m'a dit : « Tiens bon, 2014 est une année d'ouverture de ton horizon, tu pourras aller mieux ». Quand j'écris sur ce soin, nous sommes en mars 2014, je vous donne rendez-vous fin 2014 pour faire le point... mais le premier bilan semble aller dans ce sens.

Quant au sens de la maladie, j'ai écouté les pistes d'évolution qu'il me proposait telles que :

- Équilibrer le masculin et le féminin en moi ;
- Oser la transmission (« publie ton blog », me disait-il, « cela va dans le sens de ta nouvelle vie ») ;
- Repérer ce qui m'a mise si souvent en colère dans mon histoire afin de me mettre en paix avec ces temps-là de ma vie ; les offrir à la transformation, vivre le pardon ;
- Débusquer et apaiser le sentiment d'abandon dans ma vie personnelle.

Vous l'avez constaté dans mon blog, l'astrologie est un des nombreux moyens qui m'aide à développer mon être. Si l'astrologue m'annonce un passage aigu, est-ce pour cela qu'il aurait suffi que j'attende sans rien faire que cette étape passe ? Non, bien sûr que non, c'eut été suicidaire de ma part. L'astrologie donne des indications, des choix possibles, mais à nous de les mettre en œuvre, de nous mettre en route de mutation.

Merci Emmanuel pour ta présence fidèle et constante que ce soit dans la joie quand je vais bien ou dans le soutien quand je perds confiance. Avec ton épouse vous êtes des « lumières de vie » sur mon chemin.

Avril 2014
Turbulences dans un havre de paix

Aujourd'hui je suis allée à Sari Solenzara, au monastère des petites sœurs de Bethléem. Comme à chaque fois, mon âme fut bousculée, mon corps secoué.

Pendant l'office, sans m'en rendre compte, la beauté du lieu et du moment a réveillé des sentiments et des émotions que d'habitude je tiens à distance.

Aujourd'hui c'est essentiellement la honte d'être malade qui est venue en force puis, comme la honte me paraissait tout à fait inopportune, j'ai eu honte d'avoir honte. Et tout en pleurant sur moi-même, je me suis dit que tout cela était bien orgueilleux alors ma honte est montée d'un cran.

C'est le chat qui se mord la queue pensez-vous et vous avez raison...

Et pourtant c'est ma réalité, j'ai ressenti tout cela avec beaucoup d'acuité.

Y a-t-il des personnes qui se soignent d'une maladie et qui ne ressentent jamais la honte ? Je ne sais...

En fait j'aimerais être parfaite. Pas vous ? Vous avez de la chance.

De mon côté, souvent j'ai honte de ne pas être plus « aboutie », plus emplie de sagesse, plus rayonnante d'amour, de douceur et de bienveillance.

Mais aussi, si on évoque la maladie, j'ai honte de ne pas avoir su prendre suffisamment soin de moi pour éviter un cancer grave. Celui-ci revient sans cesse me rappeler ma misère humaine et ma place de « dérangeant » pour la société, pour mes proches. Je suis

régulièrement renvoyée, sans concession, vers mon impuissance. C'est douloureux.
Et pourtant, quelle bêtise ce désir de toute puissance, mon envie d'être parfaite.

Aujourd'hui, au monastère, j'ai ressenti physiquement mon vécu psychique. J'ai vu combien la honte adhère à mes cellules comme un chewing-gum impossible à décoller. Je n'avais jamais ressenti aussi nettement l'impact physique d'une souffrance psychique. Ce fut étrange.
Vous n'allez peut-être pas me croire mais sachez qu'en même temps que je vivais dans les larmes, la douleur de mon impuissance, je voyais à l'intérieur de moi mon être s'ouvrir, créant comme une faille, une brèche et à l'extérieur de moi une sorte de feu qui ne brûle pas, une sorte de Présence qui appelle sans appeler et j'ai pris peur. A postériori je regrette car cette peur m'a fait probablement fuir une rencontre avec Celui qui est tout amour. C'est idiot mais c'est ainsi...
Je comprends mieux comment notre honte ou nos blessures sont des carapaces qui bloquent notre possibilité d'apaisement, notre réconciliation avec nous-mêmes et notre chemin de vie. J'ai expérimenté mon impuissance offerte qui, étrangement, ouvre la conscience d'une autre dimension.

Je me répète souvent cette phrase : « c'est dans ma faiblesse que réside ma force ». C'est en lâchant notre désir de toute puissance, de contrôle qu'arrivent les idées les plus créatrices, un souffle nouveau... Divin.

Quand j'ose encore plus la Foi, je dis sans réserve et dans la Joie : « C'est dans ma faiblesse que je Te laisse agir en moi ».

Toi aussi lecteur, si la vie te bouscule tant et tant, écoute les oiseaux et même si tu ne les entends pas, sache qu'ils chantent aussi en toi.

Avril 2014

Quand je prends le clavier pour te rejoindre, cher lecteur, je commence par m'installer confortablement, respirer en conscience, sentir le langage de mon corps, te contacter par la pensée, écouter mon âme, puis je forme le vœu de rejoindre la tienne.

À cet instant précis ce qui me surprend le plus ce sont les chants des oiseaux dans mon jardin. Ils sont si pétillants de vie ! D'ailleurs ils me semblent bien plus nombreux qu'avant, c'est magique.

Et pourtant ce n'est pas que je les écoute davantage mais depuis peu je porte des appareils auditifs. N'ayant « que » cinquante-quatre ans, j'ai un peu de mal à assumer, je résiste, tente encore de me convaincre que je n'en ai pas si besoin que cela… Mais la réalité est là, la toute première chimio a tué quelques cellules auditives, de puissants acouphènes se sont installés et j'ai perdu l'audition des aigus.

Avril côté santé ?

Encore une fois mon sang a été abimé par la chimio. Plaquettes et globules blancs évaporés, l'arrêt du traitement fut donc obligatoire pendant une semaine...

Et comme chaque fois, je me repose la question : « *Vont-ils un jour oser la nouveauté et trouver une dose de traitement adaptée à ma constitution ?* » Pour l'heure la médecine de la maladie veut encore me faire entrer dans un type connu de protocole sans l'adapter à mon physique si sensible. Prions afin que mon oncologue développe de plus en plus son génie et sa liberté d'adaptation au cas par cas. D'autres que moi en profiteront aussi.

Mon dossier médical « spécial » a été envoyé en Allemagne où des recherches d'un nouveau genre se font. À la demande de ces éminents médecins, la semaine prochaine je vais passer un TEP scan. Ils cherchent à « comprendre » la mutation des cellules des masses du foie (cf. *news* de mars). Si je peux faire avancer la recherche, j'en suis heureuse mais passer ce type d'examen n'est jamais anodin, la peur revient en moi, que vont-ils me trouver de nouveau ?

Avril a donc, comme pour tous, apporté son lot de joies, de peurs, de tristesse et pourtant au bilan j'ai la sensation d'avoir passé un mois calme et agréable. De plus, les personnes qui ne m'ont pas vue depuis un moment me trouvent plus paisible, plus rayonnante. Nous pouvons imaginer que cette petite sérénité est due aux bonnes nouvelles du dernier scanner... Très certainement mais pas uniquement.

Il est certain que « quelque chose » en moi a bougé et que je me débats moins. Une sorte de douceur s'acquiert petit à petit et rend la vie plus simple. Certains pourraient dire que je deviens plus philosophe mais il me semble que la réalité est beaucoup plus incarnée que cela. Si je ne sais pas encore nommer ce qui se métamorphose, c'est que ce chemin de maturation a encore besoin de silence et d'invisible avant de porter ses fruits. Telle la graine qui germe en terre avant de rejoindre le soleil.

De plus, le Souffle de Vie, ma relation au Divin, la sensation d'être plus régulièrement reliée à ce IL qui nous dépasse et pourtant nous accompagne à chaque seconde, m'a permis, même dans les creux, de sentir ma solitude habitée par une autre vie. Ce mois-ci, j'ai beaucoup moins pensé « Je peux mourir bientôt » même si je pense « cancer » une multitude de fois par jour. Je me suis même surprise à oublier de savourer l'instant présent ! Bonne ou mauvaise nouvelle ?

Toi aussi lecteur, si la vie te bouscule tant et tant, écoute les oiseaux et même si tu ne les entends pas, sache qu'ils chantent aussi en toi. Si parfois nos oreilles ont besoin d'appareils pour améliorer leur audition, notre écoute affective, psychique ou spirituelle a besoin d'amplifier la douceur, pour percevoir la vie autrement.
Je t'embrasse et sois assuré que je pense à toi tous les jours.

PS : Ce mois, un merci tout spécial à Elise R. qui m'a offert une séance d'algosculpture. C'est génial ! Vous prenez un peu de terre et vous modelez votre douleur, celle que vous voulez. La présence de la thérapeute est un réceptacle bienveillant, facilitateur, silencieux ou pas, à votre cheminement. Peut-être que le mois prochain, avec Elise nous ajouterons une description de « l'algosculpture » au blog.

Algosculpture

Il m'est difficile de trouver les mots pour raconter ma séance d'algosculpture. D'ailleurs, même le mot est compliqué à exprimer, à écrire, à comprendre. « Algo » veut dire « douleur ». Sculpter sa douleur, mais quelle idée ! Pourquoi se centrer, dès le départ, sur ce qui fait mal ? Et pourtant j'ai tenté l'aventure car Elise, ergothérapeute et à l'origine de cette technique, est une femme rayonnante, toute en douceur, en accueil. Rien de bien paniquant ne pouvait venir de cette grande femme au regard attentif, alors, un jour j'ai lâché le besoin de maîtriser et j'ai passé deux heures intenses.

Avec de la terre toute souple, la proposition est simple : Quelle que soit ta douleur, laisse tes mains la modeler, la sortir de toi, laisse-toi surprendre, ta douleur n'engendre pas forcément ce que tu crois. Et effet, le temps que l'émotion qu'elle provoque sorte de moi, la place fut libre pour une émotion autre, plus douce.

Je vous conseille de tenter l'aventure.

L'algosculpture, décrite par la thérapeute Elise R.

Je suis ergothérapeute à la Maison Médicale Jean XXIII, un établissement pour les personnes nécessitant des soins palliatifs, des soins de suite lourds, de réadaptation, ou devant bénéficier d'une prise en charge d'état végétatif ou accueillies dans le cadre de séjour de répit familial.

Un des objectifs de mon métier est la recherche du confort et le soulagement de la douleur. Ce sont aussi les préoccupations de toute l'équipe.

Dans le cadre de mon activité professionnelle, j'ai rencontré en 2012 une patiente ayant subi une gastrectomie totale. Elle verbalisait une douleur à l'omoplate et des vomissements. Lors d'une recherche pour savoir s'il y avait une corrélation entre ses symptômes, j'ai essayé le dessin mais cette technique était trop réductrice.

Grâce à une direction ouverte et à l'écoute, j'ai pu étendre mes recherches et utiliser l'argile comme moyen d'expression. La terre s'est avérée être un bon support car on n'a pas peur de mal faire, on peut changer la forme à l'infini sans la gommer. Alors qu'en dessin on peut avoir peur de salir cette belle feuille blanche.

J'utilise de l'argile fine, blanche ou rouge. Le patient décide s'il modèle tout son corps ou une partie du corps, puis il ajoute sa douleur de la façon qu'il veut. Pas de notion de bien faire, pas de jugement, seulement un échange d'informations et de ressentis.

Je demande l'avis du médecin avant de proposer l'activité au patient. La séance a lieu dans sa chambre ou dans une petite salle. Elle peut durer de dix minutes à une heure. Le patient est allongé, debout ou assis. L'algosculpture s'adresse à tous patients douloureux. Je travaille ensuite en coopération avec la psychologue de l'établissement.

Je vous livre quelques ressentis après deux ans d'échanges riches auprès de personnes éprouvant des douleurs :

Travailler la terre c'est oser rentrer en soi pour aller chercher ce qui se passe à l'intérieur. Lors du travail de la terre on est dans l'instant présent, on est à soi.

La douleur est quantifiable, physique, c'est un obstacle, elle a ses limites.

La douleur peut être chaude, en coups de couteau, en décharge électrique, et aussi bruyante, asséchante. Le corps est à vif, tous les sens sont en éveil.

Le travail de la terre a un effet apaisant, on peut « polir » sa douleur.

Le médecin vit parfois le fait de ne pas comprendre la douleur comme un sentiment d'impuissance, l'algosculpture permet de rejoindre le patient et peut alerter le médecin sur une nouvelle douleur.

Je ressens à chaque séance une sorte de lâcher prise de la personne qui éprouve une douleur, elle s'abandonne au thérapeute quand elle essaie de dire son mal. La douleur est souvent difficile à décrire les yeux dans les yeux, l'objet en train d'être façonné permet de parler sans regarder l'autre, le patient oublie presque le thérapeute et naturellement se dit à lui-même et à l'autre. Il n'étouffe plus sa douleur et se sent reconnu dans cet état. On est présent à ses débats, il n'est plus complètement seul.

En envahissant le corps, la douleur devient une souffrance globale. L'algosculpture permet au patient d'exprimer ce mal rapidement et de le circonscrire à deux ou trois parties du corps, situation plus vivable pour lui.

L'algosculpture permet un lien car la personne douloureuse à tendance à s'isoler. Il est même arrivé qu'un patient se découvre un talent de modeleur et rêve d'une vie d'artiste. Le patient et l'entourage sont fiers : encore un lien. Est-ce que le fait de partager cette douleur permet de la diminuer un peu ?

« De créature je suis devenu créateur » (Jean Christophe Ruffin).

« *Aime et fais ce qu'il te plait* »
*est une phrase de Saint-Augustin qui m'a longtemps
parue égoïste jusqu'au jour où j'ai entendu
ô combien elle inclut la relation à l'autre.*

Mai 2014

Aujourd'hui mon fils de seize ans m'a dit : « Je prends conscience qu'on a beaucoup de chance avec ta maladie maman. Tu as pris ta chance. »

Comment allez-vous ? Pour info je suis fière de vous dire que depuis quelque temps, vous êtes maintenant plus de... mille à me lire chaque mois !

Merci, vous donnez sens à mon écriture... mais qui êtes-vous ?... Les chiffres ne dévoilent pas vos noms, ce qui vous passionne, vous motive, vous fait sourire, vous donne envie de savourer la vie ou pas...

Avez-vous ou avez-vous eu un cancer ? Êtes-vous des accompagnants de personnes se soignant d'une maladie, la famille, les amis, le personnel médical... ?

Oh que je serais curieuse de vous connaître mais c'est le principe même d'un blog, j'écris et mes réflexions, partages, s'offrent aux hasard des rencontres nourrissant parfois les uns, parfois les autres, et peut-être parfois que moi-même.

Avec ce blog, grâce à vous tous, voilà que l'occasion me fut offerte de me raconter en toute simplicité avec tous les risques que cela engendre et je ne sais si le plus grand est celui d'être critiquée ou celui d'être aimée.

Et vous mes frères et sœurs malades dans une partie de votre corps ou vous, accompagnants de personnes en danger, osez-vous être vous-mêmes en toute simplicité ? Prenez-vous, prenons-nous chaque jour un peu de temps pour respirer à l'intérieur de notre être le « qui je suis » avec la conscience que le « Souffle de Vie » est là, la nuit comme le jour ? « Aime et fais ce qu'il te plait » est une phrase de Saint-Augustin qui m'a longtemps parue égoïste jusqu'au jour où j'ai entendu ô combien elle inclut la relation à l'autre.

Puissions-nous regarder avec tendresse nos forces, avec humilité nos limites et avec confiance notre histoire de demain. La maladie conduit sur une route d'une très grande sensibilité. Nous, les malades, sommes quotidiennement blessés par un « autre » qui n'arrive pas à imaginer le chemin si ardu que nous vivons au quotidien. Ceux d'entre nous qui ne développent pas en même temps une tendresse de plus en plus grande pour eux-mêmes comme pour les autres, vont s'aigrir, vont souffrir et faire souffrir.

Je chemine pas-à-pas, la route est longue mais je me félicite car je sens que si je suis à la fois beaucoup plus vite touchée par notre pauvreté relationnelle, je suis aussi plus solide pour la respecter tout en me respectant.

Et pour les passionnés du médical, voici ma météo du mois :
Le TEP scan du mois dernier a confirmé soit une disparition, soit une mutation, des cellules

indifférenciées. Bonne nouvelle, incroyable nouvelle qui m'interpelle dans mon chemin de confiance. J'ai tellement de difficultés à imaginer que mon être est capable de surprendre la médecine d'aujourd'hui... Pourquoi, diable, suis-je toujours si prudente ? LE Souffle de Vie est là !
Ce mois, à chaque reprise du traitement, mon sang a perdu ses ressources de plus en plus vite. Mon oncologue accepte donc de baisser les doses de ma chimio journalière. Merci Docteur d'oser agir autrement que d'habitude !
De plus, peut-être pour pallier la baisse de la chimio, j'ai eu un traitement supplémentaire qui a abimé intestins, foie, énergie... patatrac, je suis retombée quelques jours « à la cave » ...

Et pourtant, ce mois encore, Gratitude, j'ai vécu de nombreuses renaissances lumineuses.
Pourquoi est-ce que j'oublie, quand je suis dans la nuit, que la lumière va revenir ?

Merci d'être encore mes compagnons de route, prenez soin de vous et recevez toute ma tendresse.

Écho de Philippe
Accompagner dans la durée

Juin 2014

Accompagner dans la durée mon conjoint malade, posté à la juste distance, prendre conscience de ce qui se transforme, voilà ce que je voudrais partager...

Comme Cécile, je suis heureux de te retrouver ami du « chemin de vie ». Tu lis son blog, il fait plus ou moins écho en toi. Je voudrais te remercier d'être un supporter du témoignage de ma femme. Il donne sens et relief à l'épreuve qu'elle traverse avec ce fichu cancer. De mon côté je partage quotidiennement la feuille de route de notre « malade », avec plus ou moins de facilité et de constance, mais je suis là, présent, depuis octobre 2011.

Lors de mes premiers témoignages je t'ai écrit sous le choc de l'annonce du diagnostic initial puis dans une période de réorientation de mon regard sur la vie. Maintenant, avec du recul, le temps fait son œuvre, la fourmi Cécile travaille et, les questions vitales éloignées, se pose la question de la synchronisation de nos vies dans cette période à durée indéterminée.

Comment s'organise-t-on pour tenir dans la distance ?
Le premier ingrédient dans la maladie est de visualiser et construire l'avenir en le bâtissant sur du neuf. Je suis convaincu que c'est en inscrivant une nouvelle histoire que l'on stimule la multiplication de nouvelles cellules. J'ai l'impression qu'en nous mettant en projet, nous créons un nouveau tissu de cellules physiques et psychiques, une nouvelle vitalité du corps énergétique. Concrètement nous avons des projets d'ampleur et d'autres plus modestes mais tous font sens ; de notre future maison qui va nous ressembler, à une nouvelle façon de démarrer la journée quand, pour moi, la communication remplace les informations...
Autre ingrédient : retravailler la cellule couple. Refonder le projet ce n'est pas une question d'âge mais d'envie. Cécile en est viscéralement convaincue et m'entraîne positivement dans cette mutation. Nous trouvons ce sens à deux, c'est la chance que nous saisissons.

Du coup qui accompagne qui ?
Comme le disait récemment un ami : « De Cécile ou toi, on peut se demander lequel des deux est le plus malade ? ». De toute évidence je me soigne en même temps que mon conjoint mais sur un autre plan, celui de la conscience. Notre approche en couple de la maladie nous offre ainsi une possibilité de transformation en tandem, assurément plus en harmonie.
Si le fait d'avoir des projets est essentiel, la nourriture de base au quotidien reste l'attention bienveillante à l'autre.
J'ai aussi saisi la chance de bien comprendre et de suivre le chemin médical de Cécile, d'être présent à chaque étape. J'ai pu comme elle développer l'empathie avec l'oncologue, la radiologue et avec ses médecins de

l'âme. Je ne connais pas tout, mais l'essentiel pour être réellement à ses côtés sur son chemin.

Alors, accompagner dans la distance ? Je me sens comme le « compagnon de cordée ». Quand la voie est facile j'ouvre, j'assiste mais pas plus. Quand elle se durcit il faut que je sois là, prêt. J'aurais pu fuir dans le travail, refuge crédible pour l'homme, j'ai choisi de muter dans une vie de plus grande attention à l'être cher.

Par ailleurs, la bonne posture est celle qui nous rend heureux, celle qui fait sens. Il n'y a aucune leçon à donner, juste témoigner. J'ai seulement un petit conseil utile : N'hésitons pas à nous faire aider nous-mêmes pour être présent à l'autre. L'expérience des autres, la bienveillance, les coups de mains, tout est bon à prendre.

Qu'est-ce qui m'est difficile ?

Au milieu des nombreuses contraintes imposées par la maladie, la perte d'autonomie de l'être malade me semble la plus lourde. Voir Cécile privée de sa liberté de travailler, d'aller et venir, est délicat pour moi. Sa perte d'énergie soudaine est une épreuve pour le « bien portant » que je suis. Certains jours, dans les moments de grande fatigue, c'est comme si nous prenions un gros « coup de vieux » ; énergie et rythme des anciens. Ensemble et pour elle, ralentir le pas, s'organiser pour sa sieste, écourter les dîners et soirées, être à côté de sa fatigue sans la porter... pas simple pour le bélier bondissant que je suis !

Il nous a fallu réinventer des rythmes et y trouver du plaisir tout en laissant place aux aléas.

Enfin ce qui m'est encore malaisé, c'est d'accepter la pudeur transgressée par ce blog qui met au regard quasi public une vie intime, la sienne, la nôtre. Pourtant force est de constater que le culot de Cécile quand elle s'exprime, est finalement beaucoup plus salutaire pour notre couple que le silence.

Qu'est-ce qui est joyeux ?
Notre chemin m'amène par son intensité et sa durée à rejoindre « l'Être ». L'action jaillissante d'hier fait place au jaillissement de l'être. C'est l'apport inattendu et positif de la maladie pour celles et ceux qui veulent et peuvent l'appréhender.
Perdre en qualité de vie active pour être dans une vie de qualité, plus sensible, écoutante, paisible. Devenir plus complices sans être fusionnels.
Au fond j'ai beaucoup de chance car Cécile est une battante qui est entrée dès le premier coup de gong du diagnostic avec l'orientation nette du « chemin de guérison ». Elle m'a embarqué, elle nous a embarqués avec les enfants puis plus largement vous tous, dans l'attraction de la « rage » de guérir. Nous apprenons que le sens de la maladie n'est pas dans ce qui s'explique mais dans ce qui est appelé à se transformer, sans tricher, vite et pour longtemps.

Pour conclure si Cécile est seule à porter sa maladie, nous pouvons cheminer ensemble, en couple. C'est être au rendez-vous de notre consentement de mariage, un chemin de foi, tout simplement...

Auparavant cette phrase m'interpellait : « Il est urgent d'aimer ! ».
Aujourd'hui je choisis d'écrire et d'habiter celle-ci, un peu plus douce : « Je prends le temps d'aimer ici et maintenant avec plus de consistance ; chaque jour est offert ».

Juin 2014
Lettre à France

Chère France,

Par cette lettre, pudiquement, j'aimerais te dire que ta présence est force dans ma vie et encore plus depuis que la maladie s'est imposée en moi.
Toi que je ne connais pas mais dont je regarde de loin le chemin car tu es la sœur d'une grande amie. Celle-ci évoque parfois et toujours avec tant de fierté la force de sa petite sœur. Elle nous raconte comment à chaque instant tu transformes un choc de vie en opportunité.
Permets-moi, surtout pour les lecteurs qui ne te connaissent pas, cette phrase brutale et pourtant réelle : À l'âge de tous les possibles, à quelques temps d'un mariage qui s'annonçait des plus heureux, ta vie a pris un tournant irréversible. Un accident de moto t'a laissée paraplégique sur le bord de la route.
Je ne sais comment j'aurais réagi à ta place mais depuis le premier jour de ma vie avec la maladie, tu es dans mon cœur et quand je flanche je m'accroche à l'idée que si tu as réussi à garder confiance dans la vie, à oser rêver et vivre tes rêves, alors pourquoi pas moi ?

Je me suis souvent dit : « Cécile avec tes deux jambes qui bougent, avance et savoure cette chance infinie d'une certaine liberté malgré tout ».
France, si parfois tu es fatiguée, dis-toi que c'est peut-être moi qui puise dans tes forces l'en-vie, l'envie, d'y croire alors même que d'autres auraient perdu la niaque nécessaire à tous traitements.

Je forme le vœu que tu sois aussi signe de vie pour les visiteurs de ce blog. Reçois mon merci, et même un merci de nous tous qui choisirons, un peu grâce à toi, le pari fou de vivre leur vie plutôt que de se rêver dans une autre vie.

Et pour eux voici un mot que tu as partagé lors d'une allocution pour le baptême du bateau *Imagine* et qu'avec ton accord je publie ici :

« On traverse tous dans la vie des tempêtes avec des creux plus ou moins forts et on le fait parce que derrière on sait instinctivement que se profilent des périodes de calme plat. Devant les coups du sort il n'y a pas trente choix possibles : Soit on ne lutte pas et durant toute sa vie on tourne en rond comme un poisson dans son bocal ou l'on se noie comme une guêpe dans un verre de vin ; soit on s'abandonne à la vie. Et sa vie, on la vit !

Certes ma vie n'était pas au départ celle que j'avais imaginée mais j'ai su m'adapter et composer avec elle. Et finalement, il me semble que je me suis construite à partir de difficultés ; chaque expérience, chaque obstacle devenaient pour moi une stimulation et me donnaient accès à une réserve d'enthousiasme incroyable.

C'est le sport qui m'a permis de me surpasser, d'aller de l'avant, de m'inculquer une discipline, que ce soit dans le tennis de compétition ou le ski alpin.

Tout cela m'apportait de l'adrénaline, une image de moi positive entrainant mes trois enfants dans mon sillage. Mais aussi des rencontres avec des gens exceptionnels de tous milieux que je n'aurais jamais connus. »

Je t'embrasse France. Merci d'être une lumière sur nos routes.

Cécile

Quelle est la fécondité de ce chemin qui s'impose à nous ? Voilà plus qu'une question, voilà la vraie récompense. L'unique. À nous d'oser la Confiance, le lâcher prise au Mystère.

Juin et juillet 2014

« La vie t'est donnée,
mais ne te contente pas d'être en vie »

Simone Pacot

Ami, si pour une raison de santé tu es resté chez toi ou à l'hôpital, sache que je t'envoie une douce tendresse. Sache aussi que tous les lecteurs du blog vont probablement avoir une pensée de soutien pour toi. En effet, possiblement et malgré ceux qui t'entourent, tu te sens peut-être, parfois, seul, abandonné par la vie, par Dieu…
« Mais qu'est-ce que j'ai fait au bon Dieu pour… ? »

Toi, comme moi, n'avons rien fait « au ciel » pour mériter ce que nous vivons. On le vit, c'est tout. Quelle est la fécondité de ce chemin qui s'impose à nous ? Voilà plus qu'une question, voilà la vraie récompense. L'unique.
À nous d'oser la Confiance, le lâcher prise au Mystère.

Cécile en juin et juillet... « ça déménage » au sens propre et symbolique.
Un déménagement : nous venons de quitter une grande demeure où nos enfants ont grandi, pour un petit appartement en attendant de pouvoir habiter dans une maison rénovée, plus petite. Chacun m'avait prévenue, c'est fatiguant de « bouger » son nid. Je peux vous le confirmer, mon corps n'a pas aimé cela et me l'a fait savoir par une terrassante fatigue.
Une ponction de moelle osseuse : le médecin qui m'a accueillie m'a fait attendre une heure vingt et pas un mot d'excuse. Je suis tendue, la première aspiration, je la subis, elle est éprouvante. Heureusement pour la deuxième seringue, j'ose lui demander (gentiment) d'aspirer plus doucement. En même temps j'entends ma petite voix intérieure crier : « Alliance ! Alliance ! ». Alors, instantanément j'imagine un cercle bienfaisant entre le toubib, la seringue et moi-même, un cercle vivant et circulant... Surprise, je n'ai rien senti, à peine une minuscule aspiration... Merci mes anges !

Et un bilan en trois étapes :
- Le scanner : « les nodules du foie ont grossi, celui du pancréas a diminué », bizarre me semble-t-il...
- Les marqueurs sanguins qui diminuent de 30 % : chouette !
- Puis l'octréoscan : « Madame, augmentation nette sur le pancréas ; sur le foie je n'ai pas regardé les coupes... vous verrez avec votre médecin de référence ». Boum... le choc... mine dépitée... alors le médecin s'adoucit et me dit « je vais aller regarder de plus près les images ». Dix minutes plus tard il me donne, avec un grand sourire, un constat nettement plus optimiste.
Mais pourquoi n'a-t-il pas pris le temps de vérifier l'ensemble des images avant de me donner le bon diagnostic ? ...

Au bilan global synthétisé par mon oncologue : Le cancer recule, l'intérieur des masses du foie se nécrose. Cécile, réjouis-toi… ! Gratitude !

J'y arrive à peine, j'ai besoin de votre aide…

J'ai encore si peur du « grand huit » car j'apprends en même temps que je vais avoir à m'adapter à un nouveau traitement, plus ciblé, qui évitera peut-être d'abimer mon sang si vite. Pour l'heure je continue ma chimiothérapie mais à dose « homéopathique » comme le dit ma *doc*… Ça tombe bien, si elle ne croit pas en l'efficacité de l'homéopathie, moi si.

Cher collègue de route, ensemble regardons à l'intérieur de nous-mêmes et posons-nous la question « Suis-je en train de prendre soin de moi (et donc aussi de mon environnement) ? ». Si c'est non, prenons d'abord le temps de s'accueillir impuissant, pauvre de ressources, de goût de soi-même et confions-nous au Souffle de Vie. Lui seul sait quelle est notre route.

N'oublions pas de regarder par la fenêtre l'oiseau qui vole, l'herbe qui pousse, l'enfant qui pleure ou joue au ballon, les feuilles des arbres qui ondulent sous le vent, la pluie qui nourrit la terre, les êtres qui nous sont proches. Regardons aussi notre main et tout ce qu'elle est capable d'effectuer sans se plaindre, avec grande agilité, en intelligence.

Nous sommes, dans un monde vivant, un Être vivant. Parfois bien mal en point, mais toujours avec une vie qui demande à circuler en nous.

« La vie t'est donnée, mais ne te contente pas d'être en vie » (Simone Pacot).

Je t'embrasse ami, amie, lecteur, lectrice. Que le soleil d'été soit l'occasion de vivifier ta lumière intérieure.

*Leurs mots me font rougir, respirer,
pleurer de joie, mieux me comprendre,
mais aussi ils me bousculent, me titillent.*

Août 2014

En août 2012 et août 2013, trêve du mois d'été oblige, vous n'aviez pas reçu ma traditionnelle petite *news*. Août 2014 j'ai eu envie de vous proposer une formule différente. Pour ce faire, j'ai proposé à quelques personnes, ayant passé plusieurs jours près de moi, d'écrire un petit texte sur, selon eux, « Cécile en août ». Qu'ils reçoivent un immense merci pour s'être prêté à l'exercice. Leurs mots me font rougir, respirer, pleurer de joie, mieux me comprendre, mais aussi ils me bousculent, me titillent. Dans tous les cas, ils sont tendresse émouvante, vivifiante. Gratitude.

À vous de nous dire si leurs partages vous apportent une vision complémentaire de mon chemin de vie…

Vous pourrez lire dans l'ordre d'apparition durant mes vacances : Thierry, un ami ; Blandine, une sœur (nous sommes sept dans ma fratrie) ; Eliot, mon fils ; Charlotte, ma nièce ; Marie, sa maman, une belle sœur du sud.

Cécile en août par Thierry S.

Cécile en août, c'est d'abord un sourire et un regard comme je n'en avais pas vu depuis trois ans, voire davantage, pleins de vie et de joie, pleins d'envie et de lien. Joie et liens exprimés, par exemple, dans la danse ou lors d'un « apéro-bateau » sur l'eau turquoise du fond de la baie. Merci pour cette porte ouverte sur l'espérance.

Cécile en août, c'est aussi des larmes. Comme je passais à l'improviste chez eux le jour de digestion de son cachet de chimio, je la trouve en pleurs, mais même ceux-ci n'étaient pas empreints de désespoir, de souffrance certes et probablement d'une certaine angoisse. Je la cite : « J'ai comme l'impression que l'on va me taper dessus, enfin pas vraiment, mais que ça peut arriver ». Il est écrit quelque part : « Tu enfanteras dans la souffrance ». Sans doute, mais ce n'est pas une raison pour aller la chercher et pourtant c'est parfois nécessaire. Comme ce foutu cachet qui est une souffrance immédiate pour un bien dans la durée. Choisir sa voie. Merci pour cette porte ouverte vers l'espérance.

Cécile en août, c'est la joie qui éclate à nouveau deux jours après la mauvaise journée de traitement car la voilà au trapèze de mon 470 hors d'âge avec cette sensation de voler sur l'eau, entre mer et ciel. Émotions retrouvées des sorties sur le lac des vacances de son enfance. Le corps et l'esprit ne font qu'un pour créer et participer à cet instant de joie.

Cécile, c'est aussi ne jamais oublier la vigilance, le réel. La voilà qui cite les dangers de la toute-puissance car elle tente de se préparer aux nouveaux moments difficiles. Ne pas opposer plaisir et souffrance. Nous sommes là pour réunir les deux dans ce qui s'appelle la vie. Merci encore pour cette porte ouverte vers l'espérance.

Cécile en août par Blandine M.

Bienvenue Cécile pour ton escapade « racines familiales » dans nos montagnes.
Je te retrouve aux commandes de tes moulins : celui qui tourne sans cesse dans ta tête, celui à bonnes paroles, jusqu'au moulin à moudre le grain.
Quoi qu'en dise la chanson, Cécile la meunière, tu ne dors pas, bien au contraire.
Ton Moulin à penser… Il t'encombre celui-là... « Comment faire pour l'arrêter ? » Me dis-tu.
Oui Cécile, comment peux-tu arrêter un moulin alors que tu l'alimentes sans cesse ? Tu orientes tes pales vers la lumière, tu attrapes le vent chaud de l'Amour et en plus, tu as du mal à garder le pied sur le frein de tes pensées ! Tu lui donnes à moudre des baies arc-en-ciel : rouge-coquelicot, orange-chaleur, jaune-lumière, vert-nature, bleu-horizon, indigo-écriture, violet-spirituel... et même des baies noires, « baignoire ? », pour que l'on puisse te couvrir de tendresse.

Chacune a sa mission : Amour, échange et créativité, pensées douces ou pimentées… De la petite baie à la grosse graine, de la jeune et moelleuse à la plus ancienne et complexe, jusqu'à celle qui bloque la roue et qui demande aux autres couleurs de la dissoudre. « Mais quand cela s'arrêtera-t-il ? » me dis-tu… Comment peux-tu arrêter ta recherche si elle t'habite et te passionne, Cécile ?
Parlons aussi de ton Moulin à farine : Tu as envie de réduire « Le cachet » en cherchant La bonne dose qui te va bien. Ensuite tu le dissous en toi afin que chacune de ces micro bombes (l'expression vient de toi) atteigne les mauvaises cellules de ton corps pendant que tu cherches à nourrir les bonnes cellules.

Tu as aussi ton moulin à moudre le temps en petits instants de vie à croquer. Temps thé-papote, temps pour rire ou pour pleurer, temps pour dormir, méditer, balader, grignoter. Temps de la prospection, de l'introspection, propositions et autres questions... C'est un temps dynamique pendant lequel on se régale de petits riens.... Et du grand Tout ! Ouf !

Qui a l'audace de penser que Cécile ne fait rien ? Je crois qu'il n'y a que toi, Cécile, qui le crois.

Tes moulins sont à la croisée de trois présents de la Vie : le souffle, la graine et toi la meunière. Ce trio transforme la matière en Énergie, Grandeur et Lumière... Bénissons ce cadeau qu'il nous est donné de recevoir.

Merci la meunière !

Et si, à l'approche de la nuit, tu réduisais la voilure pour te reposer un peu ?

« *Maman en août* » *par Eliot H.*

Bonjour à tous et à toutes, ici Eliot. Pour la première fois je prends la parole en direct, au nom de nous quatre, pour maman, Cécile.

Parler de maman en août, que du bonheur ! Maman en août c'est déjà maman en Corse, et dès qu'elle a l'équation soleil, mer, transat, relax, elle est au top. Mais en plus de cela, de mon point de vue qui je pense est partagé par elle, ses cachets sont relativement bien passés. Dès qu'elle est assez en forme pour avoir envie de sortir de son lit en pleine nuit pour vérifier que j'y sois bien en train de faire de beaux rêves, là je sais que maman va bien. En effet, même à dix-sept ans, parfois je rentre trop tard à son goût !

En me lisant vous allez penser que j'essaie de vous rassurer et me rassurer car, certes elle est toujours malade, mais elle tient le coup et le cap très bravement.

Mes sœurs, voyageant aux quatre coins du monde, ne vivent pas cette expérience familiale du même point de vue que moi je pense. C'est pourquoi je me suis chargé de vous faire part de la santé physique et morale de maman.

Merci à vous tous de la lire et parfois de lui faire des commentaires ou lui envoyer des mails qui lui font le plus grand bien.

Cécile en août par Charlotte H.

Cécile, ma chère tante, tu as toujours été pour moi une de ces femmes que l'on écoute avec attention du fait d'une présence marquante et d'un charisme épatant...
Une femme calme et sereine mais aussi forte et exigeante. Diplomate par ses nuances dans sa façon de communiquer les choses, de conseiller, questionner et transmettre. Cela ne t'a jamais empêché de te positionner clairement par rapport à tes choix, tes valeurs et tes désirs, quelque peu têtue de ce fait, me semble-t-il ! Je te percevais également confiante, sûre de toi, de tes capacités et de ton potentiel. Mais aussi parfois quelque peu distante, une distance qui me semblait enlever de la simplicité et du naturel à l'échange...
Et cet été, quel regard ai-je posé sur toi... ?
Pour moi tu n'as pas changé, en apparence en tout cas ! J'imagine bien qu'à l'intérieur tu n'es plus la même... Toujours élégante, ton regard profond, tes cheveux si beaux, combien cela a dû être dur de les perdre, ta voix toujours posée et calme. Je n'ai pas senti le moindre poids en toi, si ce n'est peut-être un sourire moins présent et

des sautes d'humeur, ou du moins de légers agacements, plus fréquents qu'auparavant... me semble-t-il.

Certes, on discerne bien en toi la frustration face à un emploi du temps calqué sur les prises de tes cachets et des effets secondaires qu'ils engendrent. Tout cela doit être fort contraignant, énervant, frustrant pour une femme si dynamique que de vivre au rythme d'un traitement imposé.

Par rapport à ton caractère, peut-être ai-je ressenti un peu moins de confiance, mais en tout cas toujours autant de force, de persévérance et d'entêtement, qui sont devenus, dans ta nouvelle vie, indéniablement de réelles qualités. Ta capacité à t'intéresser aux autres est bien toujours présente, mais peut-être es-tu maintenant un peu plus centrée sur toi ?

En fin de compte, si je n'avais su que tu étais malade, certainement que je ne m'en serais pas rendu compte et me serais seulement dit « elle est un peu pénible avec son régime alimentaire... » !

Pour t'avoir lue mois après mois, je sais que ton adaptation à ta nouvelle vie a été progressive, mais tu y es parvenue me semble-t-il, et bravo pour cela. Bravo pour trouver également la bonne posture pour être respectée et respectable avec ta maladie. Tu as toujours, entre autres, la bonne nuance entre se plaindre un peu, mais juste assez pour trouver du réconfort et informer de ce que tu vis et pas de trop pour écraser et culpabiliser ton entourage. Je t'admire pour cela.

Cécile en août par Marie H.

Cécile, ma chère belle-sœur, tu as toujours été pour moi quelqu'un de confiance et de rassurance. Ce que je ressens quand je suis à tes côtés sont des énergies qui circulent et qui font du bien. Nous avons vécu des choses similaires et tu as toujours trouvé les mots justes pour apaiser mes angoisses et mes doutes. On ne se voit pas très souvent mais chaque fois que cela arrive je ressors boostée des moments passés à tes côtés.

Tu es une femme merveilleuse, jolie, mais à l'intérieur que je n'ai jamais rencontré une personne avec une force comme la tienne. Autour de toi on sent les gens heureux. Tu nous amènes à nous exprimer sans jamais juger. J'admire la femme, l'épouse et la mère que tu es. J'avais le sentiment que rien de grave ne pouvait t'arriver...

À l'annonce de la maladie je me souviens m'être dit : « non, pas Cécile ». Pour moi c'était impossible car tu représentais la force, l'exigence et la beauté que rien ne pouvait ébranler.

Cet été, j'ai retrouvé la Cécile d'avant à qui on a envie de dire : « tu es guérie » ! Tant tu es toujours aussi belle. Rien n'a changé en toi aux premiers abords.

C'est toi Cécile qui nous accueilles avec ton beau sourire et tes grands yeux bleus. C'est toi Cécile qui nous emmènes à la plage, qui tous les matins par nager, qui m'apprends à manœuvrer le kayak en mer, qui m'apprends à me détendre lors d'une séance de yoga, qui m'as écoutée et conseillée quand je te l'ai demandé, qui mets tout le monde à l'aise dans la maison, qui es si élégante, positive et en même temps exigeante envers toi-même... Et pourtant, c'est toi Cécile qui as un cancer et qui ne te plains jamais. C'est toi Cécile dont le cerveau n'est jamais au repos et qui combats avec force, qui écoutes ton corps face aux traitements et sais quitter la table avant les autres pour aller dormir et qui nous dis bonsoir avec le sourire... C'est pourtant toi qui ne dors pas très bien.

Enfin paradoxalement c'est toi qui nous mets à l'aise face à la maladie !

C'est MOI Cécile qui suis toute petite devant toi et qui prends une belle leçon de vie. MERCI.

Déprime ou joie de vivre ?
Il me semble surtout passage en trois étapes,
toutes aussi importantes les unes que les autres :
mourir, ressusciter, vivre... mourir, ressusciter, vivre ...
cercle vertueux à répéter jour après jour.

Septembre 2014

Ce mois-ci, je retarde le moment de vous écrire car je rechigne à avouer ma baisse de moral. Attention je n'évoque ni déprime ni dépression, seulement des « coups de déprime ». Vous les partager me demande de lâcher beaucoup de pudeur. De plus, j'ai peur que mon humeur soit contagieuse pour mes compagnes, compagnons de parcours santé. Est-ce le cas ? Au bout du compte, ayant toujours voulu être honnête avec vous, voici comme chaque mois ma *news* écrite autant que possible en vérité.

Tout d'abord, rassurons-nous, début de mois mon état général est bon. Le Professeur parisien, rencontré le onze septembre, m'a plutôt ouvert une fenêtre que fermé une porte... Notre vie dans un nouvel appartement se passe bien. Les enfants vont bien. Chaque jour je me réjouis de pouvoir être si bien soignée.

Alors que se passe-t-il ?

Tout d'abord, avec de bonnes ou mauvaises raisons, nous avons tous le droit (le besoin ?) de ne pas toujours être « au top », de fatiguer, de paniquer, de lâcher prise... de regarder seulement les épines des roses.

Ensuite, mon rendez-vous à Paris m'a beaucoup stressée, c'est peu de le dire. Je me suis demandé : le Professeur va-t-il regarder mon dossier avec dans le regard : « ma pauvre dame, on ne peut rien faire pour vous... » ou « mais pourquoi n'êtes-vous pas venue plus tôt, maintenant il est trop tard... » ou encore « voilà la suite (pour vos traitements) et ça va être très éprouvant ». Et si un petit coin de moi pensait aussi : « peut-être a-t-il une solution miracle » j'avais quand même peur, peur d'être déçue, rejetée ?

Mon mari et moi portions des inquiétudes légitimes en arrivant à Paris. Heureusement mon oncologue m'avait dit « appelez-moi dès que vous le pouvez pour me raconter votre entretien ». Par cette phrase toute simple, elle me disait (sans probablement s'en rendre compte) « quoi qu'il arrive, je suis encore là pour vous, je ne vous en veux pas d'aller à Paris, moi aussi je me demande ce que le spécialiste français, de réputation internationale, va dire de votre "dossier" et donc, va exprimer de mon travail avec vous... »

Nous avons rencontré un homme très humain, mon dossier déjà étalé sur son bureau, l'ordinateur ouvert à mon nom. J'étais attendue : ouf ! Première détente.

Suffisamment doué pour tout comprendre à demi-mots, il me pose peu de questions et m'observe de son regard en coin. Il veut probablement savoir qui je suis (personnalité, environnement, soutiens, état général) avant de me proposer son choix de traitement. Il commence par me demander « comment allez-vous madame ? Parlez-moi de vous » puis par poser des constats comme : « Je n'ai jamais vu un tel type de cancer, je connais la famille de votre cancer mais pas ce cancer. » Il ajoute : « vous réagissez incroyablement bien aux traitements. »

Au passage, je perçois le bravo à mon oncologue qui a eu l'intuition de la bonne façon de me traiter et confirme que tout ce que je fais, en plus de la médecine allopathique, est très utile. Il observe mon hypertension portale, la taille des nodules. Mon mari voit combien il cherche une solution possible pour moi et après une bonne demi-heure d'échange, il conclut : « ce soir, on va discuter de vous en réunion. Je vous tiens au courant ». Dès le lendemain il tient parole et m'appelle pour me proposer ma feuille de route. Elle commence par une série d'examens afin de tester la possibilité d'une chimio ciblée et seulement ensuite, on discutera peut-être d'une possible opération... me dit-il, voilà une fenêtre qui s'entre-ouvre.

Vous vous en doutez, je reste prudente. J'ai toujours entendu que je ne suis pas opérable alors pourquoi le deviendrais-je ? Le Professeur m'a répondu : « Ici, nous sommes spécialisés, nos chirurgiens font des miracles... ». Une amie m'a rappelé que « Dieu a besoin des hommes pour faire ses miracles... » alors qui sait ? Et avec vous tous qui œuvrez dans ce sens, qui le demandez pour moi, il va peut-être finir par arriver !

C'est une position très inconfortable de ne pas savoir si on peut se réjouir ou si on a encore plus peur. Je me sens seule, peu de personnes comprennent cette ambivalence et peuvent m'y rejoindre. Alors que mon environnement se réjouit de cette ouverture, mes coups de déprime de début de mois reviennent. Mon corps pleure des larmes que je n'ose sortir. À ce moment-là peut-être monte-t-il en pression provoquant ce qui va suivre trois jours plus tard... ?

Effectivement, soudainement, un samedi après-midi mes varices œsophagiennes se remettent à saigner. Direction les urgences du CHR où je vais passer trois jours avant un transfert à la clinique où mon oncologue me suit. J'y reste cinq autres jours. Bilan, en huit jours : trois interventions dont deux sous anesthésie générale, deux poches de sang transfusées. Une immense fatigue générale et la déprime qui continue donc à pointer régulièrement son nez. Heureusement Philippe veille.

Je suis une personne « à haut risque » me dit-on aux urgences, oh comme cette phrase m'alourdit ! Je vis cette semaine comme un funambule sur son fil, tomber à droite, à gauche ou arriver à la plateforme d'en face ? C'est quoi cette vie ? Je n'en veux pas !

Vais-je me laisser envahir par l'inquiétude ou prendre le temps de me rappeler :

Une belle lumière sur la route : au moment de recevoir les poches de sang, je remercie à haute voix, mes donneurs (vous peut-être ?) : « Merci pour votre sang, vous avez pris de votre précieux temps pour moi, pour nous les malades, merci. Je me mets en alliance avec vous afin que nos sangs se mêlent et s'associent au mieux pour l'amour de la vie ». L'infirmière surprise me dit « En quinze ans de carrière vous êtes la première à remercier les donneurs ! » Je lui réponds : « Oh, les autres le font certainement dans le secret de leur cœur, moi je suis une grande bavarde ! » mais son sourire me fait plaisir.

Un grand courage sous forme de détresse : lors de ma première nuit à la clinique, il m'a fallu reconnaître ma vulnérabilité et demander aux infirmières de nuit de passer me voir avant la fin du fameux « tour ». « J'ai besoin de dormir vite », leur ai-je dit... sèchement, elles m'ont dit « Attendez votre tour, la dernière du couloir ». Accrochée à mon pied de perfusion, je me suis assise dans le couloir, près d'elles, toute recroquevillée avec quelques sanglots de fatigue qui s'échappent. Imaginez la scène, avec du recul, c'est drôle ! Merci à elles qui finalement se sont adoucies. Merci aussi au médecin de garde de ma semaine là-bas, une femme qui m'a beaucoup écoutée et suivie de près. Merci à ses enfants de tant nous la prêter.

Mon petit cadeau de la semaine : elle s'appelle Lima, a vingt-quatre ans et étudie en sixième année de médecine. Elle fut ma compagne de chambre d'urgence. Renversée par une voiture alors que, piétonne, elle se dirige vers le métro. Lima a toujours gardé le sourire, la délicatesse, la douceur, l'espoir... même quand son état s'est un peu compliqué. Petite cerise sur le gâteau, comme moi elle n'aime pas la télévision et se couchait tôt en prévision des multiples réveils nocturnes en service d'urgence... Merci Lima, je te dédie cette *news*, tu es espérance et positivisme.

Et mon grand cadeau : l'arrivée de notre aînée qui a pu se libérer de son engagement humanitaire pendant une semaine. Après huit mois d'absence, elle a pu vérifier comment « maman va bien » ?... Avec son frère et ses sœurs, leur père, ils se sont relayés durant mon hospitalisation pour me faire rire, pleurer d'amour, chanter le courage qui revient.

Alors, déprime ou joie de vivre ? Il me semble surtout passage en trois étapes, toutes aussi importantes les unes que les autres : mourir, ressusciter, vivre... mourir, ressusciter, vivre ... cercle vertueux à répéter jour après jour.

Et si ces mots vous font peur, voici la phrase d'un médecin lecteur du blog* :
« Une personne guérie n'est pas une personne revenue à la case départ (comme voudraient nous le faire croire nos études de médecine) mais une personne nouvelle qui a connu un déséquilibre avant de parvenir à un équilibre nouveau plus satisfaisant pour elle-même et malheureusement pas toujours stable. »

À bientôt cher Lecteur, tu m'es précieux, pour tes proches aussi et plus que tu ne le crois. Gratitude.

* Retrouvez la passionnante et complète lettre du Docteur Xavier C. dans les « Témoignages ».

Août 2014
Réponse d'un médecin à ma lettre ouverte

Bonjour Cécile, bonjour Philippe,

Tout d'abord merci infiniment de tous vos témoignages, de leur précision, tantôt tranchante et glaciale comme savent le transcrire, les porteurs de maladies graves, tantôt réconfortante mais toujours décapante, émouvante de sincérité et d'honnêteté.

Oui, merci à vous et merci aussi à Philippe qui vous accompagne et a accepté de rentrer dans cette grande machine à laver qu'est ce blog. On y entre, on y tourne, on se cogne, on y prend des coups ; on entre dans une intimité qui n'est pas la nôtre mais qui va le devenir, qui pourrait nous croire voyeur mais qui nous implique trop pour qu'on en reste là sans se laisser emporter dedans en entier et enfin lâcher prise nous-mêmes, lâcher nos certitudes, ces faux remparts en qui nous avons tant confiance et qui se fendillent ou se dérobent à la moindre turbulence.

Finalement à travers ce blog, vous nous permettez de faire notre propre chemin à nous qui ne connaissons pas grand-chose à ces grandes turbulences de la vie et par là-même les appréhendons terriblement sitôt qu'on essaie d'y réfléchir.

Votre travail à vous toute seule est déjà énorme, mais la complicité-dualité avec votre mari rend ce blog encore plus large et permet de nous toucher tous, au plus profond de nous-mêmes. Car si nous ne sommes pas tous malade ou que nous ne nous sentions pas comme tel, nous sommes tous plus ou moins le compagnon ou l'accompagnateur d'un moins fortuné que nous. Et comme j'ai pu le lire quelque part dans votre blog, mais qui est le malade ? Qui accompagne qui ? Et l'on pourrait continuer, c'est quoi la maladie ? C'est quoi la guérison ?

Etant moi-même médecin, je vais y rentrer et réagir par la porte qui me parait la plus facile : votre *lettre aux médecins et aux autres*.

Quelle émotion et quelle peine en lisant cette lettre. Bien souvent nous pensons faire bien et nous faisons mal ou pas bien ; et quand nous faisons mal, quel mal nous faisons ! Jamais nous ne pourrons l'imaginer. Sauf le jour où nous passerons de l'autre côté de la barrière !

Quel dommage que nous n'ayons pas la formation institutionnelle (la fac) pour pouvoir faire bien ou au moins pas trop mal sans attendre d'être soi-même le principal concerné. Mais surtout quel dommage que nous ayons si peu, nous les médecins, le goût de nous former par nous-mêmes à ce genre de difficultés que sont l'annonce d'un diagnostic, le suivi des patients dans des situations difficiles. Il est pourtant évident pour tout le monde aujourd'hui (mais assez peu pour nous les médecins), qu'il ne suffit pas de savoir quelque chose pour savoir automatiquement comment le communiquer et faire passer au mieux le message. C'est encore plus évident quand le message est compliqué et encore plus lorsqu'il est chargé d'affectif. Or d'affectif, l'annonce ou le suivi de la maladie en est rempli puisque même sans empathie aucune de la part du médecin (ce qui je l'espère est tout de même peu fréquent) l'un et l'autre seront bousculés par le discours et les réactions de l'autre. Le patient par le médecin, le médecin par le patient ou son entourage.

L'empathie ne suffit donc pas, loin s'en faut. Une formation est indispensable. Et non pas une formation pour apprendre des recettes de cuisine de la bonne communication (ce qui en soit serait déjà un bon début) mais une formation sur soi, pour se connaitre mieux. Pour connaître ses forces, ses satisfactions, ses motivations mais aussi ses faiblesses, ses propres lignes de fractures, ses peurs, ses trous noirs, ses ambiguïtés, ses incohérences qui ressurgissent toutes lorsque l'émotion nous gagne et rend le discours confus, ou alors cassant lorsque les digues de notre protection résistent.

Et c'est là que votre blog devient une mine d'informations pour le médecin et l'homme que je suis ; de bonne volonté mais imparfait, incomplet, bousculé par des horaires, pressuré par les « bonnes conduites » qui fait de la médecine un grand marché du prêt-à-porter là où elle devrait être du « sur-mesure permanent » ou par la jurisprudence qui nous rend craintif, prudent et toujours sur la défensive...

Votre blog et toutes ses réactions montrent combien la médecine n'est pas un commerce comme on voudrait nous le faire croire avec ses recettes, ses permis et ses interdits mais bien une affaire d'individu à individu, chacun d'eux « global et entier » et non pas d'un pur esprit désincarné (le médecin) vers un corps (le patient). Le médecin n'étant là que comme sachant et distributeur de traitement envers un corps, sorti de la norme puisque malade et totalement dépourvu d'esprit et de culture ou pourvu d'un esprit mais sans intérêt pour soigner ce corps.

La vision holistique dont vous parlez me paraît capitale pour cheminer et non pas guérir au sens où nous l'entendons tous mais qui est impossible. Une personne guérie n'est en effet pas une personne revenue à la case départ (comme voudraient nous le faire croire nos études de médecine) mais une personne nouvelle qui a connu un déséquilibre avant de parvenir à un équilibre nouveau plus satisfaisant pour elle-même et malheureusement pas toujours stable. Elle a vécu des douleurs, des incertitudes, des angoisses, des joies, des déceptions, des espoirs que vous décrivez si bien et qui ne peuvent pas ne pas laisser de traces pour vous, et grâce à votre blog à tous ceux qui vous lisent.

C'est dommage qu'il faille toujours de grands bouleversements pour arriver à sortir de soi-même et donner le meilleur de soi. Et c'est ce que vous faites au travers de votre blog où vous vous donnez totalement.

Là où l'on pense que vous devriez recevoir, c'est vous qui donnez et qui nous remuez dans nos certitudes, dans notre univers fermé de notre soi-disant bonne santé. Vous faites sauter les cloisons que nous avons tendance à ériger si facilement, surtout lorsque ça ne va pas. Vous nous montrez que tout va mieux lorsqu'on ouvre les fenêtres, qu'on parle, qu'on échange. Finalement qu'on est plus fort à plusieurs lorsqu'on partage en vrai, sans frime, sans esbroufe et en confiance. Et même peut-être pas forcément toujours en confiance puisque votre blog est ouvert et que vous ne connaissez pas tous vos interlocuteurs. Finalement vous donnez. Vous donnez sans compter et sans connaître les cibles et c'est sans doute ça qui vous libère et nous permettra à nous de comprendre des choses que nous n'aurions jamais pu comprendre ni même imaginer.

Merci, grâce à vous je trouve de bonnes raisons pour continuer à réfléchir sans attendre qu'adviennent les moments difficiles et de travailler sur moi pour mieux me connaitre et être le plus à l'écoute possible de mes patients. Je voudrais également essayer à mon tour d'arriver à donner sans forcément étudier la cible.

En vous écrivant, il me revient une petite phrase lue récemment que je souhaite poser là : « la souffrance n'a pas de sens mais elle donne un sens à ce que nous pouvons devenir dans la maladie ».

Xavier C.

*Je me sens à la fois fragile et solide.
Il y a trois ans, j'étais ou l'un ou l'autre.*

Octobre 2014

Cher lecteur, lectrice,

Je suis désolée car ce mois-ci je n'ai pas su répondre à tous ceux qui se sont exprimés d'une façon ou d'une autre. En effet, après un mois de septembre compliqué, le mois d'octobre a aussi apporté son lot de difficultés. Mon seul objectif a donc été d'accompagner mon corps physique vers un mieux, ne pas trop me fâcher avec lui, appeler sans relâche la tendresse de vous tous et ressentir celle du Divin, afin d'accélérer ma mutation et une remise en état rapide ! Avant de revenir sur cet épisode douloureux, que j'aimerais oublier, rappelons-nous…
Ce mois-ci je suis en période anniversaire. Voilà trois ans que je cohabite, en conscience, avec le cancer et indéniablement je ne suis plus la même.

J'appréhende plus en vérité MON cancer. J'accepte de constater qu'il est très méchant car il a le pouvoir de m'embarquer dans la tombe, mais qu'il est aussi très gentil car finalement il a obéi à tout l'arsenal de soins et d'accompagnement que j'ai intégré afin de lui donner envie de fuir. Si le « crabe » s'accroche encore, rien ne dit qu'il aura le dernier mot de sitôt. J'affronte mieux ma réalité de vie. Attention, le mot cancer me terrorise encore, je hais cette réalité d'avoir un cancer si lourd et pourtant ma vie, tout en s'étant rétrécie, car je me repose beaucoup, s'est élargie, un peu comme l'Univers qui, tout en se dilatant, garde la même taille.

Ces trois années ont été, par périodes : difficiles, douloureuses, paniquantes, usantes mais aussi heureuses, presque « normales » : sportives, détendues, voyageuses, surprenantes... Mon être au monde a évolué. Mon « socle » est plus solide, j'accompagne mon corps physique avec plus de souplesse et, paradoxe difficile à expliquer et pourtant fondamental : je « lâche » la tension de vouloir vivre tout en étant plus vivante. Je me sens à la fois fragile et solide. Il y a trois ans, j'étais ou l'un ou l'autre.

Je suis en lien avec tellement plus de personnes qu'avant. Ce blog me plonge dans l'espérance avec et aussi pour vous tous.

Ma vie spirituelle a une base plus concrète. L'image que j'aime utiliser est la suivante : Avant, je croyais que la rose avait une belle senteur mais mes narines étaient bouchées, maintenant, parfois, mes narines s'ouvrent et je sens le mystère de la rose... cela devient du vécu... et change tout.

Trois ans et mon cadeau d'anniversaire fut rude à digérer. En fait, ce mois d'octobre lors d'une hospitalisation programmée pour une chimiothérapie ciblée dans le foie, j'ai de nouveau fait une hémorragie digestive, malheureusement bien trop vite après celle de septembre... « Aïe aïe aïe » !

Pour ceux qui ne connaissent pas la chimiothérapie ciblée, voilà comment elle s'est passée pour moi : sous anesthésie générale, le radiologue interventionniste passe ses instruments par l'artère fémorale, remonte jusqu'au foie (mille bravos) injecte de la chimio directement dans la métastase qui faisait déjà dix centimètres, puis colle l'artère juste avant la lésion afin qu'elle ne soit plus alimentée de sang et se nécrose. Je peux vous dire que mon corps n'a pas aimé, il s'est enflammé, il a gonflé, comme brûlé de l'intérieur, mon foie est hors circuit mais il paraît que c'est bon signe !

Six jours après l'intervention j'aurais pu rentrer chez moi, mais alors que l'éminent professeur m'assure que, suite à ce soin, je ne ferai pas d'hémorragie, le soir même mes varices de l'estomac crachent leur sang. Nouveau passage au bloc, en urgence, nouvelle fatigue générale immense... et c'est peu de le dire ! Désolée professeur vous avez pu constater, une fois encore et comme vous le dites, que « Cécile » est une spéciale. Finalement pour la suite de mes traitements, c'est aussi bien que vous en ayez eu une nouvelle preuve puisque selon l'adage : un homme averti en vaut deux.

Et pourtant en conclusion j'ai envie de dire merci à la médecine car il était urgent d'intervenir sur le foie ; merci à l'hôpital Beaujon (à Paris) car malgré des conditions hôtelières effroyables de vétusté, le sourire est sur presque tous les visages. Ma palme revient aux anesthésistes (médecins, infirmiers) ils ont été formidables avec moi. Si vous devez vous y faire soigner, allez-y en toute confiance mais surtout restez-y le moins longtemps possible. Bizarrement ma fièvre est tombée dès mon retour chez moi. Dans cet hôpital, ma chambre lilliputienne me rendait claustrophobe et déprimée.

Novembre devrait être calme. J'ai envie d'y croire, de continuer à espérer. Si je mérite de souffler, ma famille encore plus. C'est éprouvant une maman, une épouse, qui « plonge » deux fois de suite.

Voilà trois ans que vous m'accompagnez de plus en plus nombreux, que certains d'entre vous mènent le même « parcours santé », trois ans qu'ensemble nous voulons regarder la vie comme elle est, c'est-à-dire vivante. Gratitude. Gardons le sourire.

Je vous embrasse de toute ma tendresse. Avançons doucement vers Noël, rien ne sert de se presser, tout arrivera en temps et en heure. Confiance.

*Voilà trois ans que je cohabite,
en conscience, avec le cancer et indéniablement
je ne suis plus la même.*

Quatrième année

Oui, assez souvent les « non malades » ne se rendent pas compte de l'énergie que nous avons à mobiliser pour « affronter » le monde ou tout au moins, aller à sa rencontre, et dire, comme Nicolle Carré, un oui à la vie.

Novembre 2014

« Je sens en moi que la seule chose importante est de dire oui et de reprendre sans cesse ce "oui" pour ne plus devenir que oui à la vie. Nous pouvons être oui les uns pour les autres, être oui à la vie par le oui des autres. »

Nicolle Carré

La phrase ci-dessus, je vous l'offre à tous car vous êtes mes « oui » à la vie et je dédie cette *news* à tous mes « ex » patients comme à mes amis qui ont une maladie en eux.

Côté médical, novembre fut à la hauteur de mes espérances, calme. Juste une toute petite anesthésie pour une fibroscopie. Mon oncologue pensait devoir intervenir sur mes varices œsophagiennes, d'où l'anesthésie, mais finalement elle n'a pas eu à le faire. Youpi !

Est-ce pour autant que le mois fut doux ? Oui, le plus souvent mais pas toujours. Moins occupée mais toujours aussi fatigable, c'est mon moral qui flanche parfois.

J'aimais tant prendre du temps actif pour ma famille ou aller à mon travail, au sport ; J'aimais aussi mes sorties entre amis, au cinéma ; Mes escapades... En novembre je fus confrontée au « j'ai du temps pour tout ce que j'aime mais je n'en n'ai pas les ressources physiques. Ce cancer me bouffe le corps et mon énergie, je suis à la traîne, dépendante, ma vie est au ralenti ». Mon humeur est en creux, déprimante.

Un exemple : samedi soir, nous sommes invités chez des amis, petit repas me dit-on, je traduis peu de personnes, calme. Plus que ravie, enchantée j'accepte. Je me prépare en restant bien au calme toute la journée pour m'économiser, le soir je me fais belle. Enfin un samedi soir « comme avant » mais avec mon mari, si heureux lui aussi, quelle ne fut pas notre surprise en arrivant de découvrir que nous allions être dix autour de la table, la peur monte en moi.

Ceux qui sont sur un parcours de santé savent combien certains lieux, comme certaines rencontres, peuvent être très fatigants pour nos corps fragiles. De même que les sujets abordés par les uns et les autres bousculent régulièrement nos âmes sensibles ou encore que la bonne santé des êtres, que pourtant nous aimons, devient agressante.

Le déroulement de cette soirée, où j'allais le cœur si enthousiaste, commençait à me plonger dans les ténèbres. Heureusement mon instinct a finalement réagi et c'est au moment du fromage que je pris soin de moi : les larmes aux yeux, à très haute voix pour être au-dessus du brouhaha, j'ai partagé : « Je suis désolée, le niveau sonore autour de cette table est invivable pour moi. Soit je rentre chez moi, soit vous parlez moins fort... » Ce que chacun a fait. Mes amis, vous m'avez fait ce cadeau-là. Gratitude.

Le lendemain, la vie m'offre une autre belle surprise lorsque je croise « par hasard » un des convives. Il me dit : « Hier ce dut être une soirée difficile pour toi, j'en suis bien désolé, mais tu sais, Cécile, cela ne se voit tellement pas que tu es malade, on oublie de faire attention... tu as bien fait de nous le rappeler ». Merci l'ami, tu as apaisé profondément mon cœur si triste d'être « différente ». Indirectement tu m'as rappelé que c'est une grande chance de garder, malgré le cancer, un physique en bonne santé, agréable ! Louange. Humeur joyeuse.

Oui, assez souvent les « non malades » ne se rendent pas compte de l'énergie que nous avons à mobiliser pour « affronter » le monde ou tout au moins, aller à sa rencontre, et dire, comme Nicolle Carré, un oui à la vie.

Et vous, invités, malades, qu'auriez-vous fait, dit, partagé ?

Enfin sachez que je remercie vivement mes hôtes de ce soir-là car si par peur de mal faire plus personne n'osait nous inviter, jamais nous ne pourrions pratiquer le Oui à la vie ! Restons seulement attentifs les uns aux autres, avec tendresse.

À tous, rendez-vous en décembre, un scanner nous informera sur l'efficacité de la chimiothérapie que j'ai reçue en octobre. Ce bilan me donnera quelques indications pour l'avenir proche... Alors, même si je veux profiter de chaque jour, je dis quand même... vivement décembre !

Avec toute ma tendresse, les couleurs de l'automne sont si belles.

PS : Consciente que mon hiver sera bousculant (opération ?) j'ai demandé à recevoir le sacrement des malades. Je vous le partage...

Novembre 2014
Sacrement des malades et/ou de guérison ?

Sari, 2 novembre 2014, je reçois le sacrement des malades.

Des petites mains invisibles ont préparé l'ermitage. Des bougies sont allumées, des roses colorent et font entrer le végétal dans ce lieu de vie et de prière.
La table est dressée, belle, accueillante.
À quelques pas de là, juste après la messe de la Toussaint, la petite troupe est prête, elle se met en route pour ce beau lieu. Nous traversons une belle nature, montons quelques marches, échangeons les uns avec les autres afin de faire mieux connaissance mais peut-être aussi pour alléger nos émotions, un grand rendez-vous nous attend.
Cinq sœurs du monastère de Bethléem (elles sont de cinq nationalités différentes), un frère moine qu'on appelle le frère Yann, mon mari, une de nos filles avec une de ses amies et moi-même.

Je suis très impressionnée, inquiète, un peu en boule comme recroquevillée. Me voilà arrivée à ce rendez-vous avec le Seigneur, rendez-vous avec le sacrement des malades que j'attends avec impatience. Vu les turpitudes du mois d'octobre j'ai eu peur de ne pas pouvoir retourner en Corse, c'était sans compter sur la puissance de l'énergie de tous, la prière de chacun, dont j'ai bénéficiées et qui sans doute m'a fait récupérer très vite, à la grande surprise de mon oncologue.
Vivre avec ce cancer qui va et vient, se calme et repart à nouveau activement, passer de chimio en chimio... c'est

une vie que je refuse, qui me fait toujours peur. Je ne me sens pas capable de vivre, en quelque sorte, au « rabais » même si en même temps je reçois tant et tant d'amour.

Alors quand le frère Yann m'a proposé de recevoir le sacrement des malades, j'ai pensé : « pourquoi pas, pourquoi pas m'ouvrir un peu plus à l'énergie Divine... »

Nous voilà tous les dix serrés dans ce petit ermitage. Ce sacrement a été très bien préparé par la communauté religieuse, les textes sont imprimés, les chants choisis, l'huile en belle position.

Tout le monde est prêt, la cérémonie peut commencer et pourtant je continue à être en boule : « Oh Seigneur aide-moi à m'ouvrir, aide-moi à recevoir la Vie, aide-moi à accueillir leur présence à tous pour être des intermédiaires entre Toi et moi ».

Gratitude, surprise, je réalise que petit à petit mon être se déroule, s'ouvre, s'apaise. Je ne peux pas regarder les autres, ils m'impressionnent tous beaucoup trop mais à l'intérieur de moi un sourire s'installe, mes mains s'ouvrent, le désir de me laisser faire s'épanouit. La chrysalide devient papillon, je m'émerveille.

Je sens ce sacrement des malades devenir, pas-à-pas, un appel à la Foi de guérison. Pourquoi se priver ? Nous pouvons tout demander au Seigneur, à Lui, ensuite, de raconter son projet de vie en moi.

Quelle folie d'appeler la guérison alors que mes médecins n'y croient pas ! Et pourtant oui, peut-être que finalement une opération sera possible et qu'elle enlèvera tout le cancer de mon corps. Ce n'est pas suffisant pour une guérison dans le temps car mon être ne guérira vraiment que si j'intègre une vie sans cancer, une vie autrement, un être au monde habité par plus grand que lui alors dès maintenant j'apprends à « guérir ».

Guérison physique, guérison spirituelle, relationnelle, affective... guérison de l'âme, chaque jour de ma vie.

Chère communauté de Sari, recevez la lumière qui m'habite, sachez la paix qui est descendue en moi petit à petit après ce moment sacré. Vos regards, votre vigilance, votre discrétion, votre foi qui déplace les montagnes et mon cœur... tout cela est imprimé en moi. Je vous emporte pour l'hiver qui m'attend, quel qu'il soit, j'espère ne jamais oublier que La Foi est plus grande encore que l'espérance et que la vie ne demande qu'à être vécue avec le Souffle de vie, Vie Divine.

Quand mon âme flirtera à nouveau avec le désespoir, je saurai que vous êtes là et que je peux appeler à l'aide.

Avec vous mes enfants, votre père Philippe, ma famille, vous tous en lien avec moi, l'énergie du désespoir peut être puissante, je le sais. Il parait que l'aspiration du vide peut faire des miracles... qui sait ?

Décembre 2014

« Mon enfant, laisse-toi Aimer. Là est la Louange. »

Cher lecteur,

Suivant l'heure de la journée où je prends le clavier pour vous écrire, ma *news* prend une teinte si variable que j'en suis toute perplexe.

Faut-il vous raconter ma plongée dans la tristesse, mon calme assez serein, la joie de l'amour, la douleur d'aimer, mon corps qui se détricote, ma colère envers certains médecins qui se protègent de la douleur de leur patient, ma solitude, mon désespoir, mes multiples soutiens, mes chances, mes apprentissages, ma relation au Divin... ?

Bref, vous partager tous les paradoxes de ma vie, c'est trop compliqué pour mon petit talent.

En vingt-quatre heures, je passe par toutes les couleurs de l'arc en ciel.

Décembre, le bilan a montré que la dernière chimiothérapie a été inefficace et que le cancer en a profité pour proliférer dans le foie et grossir au niveau de la masse du pancréas.

Aller à Paris pour y être soignée par un médecin spécialisé, entendre des espoirs nouveaux et finalement me retrouver avec un cancer qui prend du terrain, la déception est grande.

Ce n'est pas la première fois que le cancer repart mais j'ai maintenant trois ans de chimiothérapie derrière moi et la fatigue, le ras-le-bol, l'envie de lâcher prise reviennent plus vite. En même temps ma capacité à m'assouplir, à me confier à la vie, à son mystère, à l'amour du Souffle de Vie, que certains appellent Dieu, est aussi plus grande.

Et voilà ce qui explique mes multiples « grand-huit » dans une seule et même journée.

Côté physique, je sentais bien que j'allais moins bien, le système digestif est vite mis à mal, le foie a grossi sous mes doigts, la fatigabilité plus exacerbée... et en même temps, je vous écris de la montagne où j'ai donc pu me rendre. Je marche peu, ne skie pas mais savoure la vie familiale. Nous profitons tous de ces moments bénis. De plus mes globules y prennent des forces pour le prochain matraquage.

Malgré mon envie de tout abandonner, il n'est pas encore question de poser mes « valises terrestres ».

Mes enfants m'ont demandé ce matin : « Comment vas-tu trouver, maman, la force de continuer à avancer, te "battre" ? »

J'ai répondu : « Vous aimer me remplit de joie et me fait à la fois mal tant j'ai peur de vous perdre et de vous faire mal... Je vais donc avancer dans l'abandon... Laisser mon corps puiser dans l'énergie du creux. »

Ma fille de répondre : « Mais maman, tu ne peux pas te laisser faire complètement, tu ne peux pas abandonner ! »

« Oui, tu as raison, pas encore, mais avec vous mes enfants, votre père Philippe, ma famille, vous tous en lien avec moi, l'énergie du désespoir peut être puissante, je le sais. Par ailleurs, il paraît que l'aspiration du vide peut faire des miracles... qui sait ? »

N'ayons donc pas peur de nos plongées dans le néant.

Il me semble que la Terre vient d'un bing bang (un point infiniment petit avec une énergie infiniment grande) et nous de ce chaos apparent !

En ce jour de Noël et à la veille de 2015, recevez toute ma tendresse pour vos chemins de vie. Qu'ils en soient à une époque de grandes joies, d'épreuves, de douceur, que sais-je encore, n'oublions pas que nous sommes tous d'une même humanité.

Ce soir, j'allumerai une bougie en pensant à vous.

« Mon enfant, laisse-toi Aimer. Là est la Louange ».

Testez vous-même, prenez le temps de sentir la santé en vous, dans chacune de vos cellules et dites-moi si cela ne vous met pas en joie !

Janvier 2015

« Ne t'inquiète pas,
tu mourras quand tu auras fini de vivre »
F. Dolto, aux enfants hospitalisés

« Fais de ta différence un talent »
Cécile, suite au film La famille Bélier

En ce début d'année il est tentant de souhaiter une bonne santé à chacun d'entre nous, elle est si précieuse. Mais je préfère d'abord vous souhaiter beaucoup d'amour à offrir et à recevoir. Pour la santé, on n'a pas toujours le choix en revanche pour l'affection, la sympathie, l'amour... à nous de jouer !

Pourquoi, en tête de mon courrier, vous ai-je mis ces deux citations ?

La première : Lorsque j'ai appris que le cancer avait augmenté, que la possibilité d'une opération était écartée, je me suis vue mourir dans un avenir pas si lointain. Ensuite, chaque jour qui m'approchait de la reprise d'une chimiothérapie, je plongeais sous une cloche de solitude, de souffrance, d'immense colère, de profonde tristesse. J'étais furieuse de cette vie promise par les médecins avec de la chimio à prendre non-stop. Gentiment ils ajoutent toujours « mais il y aura des "pauses" ! » mais moi je m'en... des pauses, je veux vivre debout et non perpétuellement fatiguée.

Me voyant pleurer mon fils m'a redit « Maman, tu as toujours eu des hauts et des bas, le haut va revenir » et il a eu mille fois raisons. Mon moral est réapparu bien plus vite que je ne l'avais imaginé et avec lui une joie de vivre encore plus nette qu'avant.

J'avais pris le temps de crier, de me mettre en rage, de pleurer... mais attention, jamais vraiment seule. Si vous pleurez, si vous criez physiquement, ou intérieurement, dans votre coin, vous irez mieux... un temps seulement.

Nous sommes tous d'un même corps et c'est ensemble que notre évolution s'effectuera d'une façon profonde et durable. Si vous voulez muter vite, faites confiance à l'affection de ceux qui vous aiment, confiez-vous au Souffle Divin et utilisez le professionnalisme des spécialistes de votre douleur. Si c'est difficile de demander de l'aide, c'est quand même le meilleur moyen d'avancer vite.

Quand j'ai lu cette citation de Françoise Dolto, je m'en suis imprégnée lentement et sa vérité simple et imparable m'a bousculée, oui la mort n'a rien à voir avec l'âge mais uniquement avec notre histoire sur cette Terre. Le rire, la joie, la confiance sont revenus en moi tendrement. Ouf, je respire mieux !

La seconde phrase « Fais de ta différence un talent » m'est venue à l'oreille du cœur en regardant pour la seconde fois ce merveilleux film d'Eric Lartigau. Nous sommes très nombreux à être concernés par des chocs de vie quels qu'ils soient et pourtant, nous sommes tous singuliers. « Malade », je n'aime pas me sentir différente même si je le suis de fait. Par exemple, certaines personnes n'osent plus se raconter devant moi accentuant alors l'effet solitude que je peux vivre. Par ailleurs, arrêter mon travail fut un choc terrible et être souvent et rapidement fatiguée augmente ma sensation d'isolement. La différence exclut.

Et pourtant, petit à petit, sans m'en rendre compte, j'ai fait de cette différence un talent et le blog est né. Je n'avais pas de prédispositions pour l'écriture, j'ai eu 1 à l'écrit du bac français et j'ai même dû rédiger plusieurs fois certains mémoires lors de mes études. Personne n'aurait misé sur ma capacité à publier mes écrits dans un blog, blog lu par vous tous et vous êtes nombreux. Oui, ce choc de vie a permis de laisser éclore en moi de nombreux talents. Gratitude pour mon lâcher prise !

Autre exemple de talent qui peut vous amuser. La semaine dernière pendant un TEP scan, j'ai vécu un moment extraordinaire. D'habitude je fredonne pendant ce long examen ou je m'imagine dans des lieux que j'aime, de quoi passer le temps agréablement. Cette fois je me suis mise en silence intérieur et quelle ne fut pas ma surprise de ressentir une vibration arriver par mes pieds et remonter dans tout mon corps, intérieur et extérieur, pour ressortir par la tête, comme une vague. Elle m'a laissé une grande sensation de Joie et de santé. Je ressentais que chaque cellule de mon corps se réjouissait de sa bonne santé ! Un immense sourire de bien-être est apparu naturellement sur mon visage. Il a certainement interloqué la manipulatrice radio si elle me regardait de derrière sa vitre, elle a pu penser « elle est folle cette dame, sourire dans un tel examen et avec un tel cancer… c'est bizarre ».

Et pourtant, testez vous-même, prenez le temps de sentir la santé en vous, dans chacune de vos cellules et dites-moi si cela ne vous met pas en joie !

En ce mois de janvier, malgré la reprise de chimio, la sérénité continue à m'habiter. Tant qu'elle est là, je la savoure et vous la partage car tout ce qu'on partage appelle mieux le Souffle de Vie. Le jour où la peur reviendra, j'aviserai.

Je vous embrasse de toute ma tendresse, laissons-nous surprendre, la vie est pleine de ressources.

Mon chat

« Le chat, un thérapeute au poil."
La "ronron thérapie" : le nom fait sourire,
et pourtant, c'est très sérieux.
Le chat possède de véritables pouvoirs thérapeutiques :
il nous apaise, nous déstresse, soigne nos insomnies
et chasse nos idées noires ! »

Isabelle Taubes

Peut-être, êtes-vous surpris par « mon chat » dans la partie « mes soins » ?

Un chat peut-il soigner ? J'imagine que certains d'entre vous souriront en lisant cet hommage à notre chat familial, et pourtant...

La maladie m'a amenée à passer de longues heures seule à la maison, enfin pas tout à fait seule puisque notre chat était là à veiller. Il venait dans ma chambre, tentait de monter sur un coin du lit puis posé là tel un sphinx, il ronronnait tranquillement et moi, trop faible pour le chasser, puis de plus en plus attendrie, je me suis laissée chouchouter par son regard doux, par son ronronnement apaisant, par sa présence qui ne demande rien.

Un chat est un enseignement de patience, de souplesse, d'étirement, d'intuition, de douceur, de calme.

Je vous livre trois anecdotes :

En décembre 2011, une cœlioscopie, qui a pour objectif de pratiquer une ponction sur la masse du pancréas, se passe mal et le chirurgien est obligé de m'ouvrir le ventre afin d'éviter l'hémorragie fatale. Quinze jours plus tard, Cookie revient d'une de ses balades, blessé à la hanche. Il a dû être opéré en urgence. Nous faisions une belle paire : lui, comme moi, opérés, bloqués à la maison, fatigués, clopinant... et oh humour, lui comme moi, quoique pas pour les mêmes raisons, nous avons mis plusieurs mois pour retrouver notre belle chevelure... Le vétérinaire lui avait rasé sa belle fourrure à l'endroit de son opération et la chimio avait eu raison de ma belle chevelure blonde.

Un autre jour, très fatiguée et lasse, je pleure dans mon lit et quelle ne fut pas ma surprise de sentir la patte de Cookie venir me « caresser » la main, doucement. Hasard ou pas, je peux vous assurer qu'à ce moment précis je ne me suis plus sentie seule et j'ai retrouvé un bout de sourire.

Depuis que je vais mieux, Cookie ne vient plus dans ma chambre... l'a-t-il senti avant que le scanner le confirme ? Il a dû considérer que je n'avais plus besoin de ses soins.

Je n'irais pas jusqu'à dire à tous les malades : « Ayez un animal chez vous ! » Quoique... si Cookie n'a pas soigné les cellules cancéreuses, il m'a indéniablement aidée à garder le sourire et donc à mieux me soigner.

Comme les lecteurs de mes *news*, il était une lumière quotidienne qui me disait : tiens bon.

*Gardez votre main dans la mienne,
apprenons ensemble, dans le silence,
à vivre autrement.*

Février 2015

Sais-tu que tu es vivant ?
Les cellules de tes pieds le savent-elles ?
Tu es malade et la vie, tu n'en veux plus.
N'oublie pas que la Terre tourne, que l'univers est en expansion.
Tu peux, avec de l'aide, ouvrir ton cœur, ta foi, à une vie autrement. Ici.

*Silence,
les mots me manquent.*

Quarante mois que je me soigne d'un cancer du pancréas, nombreuses métastases au foie. Stade quatre.
Février, comment vous le dire...
J'ai même peur de l'écrire, de l'affirmer : Je vais bien.
Parfois de gros coups de pompe mais qui n'en a jamais ?

*Silence,
les mots me manquent.*

Ce nouvel état me trouble, j'ai oublié ce que c'était que d'aller si bien.
Je pleure de joie de me sentir si intensément vivante.
Louange.
Et je m'endors en ayant peur que demain soit un mauvais jour.
Fin mars, bilan, les images scanner diront ce qu'il en est de mon « intérieur ».
Est-il, ou non, en adéquation avec mon quotidien énergétique ?
Pourquoi déjà y penser ? ...
Je comprends que certaines personnes restent bloquées dans le mal-être, le bien-être est angoissant, aussi.
De cela nous ne parlons jamais.

Silence,
l'être humain est complexe, chacun vit comme il peut.

Ne me parlez pas trop de mon bien-être, vous me faites peur.
Laissez-moi l'apprivoiser. Demain peut faire mentir aujourd'hui. C'est une réalité.
Laissez le vide de mots, le temps, créer un nouvel être.
Votre regard, votre sourire complice est suffisant et très important.
Gardez votre main dans la mienne, apprenons ensemble, dans le silence, à vivre autrement.

Cette *news*, je la dédie aux psychologues, mes collègues.
Puissiez-vous (oser) rayonner la Joie d'être vivant.
Les patients ont besoin de constater que d'être à la fois paisible et vibrant, ne fait pas peur.

*N'oublions pas qu'il est possible d'être aimé
sans être compris.*

Mars 2015

Peut-on à la fois avoir un cancer qui régresse et ne pas savoir se réjouir ?

Bilan après deux mois de reprise de chimiothérapie. Nous sommes tous, médecins compris, fébriles devant le résultat qui s'annonce, que sera-t-il ? Le choix de reprendre une chimio, que je ne supportais plus quelques mois auparavant, est-il le bon ? ... Le verdict tombe : la masse sur le pancréas a fondu d'un centimètre et les nodules du foie ont diminué en intensité d'activité.

Autour de moi, mes proches respirent, la chimio est efficace et en plus, petit miracle, je la supporte très bien, beaucoup mieux qu'avant.

Je me sens dans la Gratitude mais pas seulement. L'autre face de la médaille est complexe. Tous m'appellent à la fierté, avec tant d'affection dans le regard, et pourtant je me sens lourde, absente, « à côté », je n'arrive pas à me réjouir. J'ai l'impression d'être peu comprise « dans les tripes », peu rejointe, laissée seule avec ma peine.

En même temps mon juge intérieur semble me dire « arrête de geindre, ton sentiment est décalé et capricieux » alors je me raconte peu, même vous écrire est difficile. Je tente quand même l'exercice car votre affection m'aide et certains d'entre vous vivent peut-être la même étape que moi, j'ai envie de vous rejoindre.

Ceci dit, vouloir comprendre est dans ma nature alors je me questionne : qu'est-elle ... cette solitude qui ressemble à un sentiment d'abandon ? Pour m'aider, j'appelle des « initiés », ceux qui sont passés par le même type de chemin. Ils semblent ne pas être surpris. Pour eux je suis « seulement » dans une phase de mutation plus profonde à laquelle je n'ai pas encore accès clairement alors la tristesse m'envahit. Toute évolution nouvelle, qui vient du Souffle de Vie, demande d'être dans une confiance aveugle, quel challenge !

Un peu comme après un déménagement en plein hiver, vous êtes triste de constater votre nouveau jardin monotone sans savoir - encore - qu'avec le printemps vous allez découvrir des fleurs jamais vues ou des fruits merveilleux jamais goûtés.

Ceux qui m'aiment ont envie de me projeter dans l'avenir mais mon avenir c'est maintenant, bilan positif ou non. Ce n'est donc pas facile de se rejoindre. Entendons-nous, j'aime les projets mais je me sens toujours en déséquilibre sur un fil.

Je vais tenter de suivre le conseil de ces âmes plus averties que moi : ne pas trop chercher à expliquer à mon environnement ce que je vis, pour l'instant, et continuer, même en aveugle, à parcourir mon chemin de vie. Celui-ci me demande, entre autres, de développer ma tendresse pour autrui, le recevoir tel qu'il est, même s'il ne me comprend pas.

Mars, ce fut aussi un déménagement dans notre nouvelle maison rénovée. Elle est en pleine campagne où la nature est si belle et la lumière joueuse. Les lapins dans le jardin s'en donnent à cœur joie.

Je pense à tous ceux qui ne se sentent pas compris, que cela ne les empêche pas de poursuivre leur chemin dans le oui à la vie.

Et, n'oublions pas qu'il est possible d'être aimé sans être compris.

Si, comme moi, parfois, tu ne comprends pas ton malaise, ne panique pas. Le soleil reviendra.

Avril 2015

À toi qui viens rejoindre ma *pétition pour l'amour*, voici ce que je peux te transmettre de mon mois d'avril.

Parfois certains d'entre vous me demandent comment j'arrive à si bien partager mon vécu, mes affres, mes réflexions spirituelles, psychologiques, affectives, relationnelles…
D'autres traduisent de mes lignes que finalement je vais toujours plutôt bien.
Pourquoi certains d'entre vous ressentent-ils cela ?
Voici quelques hypothèses.

Tout d'abord, pour la première remarque, n'oublions pas que je travaille la psychologie depuis mon plus jeune âge et très concrètement depuis mon adolescence. Un tel chemin laisse de jolies traces. Par exemple savoir partager son intimité un peu plus facilement que la moyenne. En effet, j'ai déjà expérimenté que je suis davantage nourrie à oser la mettre en lumière, qu'à la garder dans l'ombre du secret. De plus quand je vous rejoins sur le blog, c'est que j'ai déjà pu ou su prendre du recul avec mon vécu et qu'alors j'arrive à le mettre en mots.

Ensuite, pour la seconde remarque, probablement qu'afin de protéger mon entourage, mon couple, ma famille, mes amis, j'évite de vous transmettre tout ce qu'il m'est difficile de partager avec eux « non malade » ou ce qui est compliqué, pour eux, de vivre avec moi.

Le début du mois fut très joyeux, la fin beaucoup moins. Rassurez-vous, il semblerait que ce ne soit pas une question purement de santé physique mais plutôt d'une mutation qui résiste un peu partout dans ma « maison ».

Pour l'instant, je ne suis pas sortie de ma semaine « au fond du trou » et je peux seulement vous partager que je suis éprouvée, bousculée, envahie d'une immense fatigue sans rien y comprendre. J'ai donc besoin de solitude, de retour dans « ma grotte » ou celle du Souffle de Dieu, afin d'y retrouver mon essentiel, le sens de ma vie et le calme Divin.

De plus, j'ai tellement l'air d'aller bien que beaucoup, et mes proches en particulier, sont tentés de faire « comme si » j'étais guérie. Ce n'est pas le cas, j'ai une sensibilité à fleur de peau et vivre sur un fil est très éprouvant. J'avance avec courage et dans courage, il y a rage... je suis en rage et envahie de cette rage.

Peut-être qu'en mai, je saurai mettre plus de mots sur cet état actuel. À ce jour, il est trop prégnant pour prendre du recul. Ce qui change par rapport à avant ? Je n'ai pas d'angoisse liée à ce passage à vide.

Si, comme moi, parfois, tu ne comprends pas ton malaise, ne panique pas. Le soleil reviendra. Chaque matin il est là, même caché par les nuages. Le printemps est déjà là, respirons la nature qui s'éveille et éveillons-nous avec elle.

Je t'embrasse ami lecteur, je te porte dans mon cœur.

Nature et bon air

Certains seront peut-être surpris de ce soin « le bon air »… En effet, est-ce un soin ? La maladie a tendance à nous replier sur nous-mêmes et si on n'y prend pas garde, la fatigue devient vite un prétexte à rester chez soi. De plus, dans le nord, la météo nous donne de bonnes excuses pour rester enfermés !
Et pourtant… marcher, en respectant notre capacité du jour, c'est indispensable, soyez-en convaincus.

Suivant les mois, les complications post-ponctions ou les périodes de cures de chimio, je suis parfois juste capable de faire le tour de mon jardin mais je suis quand même fière de moi. Je suis sortie, j'ai pris soin de mon corps d'une façon vivante et saine. Je retourne me coucher plus détendue.
C'est important de rester fier de soi, au moins un peu.

Marcher pour prendre soin de son corps physique mais aussi pour observer la nature. Elle est enseignement de vie, leçon d'espérance et de confiance. Sa vigueur appelle la nôtre. Elle est source de force pour moi.

Par exemple, comme je l'ai exprimé dans une *news**, parfois j'en profite pour arracher un peu de lierre de-ci de-là en disant haut et fort : « Allez le lierre… ouste ! Tu n'as rien à faire sur cet arbre, tu l'empêches de respirer… et toi aussi le cancer… ouste de mon corps, tu vas abimer mon pancréas, mon foie, tu n'as plus rien à espérer en moi ». C'est un moyen certes symbolique mais très efficace pour sortir ma colère puis pour visualiser la guérison.

À d'autres moments, je prends simplement le temps de respirer lentement, tranquillement, visualisant toutes mes cellules en bonne santé afin de les nourrir de vie.

L'important est de faire circuler la vie, les médicaments, reprendre du muscle avec douceur, garder un bon souffle, oser sortir de chez soi.

J'en profite pour remercier ceux et celles qui viennent marcher avec moi, vous me stimulez agréablement, et la balade devient un moment de partage. J'en oublie qu'elle peut être un effort !

Vous n'êtes pas obligés de faire comme moi et de marcher pieds nus dans l'herbe ou de sortir sous un parapluie les jours de pluie, mais dans tous les cas, prenez le temps d'offrir à votre corps en souffrance une circulation de vie.

La marche en est le moyen le plus simple, le moins cher et possible partout.

* cf. *news* de juin 2012

Écho de Philippe
Notre appel

Mai 2015

Chers amis, chère famille, chers blogueurs,

L'état de santé de Cécile s'est fortement dégradé depuis une quinzaine de jours. Nous sommes abasourdis, médecins compris. Cette reprise très rapide, sur le foie, est inhabituelle et inquiétante. Nous qui l'accompagnons et la portons dans nos cœurs, je vous propose que nous intensifions la chaîne d'amour autour de ce qui se présente comme une nouvelle étape difficile.

Depuis le début de sa maladie, elle a connu la fatigue. Aujourd'hui c'est la souffrance physique qu'elle rencontre sur son chemin de vie. Depuis huit jours elle est sous morphine pour soulager sa douleur. Avec les enfants nous l'entourons le mieux possible. Elle poursuit une série d'examens afin de définir la nouvelle chimio qui pourrait débuter vers le vingt-six mai prochain. L'urgence des soins est là.

Cécile veut se battre et elle a besoin pour cela de recevoir de la belle Lumière, de sentir que d'une façon ou d'une autre on la soutient, on lui envoie de quoi continuer à avancer en confiance et sérénité.

Pour ce faire, je vous propose que le dimanche de la Pentecôte, vingt-quatre mai, à midi, nous nous mettions en convergence de pensées, communion de prières.

Là où nous serons, si nous le pouvons, allumons nos petites bougies, rendons grâce de tout le chemin déjà parcouru, pour tous les petits et grands « miracles » déjà accomplis en elle et à travers elle, puis appelons les forces de guérison.

Surtout que chacun associe, dans ce temps de « prière », toutes les personnes qui lui sont chères et qui en ont besoin !

Comme nous l'a déjà démontré Cécile, aux moments les plus difficiles de son parcours, tout est possible... si nous avançons ensemble, nourris de l'Amour du souffle de vie, avec Dieu.

Avec tout notre amour, nos croyances, notre Foi... la chaîne incroyable d'amitié tissée par Cécile va être porteuse d'une belle Lumière pour elle et pour ceux qui sont dans le même combat.

Du fond du cœur merci d'avance.

Chaque jour apporte sa lumière, même petite.
Je vous sens tous derrière moi, devant moi et même à côté de moi et une petite voix me souffle au creux du cœur :
« laisse-toi bénir par tout cet amour ».

Mai 2015

Vous êtes merveilleux,
Vous êtes extraordinaires,
Vous êtes des vecteurs d'amour…

Dimanche dernier la chaîne d'amitié, de soutien, de tendresse, de prières (pour ceux qui le voulaient), la course à La Lumière, chacun avec votre bougie, vous avez illuminé la petite Cécile que je suis, mais aussi tous vos proches qui en ont besoin.
Je rends Grâce et recevez mon immense reconnaissance.

Tout d'abord, reconnaissance à Philippe, mon mari, à l'initiative de cette démarche, à nos quatre enfants, leurs amis, nos familles et leurs amis.
Vous tous, connus ou inconnus, sur Terre et aux Cieux, cette chaîne a dépassé nos petites frontières.
Nos amis, les amis de nos amis, les personnes des différents lieux de travail de Philippe, le personnel de

mon ancien lieu de travail : médical, paramédical ; les patients chez les adultes mais aussi en pédiatrie.

En France, en Corse comme en Allemagne, en Chine, au Canada, en Espagne, en Inde, en Italie et même en Mongolie !

De partout cette chaîne a illuminé notre monde. Elle a répondu bien au-delà de nos espérances.

Gratitude.

Entre nous tous des « petits » miracles ont eu lieu. Par exemple, cette chaîne de lumière a permis à certains d'oser « se dire » simplement et même parfois avec émotion !

Déjà cela est bouleversant de Joie.

Je ne me cacherai pas derrière une fausse pudeur alors j'avoue, cette première cure de chimio est difficile. Elle a continué à me laminer, à m'envoyer régulièrement au fond du « trou ». Mon système gastrique est en vrac, mon foie est bousculé et il embarque avec lui mon moral. Une immense fatigue m'envahit et écrase tout sur son passage.

Bref, une grosse cure de chimiothérapie.

Je vis une heure à la fois, un jour après l'autre. Ne me rappelez pas que c'est une cure qui revient tous les quinze jours sinon je perds espoir.

Chaque jour apporte sa lumière, même petite.

Je vous sens tous derrière moi, devant moi et même à côté de moi et une petite voix me souffle au creux du cœur : « laisse-toi bénir par tout cet amour ». Alors, je me mets en creux dans mon lit et je vous, et Le, laisse faire.

Merci.

Merci aussi de faire circuler mon merci, ou cette lettre, à tous ceux que vous avez embarqués avec vous dans ce rendez-vous de Lumière.

Écho de Philippe
Merci

Mai 2015

Je suis bouleversé par la puissance de ce qui s'est produit il y a déjà huit jours.

J'aurais aimé répondre individuellement à chacun d'entre vous mais vous avez été si nombreux, chacun avec sa sensibilité, à répondre à l'invitation de dimanche dernier ! Depuis Cécile est portée par cet incroyable mouvement d'affection.

Il y avait une grande et belle vibration ce jour-là, les forces convergentes travaillaient, de surcroît il a fait un temps merveilleux !

Je réalise le travail de semeur réalisé par Cécile depuis quelques années.

Les innombrables retours qui lui sont adressés témoignent de la densité de la toile humaine tissée et de cette relation singulière qu'elle a instaurée avec chacun, chacune.

Ces récoltes sont les fruits de sa passion pour la relation d'aide.

Médecins de tous bords,
soyez positifs, encouragez-nous,
apportez-nous la vérité (surtout si on la demande)
et que vos yeux et vos mots expriment
votre envie de nous voir guéris !

Juin 2015

Notre corps est une merveille... surtout quand nous le connectons au « Souffle de Vie ».

Il y a tout juste un mois retentissait vers vous notre « cri », notre appel à la Lumière, à la Vie. Vous avez répondu présents et cette ronde continue. Quel effet de levier tout cela a-t-il probablement engendré ?
Je vous l'avais écrit dans ma *news* de mai, la première cure de chimio démarra difficilement. Les effets secondaires, sur mon corps abimé, ont été rudes. Cependant après seulement dix jours j'ai senti la vie revenir millimètre par millimètre. J'ai vu mon foie se dégonfler, alors qu'il avait envahi mon abdomen bien au-dessous des côtes...

La veille de la seconde cure, deux semaines après la première, je retrouve mon oncologue. J'y arrive heureuse de ces premiers bons signes mais j'attends son verdict. Après un examen clinique elle lâche un « c'est bien ».

Pouvez-vous imaginer comme ce « c'est bien » me déçoit profondément ? J'étais si fière d'aller mieux, si rapidement ! Si heureuse avec vous.

Alors, comme j'aime la vérité, je lui demande : « Docteur, c'est bien ou c'est très bien ? ».

« C'est très bien » dit-elle, un léger sourire sur le visage.

Et moi de poursuivre « C'est très bien ou c'est au-delà de vos espérances ? »... Grand silence de sa part. J'ajoute donc « Docteur, je suis surprise de sentir mon foie qui a dégonflé si vite, je ne savais pas cela possible. Il y a quinze jours je ne mangeais plus ou si peu, je devais rester allongée presque toute la journée, je n'arrivais plus à faire le tour de mon jardin, j'avais vu dans vos yeux votre peur et aujourd'hui, regardez comme je peux à nouveau me nourrir, marcher, me lever... je trouve cela quasi "magique" ».

Elle dit alors « C'est au-delà de mes espérances... »

« Oh si vous dites cela pour me faire plaisir, ce n'est pas la peine »

« Je ne dis que ce que je crois », ajoute-t-elle...

Alors, je bondis presque de mon siège en m'écriant « mais pourquoi les médecins - parce que ce n'est pas spécialement de vous dont il s'agit docteur - pourquoi la médecine et les médecins cachent-ils leur joie ? Pourquoi ne pas m'encourager encore et encore ? C'est merveilleux qu'ensemble, et avec tout ce que je vis en parallèle de la médecine, nous arrivions à un tel résultat. Pourquoi une telle réserve ? »

Et elle d'ajouter « j'ai peur que vous arrêtiez de vous soigner ».

À ce moment-là, ma compassion pour elle et sa corporation, fut très grande. Je suis triste que la joie leur fasse peur. Mon médecin sait que ce qu'elle me propose comme soin est très difficile à vivre dans le long terme, alors sa peur est compréhensible. En même temps c'est comme si une maîtresse d'école n'encourageait et ne félicitait jamais ses élèves sous prétexte qu'ils risqueraient ensuite de ne plus travailler ! Tout le monde sait que c'est l'inverse qui se passe.

Je sais que mon médecin a eu peur pour moi, je connais sa grande humanité. J'en veux à la formation médicale qui ne leur apprend pas assez à respirer la vie, à s'émerveiller des progrès faits par les chercheurs, des « miracles » qu'ils observent chez certains patients.

Médecins de tous bords, soyez positifs, encouragez-nous, apportez-nous la vérité (surtout si on la demande) et que vos yeux et vos mots expriment votre envie de nous voir guéris ! Vous savez que la médecine ne sait pas tout.

À toi qui m'accompagnes avec confiance sur mon chemin, ce retour à la vie, je te l'offre. Puisse ce succès arroser de toutes ses gouttelettes de joie ceux qui en ont besoin et ceux qui doutent qu'à plusieurs nous sommes plus efficaces que seul dans notre coin. Nous évoluons ensemble.

Vos prières, vos lumières ont eu un effet actif sur mon être, j'en suis persuadée. Gratitude et Louange.

Vous le savez aussi, j'ai encore des coups de blues. De temps en temps mon être résiste à se laisser fondre dans ma nouvelle vie du : « un jour à la fois, demain est un nouveau jour ». Parfois j'ai l'impression d'être dans un mauvais rêve. Je ne comprends pas ce qui m'arrive. Moi malade ? Cela me ressemble si peu… Je cherche à refuser la réalité.

Et malgré tout, je sens mon être se transformer, je savoure cette chance. Je sens mon corps vivant, le cancer passe souvent au second plan de mes sensations alors que jusqu'à aujourd'hui il envahissait tout mon être et toutes mes cellules, physiquement comme énergétiquement.

Peut-être ce langage vous est-il étranger, ne m'en voulez pas ! Dans une future *news*, les mots, les émotions, les sensations sur ce thème se feront peut-être plus explicites.

Bel été à chacun, je donne rendez-vous fin juillet à ceux qui seront encore « connectés » mais à tous je souhaite un vrai temps de repos, de recentrage sur leur être profond, celui en lien avec le Tout.
Avec toute ma tendresse et des bises multicolores.

PS : J'ai revu mon médecin cette semaine et cette fois elle a clairement exprimé sa joie. Merci docteur, merci du fond du cœur. Je vais vivre ma troisième cure toute heureuse de notre succès, de cette vie qui revient.

*Écoutons ensemble l'émotion
qui s'échappe de ce désir de mort.
Est-ce de la colère ou une grande tristesse,
une immense peur ou peut-être aussi la joie de rejoindre,
enfin, La Lumière, en finir avec l'insécurité...
Partageons autour de ces émotions qui envahissent l'âme.*

Juillet 2015

Cher lecteur, Chère lectrice,

J'ai beaucoup hésité à t'envoyer cette *news*. J'ai peur qu'elle ne t'inquiète et ne te mette mal à l'aise. Je l'ai écrite à un moment difficile de ce mois de juillet mais elle n'est absolument pas le reflet de tout ce joli mois d'été. Sache-le et lis-la tranquillement.

Enfants, amis, famille, je sais que vous êtes là, avec moi, avec nous, pour que la vie soit plus forte que le cancer. Vous y réussissez avec bonheur, soyez-en convaincus même si parfois, comme je le raconte dans cette *news*, la solitude du guerrier pacifique est grande.

Quand vacances riment avec renaissance, une *news* qui évoque mon désir de mort (ou plus vraisemblablement mon désir de vivre sans souffrance) risque de vous agresser, d'avance sachez que vous avez la possibilité de ne pas la lire.

À la Pentecôte, vous avez tous œuvré pour stimuler la vie physique en moi, ma reconnaissance est grande. Maintenant, il s'agit d'autres espaces de vie, le cœur, le mental, l'énergétique... D'ailleurs, ne sommes-nous pas entourés de personnes en bonne santé désirant quand même mourir ?

Voilà plusieurs jours que la mort m'obsède. Son appel a envahi tout mon être, le bousculant, le fatiguant.
Que se passe-t-il ? Je fatigue... J'en ai assez de cette vie sans aucune visibilité sur ma vie future si ce n'est qu'elle ira de chimio en chimio... Il y a bien ce remède miracle du « vivre au jour le jour » mais même cet état de grâce ne fonctionne pas toujours, et spécialement pendant les vacances où tout le monde s'agite autour de moi avec joie, énergie et que je dois régulièrement rester au calme, au repos, à un rythme tranquille. Je le dis souvent : « J'ai l'impression d'avoir un corps de quatre-vingt ans avec une tête et un désir de vie de cinquante ».

Avez-vous déjà tenté d'exprimer autour de vous votre envie d'en finir avec la vie ? Ou même tout simplement tenté d'évoquer qu'aujourd'hui tout va mal, que vous êtes malheureux ? Si vous êtes au travail, vos collègues vont peut-être compatir, mais au bord d'une plage ou avec un joli verre de rosé à la main, cela décale, c'est indéniable. Tentez l'expérience, voyez combien de personnes vont réellement réagir à votre appel au secours, à votre panique, à votre extrême solitude... Nous le savons, la maladie, la douleur, l'appel de la mort font peur aux « bien-portants ». Certains craignent la « contagion » mais d'autres ne savent tout simplement pas comment s'y prendre pour nous rejoindre. Alors nous, les plongeurs en eaux troubles, dans le noir de l'océan de la vie, nous nous taisons. Nous enfermons notre ogre dans notre corps qu'il grignote tranquillement.

Heureusement pour moi, quelques copines se sont arrêtées près de mon gouffre et sans peur, tranquillement, elles ont porté mes errances, ma panique.

Lors de ces quelques jours de plongeon, une amie m'a demandé comment m'aider, voici ce que j'ai su lui répondre :
- « N'hésite pas à me dire "Même quand tu ne vas pas bien, je t'aime. Ce que tu vis me dérange car je ne le comprends pas, cela me fait peur, mais ma tendresse est toujours là. Ce n'est pas toi qui me fais peur, c'est l'appel que tu ressens". Dis-le avec les yeux, les gestes mais aussi avec les mots.
- Si tu peux, mets-toi à mon rythme, ne me demande pas de vivre le tien, j'en suis incapable.
- Pour l'instant, ne cherchons pas les pourquoi du comment... Les *y'a qu'à*... Partons du principe que les raisons du désir de mort sont réelles et vraies pour "celui qui souffre", c'est son vécu et ce n'est pas à remettre en cause. Respirons ensemble.
- Écoutons ensemble l'émotion qui s'échappe de ce désir de mort. Est-ce de la colère ou une grande tristesse, une immense peur ou peut-être aussi la joie de rejoindre, enfin, La Lumière, en finir avec l'insécurité... Partageons autour de ces émotions qui envahissent l'âme. »

Évoquer ce qui me meurtrit, c'est permettre à ce sentiment, comme à l'émotion, de vivre et donc ensuite, de mourir... enfin ! Alors et alors seulement, la place commencera à être vacante pour un nouveau regard sur ma vie et notre humanité.

Partager avec vous mes cris me permet de lâcher petit à petit mes émotions, mon corps s'apaise, la tension se calme. L'énergie va donc enfin pouvoir revenir tranquillement, le sommeil aussi. Je sais, pour l'avoir déjà vécu, qu'ensuite le désir de vie reviendra et sera un bien beau cadeau...

Jusqu'au prochain cycle de mort-renaissance. Jusqu'à ma prochaine panique. À chaque pas, chaque étape, j'en ressors plus tendre, et vous aussi qui avez pris soin de moi.

D'ailleurs, peut-il y avoir renaissance sans qu'elle soit précédée d'une mort ?

En conscience, je bénis mon instinct de vie qui est encore plus fort que mon instinct de mort puisque finalement je me laisse me noyer dans mes larmes en espérant que demain soit un nouveau jour. Ce qu'il devient, immanquablement.

C'est si rare que j'exprime, clairement, cette détresse.

Je vous embrasse comme je vous aime, avec gratitude.

Août 2015
Message d'un médecin

Oui la question de la mort est rarement abordée en consultation et elle se cache souvent sous des peurs diverses mais parfois la peur de la mort est clairement nommée. Parfois encore la souffrance de la mort d'un être cher s'exprime en mots, en « pourquoi » en « comment »... Pourquoi il a fait ça ou pourquoi tout court, comment je vais faire... et bien souvent ça vient réveiller notre propre peur de la mort, je dis « notre » car je pense que le médecin est tout aussi démuni devant cette peur fondamentale de tout vivant. L'important est de reconnaitre sa présence et de savoir qu'elle est naturelle.

Personnellement, j'essaie de la nommer dès que je sens que le patient en face de moi a besoin et peut l'entendre.

J'éprouve en moi une sorte de soulagement à pouvoir juste la nommer ou bien à dire que « la mort fait partie de la vie » afin de ne pas la laisser cachée sous une bienséance mortelle pour l'âme et à permettre au patient de dire, de raconter ce qu'il ressent ou ce qu'il a dit ou pas dit à la personne qui est partie ou qui va partir, à rassembler ses idées pour pouvoir dire ce qui est vraiment important, que ce soit avant ou après car je pense qu'il n'est jamais trop tard.

Pour être honnête, je me sens bien plus à l'aise avec l'accompagnant, celui « qui reste » car je comprends sa souffrance, sa difficulté...

Tandis que lorsqu'un patient sait qu'il va mourir, je sais l'écouter mais je ne sais pas quoi dire car sa souffrance est hors du champ connu pour moi.

Et lorsque c'est moi qui sait que ce patient-là va mourir et que lui ne sait ou ne veux pas savoir, je me sens bien souvent un peu « fausse » de ne pas lui dire mais jamais ne lui mens.

S'il me pose la question, je me réfugie souvent derrière un « je ne sais pas » sans donner de faux espoirs mais sans prédiction non plus car comment savoir ce qui le concerne lui. Je peux connaitre les statistiques oui, mais chaque cas est unique et j'ai déjà vu des cas surprenants qui ont contré toutes les prédictions médicales.

Cet échange par mail avec toi (qui oses exprimer ce qui bouillonne à l'intérieur et le fait toujours dans le respect de l'autre) a été l'occasion pour moi de partager un peu mon ressenti, merci de m'avoir permis cela !

Ton blog est vraiment enrichissant, te lire m'aide à comprendre en tant que thérapeute mais aussi à me projeter en tant qu'être humain. Il touche au cœur.

Régina

Je dis Oui à mon NON.

Septembre 2015

Ce blog vous partage ma vie depuis bientôt quatre ans. Une vie fouettée par le mot et la réalité « CANCER, stade quatre ».

Si l'annonce de la maladie, les soins, la fatigue m'ont propulsée dans un monde que je croyais pressentir, ayant travaillé de nombreuses années à l'hôpital, en fait je n'avais pas compris grand-chose.

Qui sommes-nous pour oser dire que l'on comprend ce que nos cellules n'ont jamais eu à traverser ?

Revenons sur mes derniers mois. En mai, le cancer s'emballe, flambe. Le foie triple de volume bousculant tous mes organes qui se déplacent dans mon ventre. Philippe vous appelle à l'aide. Moi, je n'ai plus le choix, je me laisse faire. J'accepte d'être « petite, toute petite, vulnérable ».

En même temps je vis ma vie autrement : fini l'art-thérapie, le massage. Je diminue les balades, les câlins avec mon chat. Presque plus de prières, de psy, d'appel aux amis.

Juste être au creux de mon lit, habitée de mes ras-le-bol, je me laisse être une bulle embarquée dans l'Amour Divin.

De bonnes âmes me disent « Dis oui à tout et ta vie sera plus facile... ». Faible, j'obéis mais pas exactement comme ils l'imaginent. Je dis Oui à mon NON. Je dis Oui à ce qui ressemble à une déprime. Je plonge dans cette étrange sensation d'être là sans y être. Juillet, ma lettre vous l'exprime clairement.

Regardant à nouveau ma vulnérabilité, je laisse faire les secondes... sans rien demander d'autre que de me sentir portée par une main majestueuse dans laquelle tout mon corps tient. La main de Marie ou du Souffle de Vie, Dieu... Main d'amour avec toutes vos mains réunies, vos messages en guise de matelas d'amour. Je laisse mon destin se jouer sans mon mental. Et petit à petit, j'en suis la première surprise, les émotions reviennent, mon être se réveille ici, avec vous tous.

Bien sûr, sur le moment, je ne me rends pas compte de tout cela, ce n'est qu'après que je peux analyser mon comportement : Il y a quatre ans, je me suis accrochée à ce que je savais et je me suis soignée « comme je croyais être le mieux ». Ce fut une excellente idée qui remporta un certain succès. Mais au fil du temps, avec mes capacités physiques qui sont bouleversées, mes besoins et envies qui évoluent, ma façon de me soigner se simplifie.

Depuis plusieurs mois, je suis donc dans un virage. Mon être appelle à un « vivre autrement ». À chaque fois que je résiste, la déprime m'envahit comme pour me dire « coucou, laisse-toi plonger dans ton nouveau monde, va chercher tes ressources bien au fond de toi, tout y est ».
Finalement, mon chemin fait un nouveau pas... jusqu'au suivant !

Depuis mai, donc après huit cures de mon nouveau et quatrième protocole de chimiothérapie, le bilan de cette semaine est positif. Scanner stable, le foie a régressé pour retrouver sa taille normale, les organes ont repris leur place, l'activité cancéreuse diminue un peu, les marqueurs sanguins continuent de baisser. Gratitude. Mon cancer pancréas-foie est toujours en activité, je sais que ce cancer est chronique, fait de hauts et de bas, mais les docteurs respirent, le traitement fonctionne au-delà des espérances. Et je peux, pour la première fois depuis quatre ans, manger un carré de chocolat, le savourer et le digérer.

Je laisse le mot de la fin à Nicolle Carré qui, au travers d'un mail qu'elle m'a envoyé en juillet, exprime si bien mon vécu. Attention, ne vous y trompez pas, son mail est infiniment positif :
« Vous avez tant lutté pour vivre, vous avez été si courageuse jusqu'à maintenant, vous avez rassemblé tant et tant de gens, à commencer par les vôtres, dans une marche d'amour ! Permettez-moi de vous dire que je sens votre envie de mourir comme un pas de plus, le pas que vous pouvez faire maintenant. Je me souviens très bien de cette envie de ne plus vivre (et non pas de mourir) quand tout était lourd, à commencer par porter mon corps. C'est une petite porte pour une grande porte.
Vous avez lutté pour la vie. Maintenant laissez le Christ lutter en vous. Il n'est plus nécessaire d'être forte. Parce que vous êtes petite vous pouvez recevoir pleinement ; tout peut vous être, nous être donné à la mesure où nous acceptons d'être petits. Être petites, non pas comme une résignation mais comme une plénitude. Ce qui vous est proposé c'est la vie en plénitude ; cela est incomparablement plus grand que mordre à la vie. Vous ne mourrez que lorsque l'heure sera venue, pas avant. Et acceptant cette mort, vous mourrez vivante, vous mourrez en transmettant la vie. J'avais senti : juste accepter de me laisser aller, laisser aller le souffle. »

Alimentation

« N'embauchez jamais une cuisinière acariâtre »
Anonyme

Savez-vous comment je me suis aperçu que j'avais un « problème » ? Mes goûts alimentaires avaient changé. Toujours très gourmande, je n'avais plus envie de dessert, de chocolat... Toujours partante pour un petit apéro avec les amis, je ne finissais plus mon verre.

De plus, je me sentais « lourde », tout me demandait de l'énergie. J'étais rapidement en hypoglycémie...

J'avais bien perdu deux kilos mais pas plus, quelle femme un peu charnue n'est-elle pas ravie de voir sa taille s'affiner ? Cela me plaisait de fermer facilement mes pantalons. Je n'avais aucun autre symptôme, mal nulle part, je partais chaque matin travailler sans me poser de question médicale, juste une petite alerte à propos d'un petit « truc » dur que je sentais dans mon ventre.

Côté tempérament, je ne me reconnaissais pas et je me suis écoutée, j'ai consulté.

Heureusement. Mon instinct me parlait et je l'ai pris en compte.

Je ne suis ni médecin nutritionniste, ni diététicienne et je laisserai aux spécialistes le soin de nous partager leurs connaissances, leurs recherches.

D'ailleurs, à chaque bouleversement important de mon système gastrique, par exemple quand les successions d'opération m'ont fait maigrir de dix kilos ou quand j'ai eu de grosses varices œsophagiennes, je suis allée chercher leurs avis éclairés.

Cependant, comme vous le savez, j'associe médecine classique à médecine holistique et dans ce blog j'ai envie de vous partager ce en quoi je crois à propos de ce que nous mangeons.

L'important n'est pas essentiellement dans l'assiette mais aussi dans notre état d'esprit quand nous mangeons, respirons, transpirons. Il y a le « quoi » et le « comment », comme le « pourquoi » et « pour quoi ».

Alors, je commence le plus souvent possible mon repas par regarder mon assiette et remercier la vie à la fois pour cette nourriture qui est là et aussi pour tous ceux qui ont permis qu'elle arrive là, pour mon bien.

Je me mets en alliance. Je respire.

Avez-vous déjà vu un chat ou un chien manger de la confiture ? Je ne crois pas, de naissance il sait.

L'Homme a perdu ce talent, c'est dommage. Ceci dit, nous sommes beaucoup plus complexes que nos chers animaux domestiques et notre nourriture peut l'être d'autant. Alors je suis vite très fâchée quand j'entends les « Il faut, tu dois, surtout prends toujours de cela ou ne mange jamais de cela… Point de salut si tu manges du sucre ou de la viande ou du cuit ou du cru ou du non bio ou si tu ne jeûnes pas… »

Au secours ! Nous sommes tous différents et nos besoins le sont aussi.

Bien sûr, nous avons tous besoin de glucides, protides, lipides, sels minéraux, vitamines, acides aminés… mais dans des proportions différentes suivant notre structure, notre âge, notre histoire, notre santé. Il n'y a pas deux cancers identiques, il n'y aura pas deux façons de manger identiques. Le mien est gastrique et son impact sera différent d'un cancer du sein par exemple.

Si votre instinct est félicité, encouragé, écouté, il vous parlera. Nous avons tous l'habitude de regarder un menu de restaurant en se disant : de quoi ai-je envie ce soir ?

Quand on traite une maladie, on se demande en plus de « de quoi ai-je besoin ? » : « Qu'est ce qui sera bon pour moi ? »

Dans nos vies bien concrètes, nous avons beaucoup à gagner à comprendre qu'il n'y a pas que ce qui passe par la bouche qui nourrit. Effectivement, savez-vous que nous sommes aussi nourris, au plus profond de nos cellules, de ce que nous métabolisons, comme un sourire qui nous ravit, une nature qui nous dilate, un feu qui nous réchauffe, la compassion qui nous épanouit ?

Voyez comme les personnes aigries ont des corps qui sont marqués et comme les personnes heureuses sont belles.

Le bonheur n'empêche pas la maladie, je suis bien placée pour le savoir. En revanche, il apporte une saine nourriture de l'âme pour combattre les envahisseurs... microbes compris.

Ceci posé, voici ce qui est bon pour moi : quand j'avais maigri, je mangeais souvent de petites quantités, même la nuit, comme un bébé... en remplaçant le lait par des lentilles ou une bonne tranche de pain beurrée par exemple.

Ma fille me préparait avec tant de tendresse mon sandwich de trois heures du matin qu'il en devenait encore plus digeste... miracle du métabolisme. J'avais à peine besoin de me forcer pour l'avaler.

Pour la première série de cures qui s'effectuait sur trois jours, dès la veille et au moins jusqu'à deux jours après, j'allégeais mon alimentation sans jeûner, pas besoin d'être encore plus faible que je ne l'étais déjà... et manger me réconfortait, me réchauffait. Seulement, je ne mangeais que des aliments cuits, faciles à digérer.

Depuis que mes cures sont sous forme de cachets à prendre pendant quinze jours, chaque mois, mon alimentation s'adapte aux molécules ingérées. La molécule prise les dix premiers jours joue peu sur le système gastrique alors mon alimentation change peu.

Quand je dois digérer la seconde molécule (pendant les cinq derniers jours de cure), là le problème se corse ! J'ai à chaque fois l'impression qu'une bombe est entrée dans mon corps et que tout mon être est survolté, agressé, bousculé, « ça chauffe à l'intérieur ».

Alors, pour alléger le plus possible mon corps tout en permettant à cette chimio de faire son travail puis d'être métabolisée, je ne me nourris pendant trois jours que de pommes de terre, voire un peu de carottes cuites à partir du second jour. Ce sont des légumes buvards ainsi je tente de diminuer l'inflammation de mon système digestif tant mis à mal par la chimiothérapie... et ça fonctionne.

Quand je peux enfin retrouver une alimentation normale avant la cure suivante, je me réjouis à chaque fois et manger une frite devient un bonheur joyeux et je le savoure.

Là aussi mon corps métabolisant la joie, il retrouve des forces vives.

Ce n'est pas mon oncologue qui a pu me donner ce type de conseils, dommage mais elle ne peut pas tout savoir.

Alors je vous encourage vivement, si vous êtes dans mon cas, à vous renseigner et ensuite et surtout, à écouter votre instinct, à prendre le temps de respirer vos aliments en vous posant la question « seront-ils bons pour moi ? ».

Ce qui peut être bon pour aujourd'hui, peut devenir toxique demain et inversement.

Enfin, n'oublions jamais que marcher dans l'herbe, se promener, chanter, rire, se laisser approcher, aimer et Aimer, sont des nourritures aussi vitales que nos chers lipides, protides, glucides, sels minéraux, acides aminés et autres merveilles de la nature.

À vos assiettes !

Qu'au jour de mon départ, demain ou dans dix ans, on puisse se dire, même dans les larmes : « merci, notre vie ensemble fut intense ».

Octobre 2015

Ma fille, au détour d'une conversation, me dit : « Maman... J'espère que tu seras là pour connaître mes enfants... »

Avez-vous déjà entendu votre enfant chéri vous interpeller sur un tel sujet ?

Soyons clairs, les yeux s'embrument instantanément. Vous vous en doutez, j'ai mal et je mesure, une fois encore, combien la vie est précieuse. J'accuse le coup et lui réponds : « et j'espère bien être là, aussi, pour ceux de ton petit frère ! ».

C'est rude de vivre avec « cancer ».

Après dix cures de ce nouveau protocole, je fatigue et mon sang se met en grève. Les globules blancs s'évaporent. J'en suis presque à les remercier car cela me permet un peu de répit légitime.

Suite à cette parole de ma fille, j'ai plusieurs fois pleuré sur moi-même. Quelle est cette vie, depuis quatre ans, qui m'amène à entendre une telle réflexion ?

Une vie d'insécurité, de peurs, de douleurs, de coups de poignard dans le dos, de coups de freins dans nos projets ? Une vie offerte à nos enfants de « grincement de dents », de désordre, de sable mouvant ?

Oui, c'est tout cela et en même temps...

C'est aussi une vie de vérité, de partage, d'instants précieux, d'expression d'amour, de conscience de nos fragilités. Je suis très fière de ma fille, elle ose me dire ce qu'elle a sur le cœur, en vérité, en amour.
Finalement ne disait-elle pas surtout « Maman je t'aime, j'ai besoin de toi » ?
Probablement que toutes les mamans aimeraient entendre leurs enfants chuchoter clairement leur amour et pourtant, c'est rare et bien dommage. La tendresse ne prend pas toujours le risque de dire, de s'exprimer simplement.

Quelqu'un m'a dit : « Demande à ta fille d'éviter ce genre de remarque... » Non, je ne le ferai pas car j'aime que mes enfants osent me partager leurs états d'âme, leur vie.
Je ne serai peut-être pas là, avec eux physiquement, aussi longtemps que je le souhaiterais, mais faisons de ce temps un temps de qualité.
Qu'au jour de mon départ, demain ou dans dix ans, on puisse se dire, même dans les larmes : « Merci, notre vie ensemble fut intense ».
J'aimerais aussi pouvoir dire cela à mes toutes proches amies, à toi lecteur.

Vivre encore dix heures ou dix ans ? Globules en hausse, globules en baisse. Cancer en progression, cancer en régression.

Comme vous l'exprime la petite histoire qui suit, la vie est faite de « peut-être » et c'est tant mieux.
Je vais tenter de ne pas l'oublier.

« Il y a bien longtemps, un fermier élevait des chevaux dans un ranch aux Etats-Unis. Un jour, son plus bel étalon s'enfuit. Son voisin s'exclama « Quelle malchance, quelle malchance... » Le fermier haussa les épaules et répondit « Chance ? Malchance ? Qui sait... »

Quelques jours plus tard, l'étalon revint accompagné d'une superbe pouliche. Le voisin s'exclama « Quelle chance, quelle chance... » Le fermier haussa les épaules et répondit « Chance ? Malchance ? Qui sait... »

En essayant de dresser la pouliche, le fils du fermier se cassa une jambe. Le voisin s'exclama « Quelle malchance, quelle malchance... » Le fermier haussa les épaules et répondit « Chance ? Malchance ? Qui sait... »

Quelques jours plus tard, un général passa dans la région pour recruter des hommes valides pour une guerre impopulaire. Le fils fut exempté du fait de sa jambe cassée... Chance ? Malchance ? »

J'ai commencé par me dire
« Stop, j'arrête tout, quatre ans de soins c'est assez »
et deux jours plus tard, bizarrement,
je me suis sentie « retournée comme une crêpe »,
une petite voix m'a soufflé à l'oreille :
« ce n'est pas l'heure, continue ».

Cinquième année

Écho de Philippe
Cécile en novembre 2015

Novembre 2015

« Tout changement est difficile au début,
compliqué au milieu
et magnifique à la fin ».

Robin Sharma

Cher Lecteur,

En ce mois de novembre c'est en qualité de compagnon de route que je m'ouvre et partage avec toi ces quelques mots.

La date anniversaire du vingt-sept octobre marque les quatre années de l'annonce du diagnostic. Avec ce recul, je me risque à partager mon chemin, avec en toile de fond, celui de notre couple.

Je le fais avec d'autant plus de joie qu'en 2011 le corps médical donnait plus facilement à mon épouse une espérance de vie de quatre mois que de quatre ans. Les statistiques sur ce type de tumeurs sont effroyables mais le pire n'est jamais certain !

Avec sa force de caractère et son courage Cécile a su mobiliser, nous mobiliser pour se mobiliser !

La voilà du jour au lendemain à la tête de son auto-entreprise dont la vocation consiste à fabriquer de la source de Vie, l'appeler et éloigner les pensées mortifères. Chaque jour il s'agit de rassembler les forces, de les organiser en réseaux et apprivoiser ce nouvel état d'insécurité.

Nous en sommes témoins, depuis quatre années le plus remarquable est que Cécile a réussi à mobiliser dans la durée, pérenniser l'entreprise avec courage, et ce quelle que soit son énergie du moment. Je trouve cela remarquable et, pour moi qui ai le sens du résultat, je suis très fier d'elle, et remercie du fond du cœur les parties prenantes (et apprenantes) dont nous faisons partie !

Chaque obstacle de la vie présente des opportunités, si nous les recherchons.

Très clairement cette galère est l'opportunité pour changer en profondeur mon regard sur la vie, l'interpréter différemment, la savourer plus encore en prenant enfin le temps des essentiels.
Cette période de vie accélère donc en moi la nécessaire, quoique parfois difficile, évolution de ma personnalité. Celle-ci, toute imprégnée d'une éducation plutôt moralisatrice, s'ouvre vers une présence plus naturellement positive.
L'évolution personnelle prend sa source dans l'obstacle. Elle passe par un travail, c'est une micro-entreprise personnelle, un processus complexe, long à entreprendre.
Cette période me permet d'être beaucoup plus en conscience pour m'attaquer à mes couches sédimentées. Je travaille, confronte, partage bien plus qu'avant.

L'intensité de Vie réside dans la prise de conscience brutale que la vie est offerte, précieuse, fragile. L'opportunité surgit puisque je recherche intensément à vivre plus en vérité et en fluidité mes choix de vie, Cécile et nos enfants en sont au cœur. Oui la maladie peut être un moteur transformationnel et pas seulement pour sa cible.

L'accompagnant en profite, le couple en bénéficie.

Vivre la maladie en couple, nous permet de surmonter ensemble l'obstacle qui, finalement, est profondément commun. Cela devient une source de grandissement du couple.

Pour cela je lève mes pudeurs masculines, je casse mes rites pour approcher l'intime, oser d'autres disciplines, sortir un peu des tableurs Excel pour discerner mieux ce qui compte vraiment aujourd'hui, au milieu de ce qui se comptait hier !

Décréter l'état de « bien-veillance » !

La sensibilité nouvelle dans laquelle m'a plongé l'atteinte physique de ma femme m'a ouvert un nouveau champ de conscience. La seule question qui compte depuis est la suivante : comment ne pas en rajouter à sa souffrance ? Comment alléger sa peine, organiser ma vie, me rendre utile.

Pour moi qui suis plutôt vigoureux, stimulant, exigeant de nature, ce n'était pas gagné d'avance !

En effet, rassurez-vous la réalité du quotidien me rattrape plus souvent que je ne le désirerais !

L'état de bienveillance passe par le rituel, par le quotidien, le choix de poser des actes nouveaux. Ce n'est pas seulement une succession de postures, c'est un état d'esprit communicatif qui se répand dans toute notre famille !

J'avais déjà témoigné là-dessus car cela est essentiel pour entrer en guérison ensemble. La proximité retrouvée prend son sens avec la bienveillante en action. Quand une période de vie s'ouvre ainsi, il faut tout faire pour mettre au point puis surveiller son régime émotionnel. C'est un processus d'autoprotection. Il a rendu possible ma progression en intériorité. Être bienveillant avec soi-même me paraît primordial.

Concrètement, l'intériorité, la recherche de la réalité intérieure prime sur la dispersion et les fausses connections. Pour moi, se rassembler et moins se disperser est une discipline, pas toujours une inclination naturelle. Soigner mes blessures pour mieux accompagner, polir chaque jour le diamant qui est en moi, et en chacun de nous, ambitieux programme qui en vaut la peine !

Dans la jubilation des nouvelles ouvertures professionnelles, de mes activités, de ma curiosité au monde, le centre de gravité est à bien évaluer, chaque jour remettre sur le métier mon ouvrage…

À la veille des fêtes, dans notre monde aux grandes turbulences, n'oublions pas de soigner notre jardin….
Belles fêtes à toi lecteur.

Novembre 2015
Lettre aux médecins de la RCP

Madame, Monsieur,

Depuis quatre ans vous suivez avec grande attention le « dossier Hyvert ». Je voulais vous adresser mes remerciements et toute ma gratitude pour ce que vous faites pour moi et pour tous les malades dont vous avez la charge.

Je sais qu'à chaque étude de dossier vous cherchez à prendre en compte non seulement les données physiologiques du malade, mais aussi des éléments tels que son tempérament, son environnement, son moral. Tout cela, nous le savons tous, a une grande importance.

Je sais que mon médecin référent, le Docteur F., prend en compte ces éléments, mais j'aimerais profiter de l'examen global et collectif de mon cas, par vos soins, pour m'exprimer sur mon moral et mes besoins actuels.

Je vous remercie de votre attention.

Voilà quatre ans que, en rassemblant mon courage, j'avance avec ce cancer en moi, mais il est une épreuve que j'encaisse de plus en plus difficilement : la répétition fréquente et rapprochée de mes soins qui occasionnent des accès d'intense fatigue, revenant plusieurs fois par jour ; conjugués aux intenses désordres intestinaux, dont j'ai le plus grand mal à récupérer. Ces effets m'accablent et m'empêchent de retrouver cette énergie si nécessaire à ma lutte et mon besoin d'une vie active, vivante ! ...

Ce que je vis depuis six mois m'est très difficile à supporter : mon espace de « normalité » a quasiment disparu. Après une cure, je dois attendre trois à quatre jours pour commencer à aller mieux, avant de replonger du fait de l'administration d'une nouvelle cure. Tous les quinze jours, j'ai le sentiment de repartir vers une noyade...

Mes tentatives pour compenser le plus possible ces chocs répétitifs, par toutes sortes de soins, accompagnements et substituts personnels ne semblent pas suffisantes pour pouvoir « tenir » ; pour parler franchement, je m'inquiète sérieusement de ma capacité à supporter encore longtemps ce rythme...

Voici ma demande : J'éprouve une grande nécessité, au moins pendant un temps, de souffler un peu pour retrouver mes marques et (re)vivre d'une façon à peu près normale...

Peut-être plus encore ai-je besoin de présenter à mes quatre enfants une maman, à mon mari une épouse, certes pas guérie, mais pour le moins un peu plus disponible, un peu plus présente, un peu plus gaie... Je consacre aujourd'hui une grande partie de mon énergie à lutter pour mon hygiène de vie, afin de pouvoir tenir.

Ainsi donc, pensez-vous possible d'envisager une pause dans mon traitement ? Et par la suite, pensez-vous que l'administration de mon protocole actuel, si tant est qu'il n'évolue pas, puisse être espacée quelque peu ? Ce rythme actuel d'une semaine sur deux m'épuise...

Ou peut-on dénicher un traitement « plus doux » qui prenne mieux en compte mon besoin viscéral d'une vie active ?

Ne doutant pas par ailleurs de votre recherche des meilleurs choix thérapeutiques en ce qui me concerne, je voulais vous renouveler ma confiance.

Je peux, si vous le souhaitez, m'entretenir avec vous, à votre convenance.

Avec ma reconnaissance et mes remerciements anticipés.

PS : Pour votre information, j'ai travaillé pendant sept ans dans le service du Professeur W. à Calmette, en qualité de psychologue. J'ai été, à la suite de ma maladie, contrainte d'arrêter brutalement ce métier que j'aimais tant.

Cécile

Pour 2016, je formule donc le rêve et le souhait d'oser la Cécile « différente », de me mettre en route encore plus vers moi-même.

Décembre 2015

À toi mon ami lecteur, comment vas-tu ?
Comment vis-tu cette période de Noël ?
Dans cette *news* je te donne de mes nouvelles puis je te partage le cadeau que je me fais à moi-même.
Ce n'est pas vraiment un cadeau que l'on pose au bord du sapin mais il est magnifique !

Avant cela, j'aimerais remercier notre fille Elise qui a mis en place mon nouveau blog *www.cecilechemindevie.com* car elle trouve l'ancien un peu... comment dire... vieillot !
Elle est merveilleuse d'avoir eu envie de me rajeunir, de m'aider à m'adapter au monde nouveau, à un style plus moderne. Je l'en remercie du fond du cœur. Sachez qu'elle n'a qu'une envie : améliorer le lien entre vous et moi. Elle sait combien vous êtes importants dans ma vie.
Alors n'hésitez pas à me partager vos remarques, souhaits, critiques, je lui en ferai part.

Comment va Cécile ?

Cécile et/ou son cancer ? En effet, nous sommes tous les deux intimement liés et complétement séparés. Je suis toujours malade d'un lourd cancer et je vais bien. Pouvez-vous ressentir le paradoxe d'une telle phrase ? Vivre à la fois la détente d'une santé qui s'apaise et sentir que la peur rôde, ce n'est pas simple. Mon psychisme se retrouve face à beaucoup d'adaptation à accueillir, de souplesse à développer, d'optimisme à dynamiser.

Le bilan médical de fin novembre a, encore une fois, donné des résultats « un peu spéciaux » pour lesquels mon oncologue a eu un regard positif. Elle affirme : « cancer stable depuis les derniers examens ». Parfois je me demande si elle ne cherche pas à me rassurer afin de m'aider à garder le moral.

Suite au bilan, mon dossier est parti en réunion de « RCP » (Réunion de Concertation Pluridisciplinaire) où un collège de spécialistes décide du cas « Madame Hyvert ». C'est une procédure normale en cas de cancer, un oncologue ne décide jamais seul.

Pour la première fois, j'ai eu envie d'écrire à ces supers toubibs afin qu'ils n'analysent pas mon cas uniquement sous le regard des imageries médicales, des données sanguines, mais aussi en tenant compte de mes besoins (cf. *Lettres aux médecins*).

Conclusion, ces « supers » médecins cherchent un traitement plus adapté à mon besoin de vivre car j'ai une overdose de chimio. Après quatre ans, on comprend ! Vous le savez, je ne suis pas aussi forte qu'il y paraît...

Ces médecins ont décidé d'envoyer mon dossier médical en Allemagne. Là-bas ils ont la possibilité d'utiliser des soins en radiothérapie métabolique, non encore homologués en France, pour mon type de cancer, et qui pourtant les prend à sa charge grâce à notre chère sécurité sociale (merci à elle).

Fin janvier l'équipe allemande me dira si mon « cas » correspond à ce type de traitement ; d'ici là je vais bien évidemment rester sous étroite surveillance. Je vous en partagerai les évolutions.

Venons-en à mon cadeau de Noël, j'imagine que vous êtes tous curieux de savoir ce dont Cécile a envie...
Alors sachez que, bien-sûr, je me souhaite le plus beau des cadeaux : de l'amour et un pardon à moi-même ! Se pardonner... est-ce possible ? Oh que oui et cela a le grand avantage d'ouvrir un espace de joie et de meilleure respiration au sein de son propre corps.

Voici mon cheminement : Depuis quelques temps j'ai conscience d'avoir perdu, sur la route de ma vie, la fille créative que j'ai toujours voulu être et que j'ai laissée de côté en vieillissant, probablement par peur de déplaire ou de blesser.
Pour me mettre en paix avec elle, je vais la rappeler à moi, lui laisser de la place, lui ouvrir à nouveau mon cœur, mes mains, mes mots, mes impulsions. Et tant pis pour mon « image de marque » si alors certains trouvent que j'ai mauvais goût, que j'écris mal ou que je bouscule. Je souhaite ressentir la joie qui s'épanouit avec cette partie-là de moi et mes prises de risque prouveront que je suis vivante.

Pour 2016, je formule donc le rêve et le souhait d'oser la Cécile « différente », de me mettre en route encore plus vers moi-même. Mon cancer en étant si spécial me montre peut-être le chemin ; la voie que mon être cherche à retrouver.

De plus et surtout, comme nous n'avançons jamais seul, je vais prendre comme engagement de me répéter souvent « Cécile, laisse Dieu être Dieu, Dieu te garde ! ».

Et vous ? Quel cadeau vous faites-vous en ce jour de Noël ? Quel cadeau immatériel... ?

Je vous embrasse de toute ma joie de vous connaître. Merci de votre fidélité.
Continuons à être des anges les uns pour les autres.
Bon Noël, bon cadeau à vous trouver pour vous-même.

Qu'il m'est difficile d'accueillir simplement mon histoire. J'aimerais tant être, à chaque instant, dans l'abandon à la vie telle qu'elle arrive.

Janvier 2016

Début de mois sympathique dans une belle énergie puis petit à petit, j'ai senti le vent tourner, mon corps m'alerter. Le bilan de cette semaine a confirmé ces sensations puisque, après un mois et demi sans traitement, le cancer a repris de l'activité quoique surtout sur le foie. La masse du pancréas semble rester stable.

Me voilà replongée dans mon grand huit, dans la lessiveuse… ça tourne et je ne trouve pas encore la sortie. En plus, j'ai une grosse crève (quel drôle de nom) mais comme mon mari l'a dit aux enfants « votre mère a bien le droit d'avoir une maladie "normale"… »

Qu'il m'est difficile d'accueillir simplement mon histoire. J'aimerais tant être, à chaque instant, dans l'abandon à la vie telle qu'elle arrive.

Les soins vont reprendre, pas en Allemagne comme annoncé en décembre, mais à Rennes. Ce sont les spécialistes de la radioembolisation pour mon type de cancer. On tente une nouvelle méthode, c'est vertigineux à vivre. J'avais écrit : « Prions pour que ce traitement soit efficace », mais n'est-ce pas encore une fois un besoin de tout contrôler ?

« Seigneur je m'en remets à mon histoire, celle que Tu espères pour moi ».

Je vous retrouve le mois prochain, l'énergie sera probablement revenue pour vous en partager davantage. C'est usant un mauvais bilan, c'est éprouvant de reprendre un traitement, nouveau qui plus est. En même temps, comme je l'ai espéré, ce ne sera pas de la chimiothérapie.

*J'apprends à laisser mon histoire se construire,
à faire confiance.
À ne rien vouloir d'autre que le Divin en moi.
Ne pas m'accrocher au passé et même à l'instant.*

Février 2016

Cher lecteur,

Ecrire cette *news* de février est difficile pour moi. Je me demande quel ton adopter afin qu'il ne soit ni, à tort, mélodramatique ni, faussement, optimiste.
La réalité étant que je me trouve dans un « pays » que je connais peu et qu'il m'est donc difficile de décrire.

Rappelons-nous.
En janvier je vous évoquais un possible nouveau traitement à Rennes mais les examens complémentaires que j'ai dû y subir, pour confirmer la compatibilité des soins avec mon type de cancer, ont révélé une mauvaise nouvelle.
Non seulement le cancer a profité de mes deux tout petits mois de pause de traitement pour flamber à nouveau dans le foie, mais il est parti s'installer sur l'os de la hanche et possiblement sur des vertèbres.

Quand l'oncologue de Rennes m'a téléphoné pour m'annoncer, avec beaucoup de délicatesse, cette nouvelle, le coup fut rude, très rude, vous vous en doutez. Toute la famille est terriblement choquée.

J'ai commencé par me dire « Stop, j'arrête tout, quatre ans de soins c'est assez » et deux jours plus tard, bizarrement, je me suis sentie « retournée comme une crêpe », une petite voix m'a soufflé à l'oreille : « ce n'est pas l'heure, continue ».

Pendant ces deux jours j'ai revu tous les patients que j'avais accompagnés et qui sont décédés sans que l'on comprenne vraiment ce qui se passait. On les sentait nous « échapper ». J'appréhende mieux maintenant ces mécanismes. De là où ils sont, qu'ils me pardonnent, je n'ai pas su trouver la clé de leur cœur meurtri. D'ailleurs, pour certains, fallait-il que je la trouve ?

Aujourd'hui quand mon oncologue me demande comment je vais, je lui réponds : « J'ai l'impression d'avoir des centaines de personnes qui me poussent par derrière en me disant : "Allez, avance, encore un pas, courage, on est là" et des centaines d'autres qui me tirent par devant en me disant "Viens, continue la route, nous sommes avec toi". »

J'ai repris la chimiothérapie en urgence. Je suis épuisée, physiquement épuisée. Cette reprise est une épreuve. Je reste la plupart du temps dans mon lit, c'est le seul lieu où je ne pompe pas sur mes si faibles ressources.
Rassurez-vous, je n'ai aucune douleur physique, ouf ! À chaque fois que je marche, je m'émerveille de savoir me mouvoir en toute facilité.
J'ai aussi la chance d'avoir une famille merveilleuse, vous le savez.

Alors, dans quel pays suis-je ? J'ai beaucoup d'émotions : de tristesse, peu de colère, souvent de gratitude et je négocie avec la peur. La joie spontanée m'a quittée, l'autre, celle qui vient du plus profond de notre être spirituel, cette joie-là ne s'est pas encore dévoilée.

Quand je suis dans une grande fatigue, je me « baigne » symboliquement, le plus souvent possible, dans l'amour divin, dans le regard de l'énergie divine. Cela m'est très apaisant, j'apprends à laisser mon histoire se construire, à faire confiance. À ne rien vouloir d'autre que le Divin en moi. Ne pas m'accrocher au passé et même à l'instant. Laisser la vie trouver son chemin en moi.

Je passe aussi beaucoup de temps à apaiser mon histoire et pour l'instant, à me montrer, auprès de ma fratrie, vulnérable et sans culpabilité de cela. Je ne sais pas encore vous décrire autrement ce nouveau pays.

Certains d'entre vous me trouveront « bizarre », ce n'est pas important, je témoigne, chacun a droit à sa propre foi.

En mars, je saurai vite si la chimio, grâce à je ne sais quelle magie, la vôtre peut-être, a un effet positif sur le cancer.

Lecteur, si comme moi, tu traverses les contrées du cancer, sache que je suis là, à ma façon. Je pense souvent à toi, même si je ne te connais pas car nous faisons tous partie d'une même chaîne d'amitié, de tendresse et de soutien. Et vous tous, lecteurs, voyez le meilleur pour moi, envoyez-moi de la douce lumière, ayez, ayons foi que c'est le meilleur qui arrive.

Regarde, le printemps s'annonce.
Sourions à la vie puisque nous sommes en vie.

*Quand je retrouve un peu de bon sens, d'ouverture,
je vois tout le chemin parcouru, les mutations que je vis,
jour après jour. La plus puissante est quand
je sens que je fais partie d'un tout qui me dépasse.*

Mars 2016

« Nous ne sommes rien de plus
que le reflet de quelque chose et ainsi sommes
beaucoup plus que nous croyions être. »

*Texte inscrit sur une Terre cuite
de Gabriel Sébastien Simonet, en 1950*

Ce mois-ci, difficile d'écrire ma *news*, ma *pétition pour l'amour*.

Entre un IRM médullaire qu'il a bien fallu que je subisse et qui a confirmé une lésion sur une vertèbre, des globules rouges « gloutonnés » par la chimio et donc deux culots de sang à recevoir, le mois fut tristounet et souvent passé dans ma grotte.

Côté bilans… je les supporte de moins en moins. Au début de mon parcours santé, je voulais savoir ce que racontait mon corps. Aujourd'hui, tant que c'est possible, je demande à reculer le bilan… qu'on me laisse tranquille ! C'est trop dur tous ces hauts et ces bas, ces verdicts. Même s'ils peuvent être positifs, en moi-même je pense encore trop : « Aujourd'hui en haut, demain en bas » ... Je n'arrive pas, actuellement, à croire que je pourrai vivre longtemps à ce rythme-là.

Et pour être tout à fait honnête, question spirituelle, cette route vers Pâques, que l'on a beau m'expliquer année après année, me plonge à chaque fois dans des affres douloureuses.

Mais ce serait mauvaise foi de vouloir vous faire croire que tout fut noir.
Quand je retrouve un peu de bon sens, d'ouverture, je vois tout le chemin parcouru, les mutations que je vis, jour après jour.
La plus puissante est quand je sens que je fais partie d'un tout qui me dépasse.

Je conscientise que mon corps vit des perturbations comme la Terre et ses habitants en de nombreux endroits. D'ailleurs, toi aussi, lecteur, tu vis tes turbulences.
L'univers, notre planète, nous tous, nous sommes en mutation. Elle est indispensable, nous n'avons pas le choix. Cette mutation nous pousse dans nos retranchements, dans nos essentiels. Nous avons « juste » la possibilité d'être heureux de muter ou alors de vivre déprimés, tendus, agressifs.
Dans les deux voies, dépression ou alliance, il y aura de la souffrance mais aussi de la joie. Aucune route n'est meilleure que l'autre, chacun fait ce qu'il peut avec ce qu'il a ou ce qu'il est à l'instant. Ne nous jugeons pas, dans les deux cas, c'est un immense appel à la Vie que l'histoire de l'humanité provoque en chacun de nous.

De mon côté, parfois je déprime, parfois je vais bien... sur les deux routes, je suis conscient que je mute, plus ou moins rapidement... quoique, qui suis-je pour savoir évaluer le temps nécessaire ?

Quand j'oublie que mon corps, mais aussi tout mon être, mute pour davantage de Lumière et d'Amour, je vais mal et ma vie est difficile, Monsieur Cancer gagne la partie sur mon moral. Ce mois-ci ce fut le cas.

Rendez-vous en avril, le mois de mon anniversaire, peut-être que je regarderai la vie d'une façon plus douce et que je serai d'accord avec mon mari quand il me répète si souvent : vois comme tu es belle...

À propos d'anniversaire, laissez-moi vous partager une de mes joies : mes frères et sœurs ont prévu de venir, des quatre coins de France, me le fêter. Ne suis-je pas une grande chanceuse ?

*Oui, j'apprends un mieux vivre
et aussi un mieux mourir.
Les deux vont de pair.
J'apprivoise le mystère de la vie.*

Avril 2016

Cette semaine notre fils a passé un entretien dans le but d'une intégration universitaire. Vous en connaissez peut-être les étapes, l'une d'elle consiste pour chaque jeune à passer devant un jury, plus ou moins nombreux, plus ou moins accueillant, titillant, fatigué, curieux, bienveillant.

Voici le moment qu'il a vécu, et m'a raconté quelques jours plus tard :
« Que fait ta maman ? »
« Avant elle était psychologue mais maintenant, elle ne travaille plus. »
« Oh, maintenant elle s'occupe de ses petits-enfants chéris, c'est mignon » (le ton est moqueur)
« Non, non, pas du tout »
« Elle fait quoi ? »
« Elle se soigne. »

L'examinateur, gêné, s'excuse un peu et devient plus conciliant.

Ce type de dialogue est courant. Moi-même je le vis régulièrement. Dès que je dis ma maladie, les personnes deviennent soit plus attentionnées, soit d'un coup plus distantes. Je m'en amuse souvent et même, je l'avoue, j'en profite afin de me faciliter la vie quand la compassion de l'autre prend le dessus.
Est-ce de la compassion pour le soi-disant « combat » que je mène ? Je ne sais, mais même s'il y a de bons et moins bons « combats », en ce qui me concerne, n'oubliez jamais : Je ne me bats pas, je vis.

Oui, je vis.

Je fais ce que je peux afin que ce cancer quitte mon corps, mais je ne me sens pas en combat, je suis dans la vie et espère y rester.
Cette vie, c'est vrai, me demande beaucoup de ressources, une grande force de caractère, une abondance d'amour... mais point de combat style guerre.
J'observe de très près mon corps, mes énergies. Depuis quatre ans et demi, j'avance avec lui, je lui fais confiance, je tente de répondre à ses besoins, j'en appelle et en découvre de nouveaux. Je cherche à regarder le vivant et à recycler ce qui meurt.
Oui, j'apprends un mieux vivre et aussi un mieux mourir. Les deux vont de pair.

J'apprivoise le mystère de la vie. Par exemple, ce moisci à certains moments, durant plusieurs heures ou jours, mon corps était épuisé, le physique douloureux, le moral dans les chaussettes, que dis-je, sous les chaussures et puis, incroyable, en moins d'une heure et je ne sais par quels merveilleux mécanismes, mon corps s'animait à nouveau, comme si « on » en avait changé les piles, le moral revenait, la vie était tout à fait là. Je vous assure, notre corps est surprenant.

Ou encore, quand la semaine dernière mon bilan médical a conclu une légère mais réelle progression du cancer, et cela malgré les traitements, j'en fus la première surprise. C'est certes une pilule très difficile à avaler et si je suis à la fois effondrée, je constate aussi qu'à certains endroits je vais mieux, je mange mieux, je marche mieux.

Oui, notre corps est surprenant et je vais tenter de continuer à me laisser émerveiller, dans la mesure du possible. Mon moral et mon goût pour la vie en seront renforcés.

Je voudrais en profiter pour vous évoquer un sujet qui me tient à cœur.

Bien-sûr, il ne vous concerne probablement pas mais c'est une attitude que j'ai parfois rencontrée dans l'environnement des malades que j'ai suivis, ou même, de temps en temps, dans le mien. En fait, j'ai envie de dire haut et fort : vis-à-vis d'un malade, restons honnête, ne forçons rien, le malade n'a pas de temps à perdre et il préfère, comme avec vous dans ce blog, une vie en vérité qu'une rencontre, un message, qui « fait semblant ».

Parfois j'entends, ou je lis, que vous n'osez pas m'écrire…

Sachez-le, si c'est par pudeur, point besoin de mots ou de grandes phrases pour dire votre tendresse ou votre peur car tout grand malade ressent très vite l'intention de celui qui se manifeste. Même dans votre silence, il ressent, dans son cœur, vos intentions visibles ou invisibles… Il sait, par exemple, si votre intérêt est doux, plein d'amour pour la joie comme pour la peine, pour le courage comme pour la lassitude ou si au contraire votre peur, votre curiosité mal placée, votre besoin de faire selon vous, et non selon lui, vont le fatiguer.

Alors, vous, qui dans le silence ou non de vos mots, sentez que votre cœur vibre de vie avec moi, continuez à me visualiser dans la vie et recevez toute ma joie car alors le Souffle de Vie s'active en moi et Il vous inonde aussi.

Je t'embrasse lectrice, lecteur.

Prenons soin de la vie en nous. De la mystérieuse vie qui vibre et chante.

*L'enjeu de ce mois-ci sera donc
de rester connectée avec cet espace infini
qui passe à travers moi et chacun de nous tous.*

Mai 2016

Mes amis,

La *news* de « Cécile en mai 2016 » va être courte.

Tout d'abord, des nouvelles médicales :
En ce mois de mai, au vu d'un cancer qui continuait, malgré tout, à progresser, démarrage d'une nouvelle chimio qui m'a « fracassée ». En accord avec mon oncologue nous l'avons donc arrêtée très vite, au bout de dix jours. Depuis, je tente de remonter du fond du gouffre.
Impossible, pour moi, de répondre à vos nombreux mails et, soyez-en certain, là aussi la vie me demande d'accueillir un laminage de mes possibles. C'est éprouvant.

Coté familial, notre fille aînée se marie dans dix jours. Un bel événement, je le vivrai comme je pourrai mais j'ai confiance, mon corps m'a déjà fait de sacrées surprises !
Grâce à de bonnes amies, le chapeau est prêt.

Coté spirituel, le parcours se poursuit. J'ai passé beaucoup de temps dans le désespoir, mais depuis que je constate que me « connecter » avec l'espace infini du monde me donne, malgré ma profonde fatigue, le sourire, la joie s'épanouit en moi... La vie est plus douce, le sourire revient quelques instants précieux.

J'ai toujours beaucoup aimé cette phrase de Gitta Mallaz « au plus mon espace physique se restreint, au plus mon espace psychique et spirituel s'agrandit ».

L'enjeu de ce mois-ci sera donc de rester connectée avec cet espace infini qui passe à travers moi et chacun de nous tous.

Je vous embrasse de toute mon affection. Au passage, recevez l'Amour de la vie, celui qui nous réunit tous, il est immense !

Aujourd'hui je demande la vie sur Terre afin de témoigner, si j'y suis appelée.

Juin 2016

Pour vous tous, amis de plus ou moins longue date, je vais tenter de répondre à certaines questions que vous vous posez peut-être.

Le mariage de notre Elise fut un pur moment de bonheur, d'amour, de joie. Aucune crispation, nous étions tous centrés sur nos essentiels : un mariage heureux, simple et profond.

Rappelons-nous, je sortais d'une période effrayante car la prise d'une nouvelle formule de chimiothérapie m'avait embarquée dans une zone de déstructuration profonde. Il m'a fallu beaucoup de temps pour récupérer... un peu.

Comme d'habitude, tout le monde m'a protégée afin que le jour J, je puisse participer aux moments essentiels. Pari réussi, quelle chance !

Nous sommes rentrés chez nous, quelques jours après le mariage, pour constater que je fatiguais toujours beaucoup... Prise de sang faite, nous en comprenons l'origine : grande anémie. Huit d'hémoglobine puis trois jours après, sept et demi. Le corps plonge et il est décidé que je reçoive, au plus vite, une transfusion (deux poches de sang) avant de reprendre la chimio.

Cette fois, bonne idée de mon oncologue, nous commençons par la plus petite dose de traitement et on observe comment mon corps réagit.

Je peux vous assurer que je n'ai pas vécu tout cela de gaieté de cœur. Je dois aller chercher mes ressources d'alliance au plus profond de moi. Par ailleurs, je sens, à la palpation, la masse du pancréas grossir, je constate mon amaigrissement alors que je mange bien, et quand je pense à notre seconde fille qui se marie en octobre... la motivation remonte et je m'arme de courage pour continuer cette portion de chemin de vie très caillouteuse, météo d'orage.

Notre fils, toujours aussi perspicace, me demande : « Maman, comment vas-tu faire, cette fois, pour tenir la chimio ? ». Je réfléchis à cette question cruciale et je lui réponds en trois mots :

L'amour... c'est l'amour que je reçois de vous tous, et tout spécialement de mes enfants et de mon mari, qui me porte et donne du sens à ma route. Ne pas lâcher par égard pour vous tous qui pensez à nous, qui priez, qui « bossez » pour moi.

Le repos... continuer à écouter mon corps sans me fâcher avec lui. Son premier besoin, je le sens bien, est le repos. Au repos il est assez paisible alors qu'en activité, parfois je dépasse mes tout-petits possibles. De fait, il se tend et les effets secondaires négatifs arrivent en courant. Je suis donc encore plus mal.

La foi... la foi en Dieu, qui est très apaisante bien sûr, mais au-delà de cette réalité, la joie de découvrir combien se laisser aimer par le Divin nous embarque tous dans des vécus spirituels incroyables ; Il est là à nous offrir sa joie. La foi en Dieu mais aussi la foi dans mon mystère, mon chemin.

Vous vous souvenez, au tout début je voulais vivre pour porter mes petits-enfants dans les bras.

Aujourd'hui je demande la vie sur Terre afin de témoigner, si j'y suis appelée. Partager combien l'être humain, que chacun de nous est, voit la vie avec des lunettes déformantes. Combien certains d'entre nous, pensant probablement bien faire, compliquent la vie des grands malades.

Mais pourquoi changerions-nous si personne ne nous montre la route pour un comportement plus ajusté ?

Alors, je veux vivre pour prendre les enfants de nos enfants dans les bras afin de leur chuchoter des mots d'amour, d'ouverture au Divin, à l'espace invisible du monde... pour rire, chanter, danser, regarder l'herbe pousser et les oiseaux chanter.

Je veux vivre aussi pour enseigner à toute personne, qui est ou s'improvise soignant, comment aider une personne à vivre cette très grande épreuve de la maladie dans une quête de paix avec elle-même, d'harmonie avec son chemin de vie.

J'ai envie d'insister sur le « chacun son chemin ». Chaque cancer est différent, chaque personne est différente, évitons les généralités. Nous, « malades », soyons vigilants à rester centrés sur notre instinct et ce qui nous met en joie. Nous vivons au creux de pressions permanentes, qui sont assez souvent augmentées par les soignants, la famille, certains amis, le désir de l'autre.

La joie est le signe que la direction prise est la bonne... à un instant T !

Tout change, évolue... très vite.

Nous ne pouvons sentir la joie que si nous prenons du temps avec nous-mêmes (et avec le Divin pour ceux qui le désirent) et que le bruit de la vie s'apaise.

Écho de Philippe
Cécile en juillet 2016

Juillet 2016

C'est cœur à cœur depuis le Refuge de Bondues que nous vous adressons Cécile et moi la *news* de juillet. Ce mois-ci, Cécile n'ayant plus la force d'écrire, je prends la relève.

Ses forces s'amenuisent avec la maladie qui progresse mais aussi avec le nouveau traitement qui a provoqué d'intenses douleurs en plus de la fatigue. Nous venons donc de décider, en accord avec l'oncologue, d'arrêter ce protocole. Nous sommes dans la conscience de la très grande fragilité et incertitude de l'instant.

Dans la tourmente de la maladie, une veille estivale s'installe dans notre coin de campagne au « Refuge ».
« Refuge », justement le nom que Cécile avait trouvé pour notre maison. Ici le jardin est notre horizon, s'y trouve un banc, le « banc de Martin » qui est un point de méditation, de dialogue et de repos.

L'être s'adapte ingénieusement aux contraintes. Pas de plainte. Être là… surtout être là. Loin d'être happé par la belle convivialité des activités d'antan, nous apprécions ici le calme, la maladie nous oblige à faire preuve d'imagination. Chaque jour est une étape nouvelle, chaque heure une veille particulière pour être à l'affut de ce qui pourrait apaiser, détendre.

Nos merveilleux enfants sont mobilisés, attentionnés, organisés comme si le monde était devenu notre famille, une famille qui s'adapte au contexte. Les enfants vivent une très belle présence près de leur maman. Je suis le premier témoin et bénéficiaire de cette tendre et affectueuse présence. Les confidences, les secrets, les partages d'essentiels se déploient dès que Cécile est présente à nous.

En juillet, malgré les congés, le cercle des proches est resté dense ce qui m'a permis de mieux passer cette période difficile. Août s'annonce plus calme forcément mais avec des très proches qui feront de petites parenthèses dans leur été pour nous soutenir.

Il n'existe aucun tour-operator pour mettre au point un tel voyage, aucun site pour que s'organise une chaîne d'amour avec autant de justesse et de consistance, s'adaptant chaque jour à la nouvelle météo.
Pour se prendre le moins possible le mur, il faut re-calibrer l'ambition à chaque instant... Il faut être à l'aise avec la frustration pour composer avec la maladie, ouvrir une voie tant pour le souffrant que le compagnon de cordée.

Dans notre été peu commun nous avons le temps en proximité de nous poser mille questions. Nous essayons de partager le mieux possible avec Cécile, de vivre au mieux. Me concernant la tristesse me gagne plus que la colère, je vis enchevêtré dans une tourmente avec le cœur qui se resserre et pourtant l'été conserve comme toujours ses aspects lumineux.

De notre désert nous rencontrons toujours un peu plus l'essentiel. Cécile témoigne être complètement décapée par son état. Progressivement la perte d'autonomie renvoie chaque être à sa plus simple condition. Que doit-on encore laisser de côté pour s'en tenir vraiment à l'essentiel ? Nous sommes dépouillés chaque jour un peu plus, plaqués par cette lame de fond... et pourtant nous vivons des moments intenses et merveilleux.

Au fond de moi je sais que le pire n'est jamais certain, j'ose toujours croire à une embellie, que mon épouse chérie va reprendre des forces, retrouver la vie et la liberté qui lui manquent, partager les évènements heureux qui se profilent.

Bel été à tous les lecteurs.

Je vous transmets un message de Cécile :
« Gratitude. Dans ce chemin aveugle, je ne sais pas où je vais, ce que je sais c'est que je suis merveilleusement entourée par le médical comme par ma famille et vous tous.
Alors ce soir je pense à tous ceux qui sont seuls, malades, et avec peu de ressources personnelles. Sachez que je ne vous oublie pas, que je vous inclus dans mes prières. »

Écho de Philippe
Avant de se dire au revoir

Août 2016

« Monsieur, je vous préviens, votre femme a un tel tempérament, une telle force, qu'elle va s'accrocher. Elle force mon admiration. Son niveau de lucidité est incroyable et surtout elle ne lâche rien ! »

Ce sont les mots du médecin spécialisé dans « la prise en charge de la douleur » pour joliment dire autrement « soins palliatifs ».

Après une courte hospitalisation, Cécile est rentrée au Refuge prise en charge en « HAD » (hospitalisation à domicile), encore un joli nom de la sphère médicale rebaptisé vite fait en « Hyvert Au Domicile » ou « Humanité À Déborder ».

On s'en doutait, la maladie s'étend et s'intensifie apportant son lot de douleurs, ce qu'elle redoutait. Jusque-là, Cécile a passé son temps à nous dire la chance d'échapper à la souffrance physique : « Je ne suis que fatiguée... » disait-elle.

Les antalgiques, corticoïdes, et surtout la morphine s'ils éloignent la douleur, apportent aussi une jolie confusion. Elle prend sur elle pour utiliser le moins possible sa pompe à morphine « sinon je serai moins à vous ! » nous dit-elle, et nous rassure : « Je vais au mieux dans ce que j'ai à vivre ».

Elle fait le chemin douloureux de sa perte d'autonomie en cherchant par tous moyens à rester dans le statut de malade et ne pas entrer dans celui de mourant. « Vous savez docteur, je sais parfaitement où j'en suis et ce qui m'attend. J'accompagne depuis longtemps des personnes dont le pronostic vital est engagé. »
« Je ne suis pas encore partie » nous dit-elle souvent ! Cécile nous offre des temps merveilleusement intenses et lumineux. Du grand Cécile. D'authentiques pépites pour chacun de ses proches.

Être en lien jusqu'au bout avec nous voilà ce qui l'anime. Les visites la fatiguent mais elle en est d'abord stimulée. Même impactée par la maladie elle reste d'une belle dignité. Il faut que la brosse à cheveux ne soit jamais trop loin !
D'abord très consciente de l'impact de son état sur les autres, elle s'inquiète vite de savoir comment vont les siens.

Hier soir je lui demandais : « Qu'aurais-tu envie de leur dire à tes lecteurs du blog ? »
« Je voudrais leur dire que c'est dur, que c'est très dur. Sentir chaque jour une parcelle de mon corps qui me quitte. J'ai peur de souffrir, cela me fait très peur. Il y a aussi la souffrance de vous quitter et de la peine que je peux provoquer. J'ai de la peine de ne pas voir mes petits-enfants, le bébé que porte Elise. Je voudrais aussi dire que j'ai confiance dans l'Après, je n'en ai pas peur. »

Bien que très affectée, elle n'oublie jamais de nourrir cette qualité de lien avec l'ensemble du personnel médical. Un charisme permanent, celui d'être à l'autre, profondément. Quand elle n'exprime plus elle vous fixe avec ses grands yeux bleus, des yeux qui témoignent cette gratitude qu'elle porte en elle.

Avec les enfants nous l'avons aidée à lire les innombrables commentaires du blog de Juillet. Merci à vous tous d'être là jusqu'au bout. Cécile terrienne ou au ciel dans les bras du Seigneur, elle sera toujours aussi vivante.
Elle donne jusqu'au bout, distille ses messages, partage de l'intime. Elle garde aussi une belle dignité !

Cécile se prépare à nous dire au revoir, c'est une étape que je retransmets bien pauvrement par ces mots tant l'intensité de ce que nous vivons est lumineuse et féconde.
Chemin de Vie, Chemin d'Humanité, en vérité, voilà ce que depuis bientôt cinq ans, elle nous propose.

Permettez-moi de conclure avec une prière que Cécile nous a dite il y a quelques jours :
« Merci Seigneur de nous réunir ensemble, merci à toi qui ne portes pas de nom, qui es plus Grand, qui es la Vie. Comme tu es la Vie et l'Amour, on t'appelle Dieu. On a besoin de te nommer car nous sommes humains et sans toi nous serions perdus. Tu n'as pas de nom, tu es Amour, tu es juste Amour.
Alors toi qui es Amour, que je vais rejoindre bientôt, merci de m'avoir offert une telle Vie. Toute petite déjà je voulais grandir dans l'Amour, mes quatre enfants que Philippe m'a offerts, en sont le signe.
Merci à toi Philippe avec qui j'ai pu parler, vivre et grandir. Je pense aussi à mes gendres.
À tous je vous aime, je vous aime beaucoup ! »
À bientôt, Philippe et les enfants.

Alors toi qui es Amour,
que je vais rejoindre bientôt,
merci de m'avoir offert une telle Vie.

Au revoir Cécile

Mot des enfants
Le 30 août 2016

Chers lecteurs,

Notre maman a rendu son dernier souffle hier, mardi, dans la douceur du petit matin... Elle est partie « de l'autre bord » comme on lui chantait ces derniers jours.

En prédisant son jour de départ à ce lundi, elle nous a encore offert un beau moment de grâce. On a pu lui dire oh combien on l'aime, et la remercier pour tout.

Nous avons été portés par toutes vos pensées, un vrai merci pour votre accompagnement durant ce *chemin de vie* assez exceptionnel, qui va continuer, nous le savons, d'une autre façon...

Écho de Philippe
Le 2 septembre 2016

Lors de la cérémonie d'au revoir de Cécile

Bienvenue à toutes et à tous,

Comment exprimer aussi bien que Cécile ce qu'elle a magnifiquement formulé dans ses *pétitions pour l'amour*... ses cinquante et une *news* ?

Je nous invite à vibrer ensemble au message profond d'une femme qui a OSÉ la VIE, qui a OSÉ L'AMOUR, Cécile ma femme qui, face à un implacable diagnostic, nous a offert en cadeau cinq années d'intensité de vie, de partage, laissant une empreinte forte pour toujours.

« IL EST URGENT D'AIMER ! »
Cécile a fait sienne cette maxime enseignée par un ami prêtre Michel Leconte.

Chaque fin de mois, nous avons été de plus en plus nombreux à lire, et relire la nouvelle mensuelle.
Cécile Chemin de Vie est devenu très vite, Cécile chemin d'amour, chemin de foi, de force, de gratitude, de réflexion, de partage, d'ouverture à la vie, chemin de beauté, d'espérance, chemin d'une autre vie imposée par la maladie.

Avec ses petits bras et son cœur immense, souvent du fond de son lit elle en a déplacé des montagnes en cinq ans !

Dès le premier jour elle a préféré le mot « Alliance » au mot « combat ».

Cinq ans d'alliance au cours desquels elle a décidé de se remuer et de nous remuer, d'aiguiller différemment sa vie, à commencer par son « *TGV de mari* » comme elle aimait me nommer.

En cinq ans elle est à l'initiative de multiples projets, rituels, contacts, chantiers, on se permet même de déménager deux fois jusqu'à notre *Refuge* d'aujourd'hui !

Ta magnifique volonté de maman a permis d'emmener le plus loin possible nos quatre enfants pour leur transmettre l'essentiel.

Connectée avec le ciel tu as aussi mieux traversé tes montagnes russes, en particulier dans les moments de grande souffrance et tu nous as interpellés dans ta quête de spiritualité.

Guérir le corps sans guérir l'âme à quoi bon !

Chercheuse de l'invisible inlassablement tu as travaillé en alliance avec le Ciel, en alliance avec le corps médical.

En ton nom, j'exprime notre profonde gratitude pour celles et ceux qui t'ont accompagnée sans relâche.

Je pense à toutes les équipes soignantes en particulier à ton médecin oncologue, une jeune femme qui a accepté de faire alliance, alliance pas seulement médicale avec toi sacrée Cécile !

Je pense à tes amies chercheuses d'invisible du groupe Joie. Je pense aux rituels du mercredi soir, aux vibrations des chants de tes amies, aux ateliers du geste libre.

Nous avons vécu de très beaux moments. Merci pour vos innombrables témoignages de soutien et d'encouragements depuis cinq ans.

Merci pour tous les coups de main offerts généreusement, dans la durée : petits plats, conduites d'enfants, conduites chimio, qui ont contribué de façon certaine à l'espérance de vie mais surtout à une vie porteuse d'espérance car pétrie d'une véritable humanité.

Merci pour la chaîne de prière, pour le travail de discernement offert à chacun, croyant en Dieu ou non, mais croyant toujours qu'entreprendre sa vie est la plus belle des postures. Merci Cécile de continuer à vivre en nous par tes enseignements.

Avec les enfants, si nous pleurons ton départ, nous portons aussi en nous cette joie profonde de rayonner pour toujours un peu de ta puissante beauté intérieure.

Cécile tu m'as appris à AIMER... *Vraiment* ! Merci.

Le 2 septembre 2016
Message des amies proches

Cécile, lumineuse Cécile, forte et fragile, bousculante et vigilante,

Depuis vingt-cinq ans que nos déjeuners mensuels existent, nous avons aimé ton exigence : une si belle exigence dans la qualité de la relation.
Tu savais pointer avec justesse et perspicacité nos besoins, nos failles, nos ressources : quelle éveilleuse de talents !

Ces dernières années, tu as fait notre apprentissage d'accompagnante, tu as osé demander, proposer, refuser, solliciter.
Tu nous as montré le chemin, on en a fait des bourdes et des ratés… sans détour, tu nous disais là où notre humanité pouvait encore progresser.
Tu nous as offert de nous retrouver chaque semaine pour chanter ou pour jouer avec les couleurs : nous ne sommes devenues ni cantatrices ni artistes peintres quoique… nous étions ensemble sans nul besoin de mots, juste en cœur à cœur.

Tu as osé nous inviter au sacré, au sacré de la relation, au sacré de l'amitié.
Comment ne pas évoquer nos larmes chez les petites sœurs de Bethléem dans leurs montagnes corses ?
Il est des rencontres qui nous jettent dans un bain de beauté, de bonté et d'amour.

Merci Cécile.

Le 2 septembre 2016
« *Quelle heure est-il ?* » *par le Père Dominique L.*

Homélie prononcée lors de la cérémonie d'au revoir de Cécile

Quelle heure est-il ?
Il est l'heure d'aimer. Il est toujours l'heure d'aimer !

Depuis les origines du monde tout véritable souffle de vie prend sa source dans l'amour.
Le monde fut créé par Dieu dans un dynamisme : un jaillissement, un débordement d'amour de la Trinité Sainte qui ne pouvait se contenter de rester seule.
Depuis l'origine du temps et de l'espace : quelle heure est-il ? Il est l'heure d'aimer ! Il est toujours l'heure d'aimer.
Et à chaque fois que le monde a oublié cela, ce fut une occasion de chute et de dégradation.
« Laissez-vous conduire par l'Esprit et non par la lettre de la loi », nous dit Saint Paul.
Cet Esprit d'amour nous fait entrer dans un chemin : un chemin d'humanité ; un chemin de vie ; un chemin d'alliance.

Quelle heure est-il ? Il est l'heure d'aimer !
Alors, chers amis, vous tous venus cet après-midi pour rendre un dernier hommage à Cécile ; chers amis, chacun de nous ici présents : Apprenons à vivre au rythme, à la cadence, et dans l'harmonie de cet Esprit d'Amour. Le monde : notre monde contemporain, en a tellement besoin !
L'origine même de notre vie (notre conception) tient d'un acte d'amour.

Notre naissance est déjà une Pâques : un passage de la matrice confortable du ventre maternel, vers un monde à découvrir ; vers un monde à aimer. C'est dans un cri que le bébé ouvre ses yeux et ses poumons : Ouvrir les yeux à cette admirable lumière créatrice ; ouvrir ses poumons à l'air ambiant, et au souffle de vie. Il est alors l'heure pour les parents (André et Françoise) de grandir, et de faire grandir une famille dans l'amour…

Puis vient l'enfance et l'adolescence. Une période pas facile… Une période de croissance et d'apprentissage. Un chemin de vie. Un chemin de dépendance et de découverte d'autonomie. À cette heure là aussi, de façon indispensable, il est l'heure d'aimer !

Quelle heure est-il ? Il est l'heure du 11 juillet 1987. C'est l'heure du grand engagement. Un oui définitif dans le sacrement du mariage ; dans le sacrement de l'alliance. Philippe, vous vous souvenez sans doute de cette phrase qui prend plus particulièrement du poids, aujourd'hui : « Cécile, Philippe promettez-vous de vous rester fidèles, dans le bonheur ou dans les épreuves, dans la santé et dans la maladie, pour vous aimer tous les jours de votre vie ? »

Quelle heure est-il ? il est l'heure d'aimer. Il est l'heure des 16 décembre 1988, 6 novembre 1990, 1er janvier 1994 et 27 juin 1997 : des dates marquantes. Un passage ; une Pâques une transformation : À son tour, votre couple devient une famille responsable. Responsable de faire grandir. Responsable de rendre autonome Elise, Agathe, Capucine, et Eliot, que le Seigneur vous a confiés.

Quelle heure est-il ? Il est l'heure de cette terrible date du 30 octobre 2011 : date de l'annonce de cette maladie qui se révèlera fatale. Quelle heure est-il ? Est-ce l'heure

d'entrer dans un combat, une révolte, une colère ? Non...
Il est l'heure d'entrer dans un nouveau chemin d'alliance, un nouveau chemin de vie, un nouveau chemin d'humanité. Quelle heure est-il ? Il est l'heure d'aimer. Il est toujours l'heure d'aimer. Il est l'heure de faire de cette période de vie, non pas un chemin mortel, mais un chemin vital : un chemin d'ouverture et d'apprivoisement. S'apprivoiser à digérer ces « cachets lourds ». S'apprivoiser à vivre avec son corps souffrant : Se lever ; manger ; boire ; rire et pleurer.

Puisqu'il est l'heure de l'alliance, il est l'heure de nouveaux projets : à travers votre maison à Bondues que vous baptisez le « *refuge* » ; à travers un groupe de parole que vous baptisez le groupe « *joie* » ; à travers un blog ouvert à tous que vous baptisez « *pétition pour l'amour* » ; à travers la chaîne d'amitié, de soutien, de tendresse, et de prières, que vous baptisez « *la course à La Lumière* ».

Il est aussi l'heure d'apprendre à lâcher prise ; c'est-à-dire à s'abandonner dans la confiance : confiance en l'amitié ; confiance en l'amour... Confiance en Dieu : dans les chants et la prière.

C'est quand même très étonnant que à travers cette épreuve vécue depuis cinq ans par Cécile et sa famille, cela a permis de développer tellement... tellement... tellement de liens d'affection, de solidarité et d'amour... Afin de trouver les ressources à l'intérieur même de l'adversité ; afin d'éveiller encore et toujours chez l'autre ce qu'il y a de meilleur. Afin d'expérimenter que même dans les difficultés il y a à chercher la lumière.

C'est dans cette lumière que nous allons maintenant humblement demander à Dieu d'accueillir Cécile.

Alors, chers amis... Quelle heure est-il ?

Septembre 2016
« *Telle une étoile filante, tu es partie, Cécile* »
par les Moniales de Bethléem

« Telle une Etoile filante », tu es partie, Cécile,
« vers une Terre nouvelle et des Cieux nouveaux »,
tels que Saint Jean nous les décrit, dans le dernier livre de la Bible.

Depuis longtemps, depuis toujours peut-être... tu étais passée du côté de « l'autre » ...
Tu ne voulais mourir, car « l'Amour est plus fort que la mort » nous dit le Cantique des cantiques,
ainsi tu es passée sur l'autre Rive : celle de « l'Amour Absolu », là où seul l'Amour subsiste, règne, danse, se déploie à l'infini...

Voici qu'aujourd'hui, à travers ton sourire, à travers la limpidité de tes grands yeux bleus,
tu nous murmures à chacun, dans le creux de notre peine :
« N'ayez pas peur ! Un grand Amour vous attend, nous attend ! Si vous saviez... comme Il est "doux et humble" notre Rédempteur, drapé de miséricorde, insoutenable de tendresse, désarmant d'innocence...

Sur la Terre des Vivants où je suis, voici que je contemple : "ce que l'œil ne peut voir, ce que l'oreille n'a pas entendu, ce qui n'est jamais monté au cœur de l'homme".
Je contemple Celui que je n'osais, que je ne savais nommer : mon Doux Sauveur, qui m'a délivré du péril de la mort !

En vérité, Lui qui dans un songe m'avait pris ma joie, m'a donné la sienne : "celle que le monde ignore et que nul ne peut ravir ! " »

Je vous partageais il y a quelques jours, extasiée, mon étonnement d'être habitée sans cesse par ce verset de psaume : « Que vive mon âme à Te louer ! »
« L'Ancien monde s'en est allé, un univers nouveau est là ! »

MERCI Cécile de nous y précéder, de nous y accompagner...
MERCI Cécile d'avoir été au milieu de nous, celle que tu as été !

Tes petites sœurs pour l'éternité

« *Je t'aime.* »

Remerciements

Un grand merci à Marie M., relectrice de chacune des *pétitions pour l'amour* au fil des années. Merci d'avoir été la grande complice de maman pour l'aider à transmettre son « chemin de vie ».

Merci aux autres relecteurs de cet ouvrage : Béatrice S., Laura P. et Roxane B. pour leurs enrichissements constructifs et bienveillants.

Merci particulier à France B., de m'avoir accompagnée avec joie dans la concrétisation de ce livre.

Merci à Jean-Baptiste, mon mari, pour sa confiance.

Merci à mes deux sublimes sœurs Agathe et Capucine, ainsi qu'à mon merveilleux frère Eliot, de m'avoir soutenue chaleureusement dans ce projet.

Enfin, merci à papa pour sa présence et son Amour, lui qui a veillé sans relâche sur maman durant toutes ces années.

Elise

Sommaire
des *pétitions pour l'amour*

Préface 9

Préambule 11

Première année 15
    Le 8 novembre 2011 *Annonce* 17
    Novembre 2011 20
    Écho de Philippe *Message aux proches* 24
    Décembre 2011 27
    Janvier 2012 31
    Février 2012 36
    Mars 2012 41
    Avril 2012 49
    Mai 2012 51
    Juin 2012 59
    Juillet 2012 63
    Septembre 2012 70
    Octobre 2012 74

Deuxième année 83
    Écho de Philippe *Tenir le cap* 85
    Novembre 2012 86
    Janvier 2013 93
    Février 2013 100
    Mars 2013 107
    Avril 2013 112
    Mai 2013 120
    Juin 2013 128
    Juillet 2013 135

Août 2013 141
Septembre 2013 145
Octobre 2013 156

Troisième année 163
  Novembre 2013 165
    Écho de Philippe *Choc de vie, nouvelle vie !* 169
  Décembre 2013 174
  Janvier 2014 183
  Février 2014 188
  Mars 2014 191
  Avril 2014 205
  Mai 2014 211
    Écho de Philippe *Accompagner dans la durée* 214
  Juin et juillet 2014 220
  Août 2014 223
  Septembre 2014 230
  Octobre 2014 241

Quatrième année 245
  Novembre 2014 247
  Décembre 2014 253
  Janvier 2015 256
  Février 2015 262
  Mars 2015 264
  Avril 2015 267
    Écho de Philippe *Notre appel* 271
  Mai 2015 273
    Écho de Philippe *Merci* 275
  Juin 2015 276
  Juillet 2015 280
  Septembre 2015 286
  Octobre 2015 294

Cinquième année 297
    Écho de Philippe *Cécile en novembre 2015* 299
  Décembre 2015 306
  Janvier 2016 310
  Février 2016 312

Mars 2016 315
Avril 2016 318
Mai 2016 322
Juin 2016 324
    Écho de Philippe *Cécile en juillet 2016* 327
    Écho de Philippe *Avant de se dire au revoir* 330

Au revoir Cécile 333
    Mot des enfants *Le 30 août 2016* 335
    Écho de Philippe *Le 2 septembre 2016* 336

Remerciements 347

Sommaire
des *soins*

Homéopathie et acupuncture 45

Magnétisme 55

Art-thérapie par la peinture 67

Chant 78

Médecine holistique 89

Oncologie 104

Yoga 116

Massage 132

Psychologies plurielles 159

Géobiologie et santé 194

Astrologie et cancer 198

Algosculpture 208

Mon chat 260

Nature et bon air 269

Alimentation 289

Sommaire
des *témoignages* et *voyages spirituels*

Janvier 2013 *Oser demander de l'aide* 97

Mars 2013 *Lettre à mon amie Isabelle* 110

Quelle est ma relation avec le Divin ? 123

Mai 2013 *Partage* 125

Août 2013 *Medjugorje* 139

Septembre 2013 *Lettre d'une amie* 144

Septembre 2013 *Oser le sacrement des malades ?* 148

Septembre 2013 *Mon pèlerinage à Medjugorje* 151

Septembre 2013 *Lettre de gratitude à mon retour de Medjugorje* 155

Décembre 2013 *Lettre ouverte aux médecins* 178

Avril 2014 *Turbulences dans un havre de paix* 203

Juin 2014 *Lettre à France* 218

Août 2014 *Réponse d'un médecin à ma lettre ouverte* 236

Novembre 2014 *Sacrement des malades et/ou de guérison ?* ..250

Août 2015 *Message d'un médecin* 284

Novembre 2015 *Lettre aux médecins de la RCP* 303

Le 2 septembre 2016 *Message des amies proches* 339

Le 2 septembre 2016 *« Quelle heure est-il ? » par le Père Dominique L.* 340

Septembre 2016 *« Telle une étoile filante, tu es partie, Cécile » par les Moniales de Bethléem* 343

*Ce livre a été réalisé
à des fins non lucratives*

Imprimé en France par Impression Directe, Roubaix
en octobre 2017

Dépôt légal : novembre 2017